HISTOIRE ANCIENNE

MISE A LA PORTÉE DES ENFANTS

Avec Questionnaires

Par G. BELEZE

ANCIEN CHEF D'INSTITUTION A PARIS.

Ouvrage approuvé pour les écoles publiques
par décision du Ministre de l'Instruction publique.

TRENTE-HUITIÈME ÉDITION
ORNÉE D'UNE CARTE DU MONDE ANCIEN.

PARIS.
IMPRIMERIE ET LIBRAIRIE CLASSIQUES
DE JULES DELALAIN et FILS
RUE DES ÉCOLES, VIS-A-VIS DE LA SORBONNE.

G

19381

NOUVEAU COURS
D'ENSEIGNEMENT ÉLÉMENTAIRE.

HISTOIRE ANCIENNE.

COURS D'ENSEIGNEMENT ÉLÉMENTAIRE

Par G. Beleze, ancien chef d'institution à Paris.

L'Histoire Sainte a été approuvée par quarante de NNgrs les archevêques et évêques. La plupart des volumes ont été approuvés par le conseil de l'instruction publique ou recommandés par les conseils académiques.

Chaque volume in-18, de 360 pages, cart. 1 fr. 50 c.

- Livre de Lecture courante, contenant des conseils sur les devoirs des enfants, avec exemples historiques ; in-18.
- Exercices de Mémoire et de Style, recueil de morceaux choisis en vers et en prose ; in-18.
- Grammaire Française, suivant les principes de l'Académie ; in-18.
- Exercices Français, gradués sur la Grammaire ; in-18.
- Dictées et Lectures ou Notions élémentaires sur l'industrie, l'agriculture, les arts, etc. ; in-18.
- Petit Dictionnaire de la Langue française ; in-18.
- Le même, suivi d'un Dictionnaire géographique et historique; in-18, 2 fr.
- Éléments de Littérature, mis à la portée des enfants ; in-18.
- La Géographie mise à la portée des enfants ; in-18, avec cartes.
- Atlas élémentaire de Géographie moderne (dix cartes) ; in-4°, 2 f. 50 c.
- L'Histoire Sainte mise à la portée des enfants; in-18, carte.
- L'Histoire de France mise à la portée des enfants ; in-18, carte.
- L'Histoire d'Angleterre mise à la portée des enfants ; in-18, carte.
- L'Histoire Ancienne mise à la portée des enfants; in-18, carte.
- L'Histoire Romaine mise à la portée des enfants; in-18, carte.
- L'Histoire du Moyen Age mise à la portée des enfants ; in-18, carte.
- L'Histoire Moderne mise à la portée des enfants ; in-18, carte.
- La Mythologie mise à la portée des enfants ; in-18, gravures.
- L'Arithmétique mise à la portée des enfants ; in-18, gravures.
- La Physique et la Chimie mises à la portée des enfants ; in-18, gravures.
- L'Histoire Naturelle mise à la portée des enfants ; in-18, gravures.
- La Cosmographie mise à la portée des enfants ; in-18, gravures.

Un abrégé de ce Cours a été publié pour le premier âge.

Chaque volume in-18, de 180 pages, cart. 75 c.

- Syllabaire et Premières Lectures ; in-18.
- Le Syllabaire, seul, 10 c.
- Tableaux de Lecture; in-fol., 1 f. 25 c.
- Méthode d'Écriture ; in-4°, 75 c.
- Premiers Exercices de Récitation ; in-18.
- Petite Grammaire Française, avec exercices ; in-18.
- Petite Arithmétique ; in-18, gravures.
- Petite Géographie Moderne ; in-18, cartes.
- Petit Atlas de Géographie moderne (huit cartes); grand in-18, 90 c.
- Petite Histoire Sainte ; in-18, gravures historiques et carte.
- Petite Histoire Ecclésiastique; in-18, carte.
- Petite Histoire de France ; in-16, portraits historiques et carte.
- Petite Histoire Ancienne ; in-18.
- Petite Histoire Romaine ; in-18.
- Petite Histoire du Moyen Age ; in-18.
- Petite Histoire Moderne ; in-18.

L'HISTOIRE ANCIENNE

MISE A LA PORTÉE DES ENFANTS

Avec Questionnaires

Par G. BELEZE

ANCIEN CHEF D'INSTITUTION A PARIS.

Ouvrage approuvé pour les écoles publiques
par décision du Ministre de l'Instruction publique.

TRENTE-HUITIÈME ÉDITION

ORNÉE D'UNE CARTE DU MONDE ANCIEN.

PARIS.

IMPRIMERIE ET LIBRAIRIE CLASSIQUES

De JULES DELALAIN et FILS

RUE DES ÉCOLES, VIS-A-VIS DE LA SORBONNE.

Cet ouvrage a été approuvé pour les écoles publiques, sur avis conforme du conseil supérieur, par décision du ministre de l'instruction publique; il a été également recommandé par le conseil académique de Montpellier.

Les contrefacteurs ou débitants de contrefaçons seront poursuivis conformément aux lois; tous les exemplaires sont revêtus de notre griffe.

Jules Delalain et fils

Août 1875.

AVANT-PROPOS.

L'Histoire ancienne comprend l'histoire de tous les peuples de l'antiquité, les Romains exceptés. Nous avons dû ne présenter qu'un résumé rapide, quoique complet, de l'histoire des Juifs, parce que nous avons écrit et publié une Histoire sainte où l'histoire de ce peuple est racontée avec détail. Pour éviter des redites, nous nous sommes borné à indiquer, dans l'histoire des Perses, quelques faits qui devaient trouver une plus large place dans celle des Grecs. De cette manière nous avons pu donner à l'histoire grecque, qui est la partie importante de ce volume, des développements plus étendus : ce n'est point un abrégé, c'est une histoire complète, dans laquelle nous avons cherché à rendre le récit intéressant, animé, dramatique.

Outre l'histoire abrégée des Juifs, ce volume renferme celle des Assyriens, des Babyloniens, des Égyptiens, des Mèdes et des Perses, des Phéniciens, des Carthaginois, enfin celle des Grecs et des Macédoniens. Nous avons traité chacune de ces parties suivant son importance ; mais l'Égypte et la Grèce méritaient surtout un récit développé. Tous les faits historiques ont été puisés aux meilleures sources. Ils sont racontés avec simplicité et de la manière qui convient à l'âge des enfants auxquels ils s'adressent. Mais cette simplicité n'exclut pas une certaine gravité que doit toujours conserver l'histoire même dans un livre écrit pour des enfants.

Cet ouvrage, comme tous ceux que nous avons déjà publiés, et qui font partie de notre Cours d'Enseignement élémentaire, est divisé en un certain nombre de chapitres d'une longueur à peu près égale. Chaque chapitre, suivi d'un questionnaire suffisamment développé, présente le récit d'un fait principal, autour duquel viennent se grouper les faits secondaires de la même époque. Nous dirons en peu de mots le mode d'enseignement que nous suivons pour l'étude de l'histoire; nous en faisons depuis longtemps l'application dans nos classes, et nous en obtenons les résultats les plus heureux.

Les élèves d'une même classe étant réunis sous l'inspection du maître, aidé dans sa surveillance par quelques moniteurs s'il le juge nécessaire, on commence la lecture d'un chapitre. Chaque élève a dans les mains un exemplaire du livre et lit à son tour un paragraphe, à mesure qu'il est désigné par le maître. L'attention de tous est ainsi constamment soutenue. Le chapitre achevé, on reprend la lecture de la même manière que la première fois. Puis vient l'interrogation, faite à l'aide du questionnaire, le maître s'adressant tantôt à un élève, tantôt à un autre, celui-ci trouvant la réponse que son camarade a vainement cherchée. C'est l'intelligence de tous mise en commun.

Ces deux exercices, lecture et interrogation, exigent environ une heure de travail; mais une seule leçon ne suffirait pas pour graver dans la mémoire des élèves les faits divers d'un chapitre. Aussi ce n'est qu'après une seconde leçon, ou même une troisième, faite de la même manière sur le même chapitre, qu'a lieu un troisième exercice, complément nécessaire des deux premiers, c'est-à-dire la rédaction, genre de travail auquel il faut appliquer de bonne heure l'esprit des jeunes gens. On ne saurait croire combien ce mode d'enseignement, si simple, si facile à mettre en pratique, soit dans les écoles, soit dans les familles, a d'attraits pour les enfants, dont l'intelligence et la mémoire se développent graduellement par ces divers exercices appropriés à leur âge et à leurs facultés.

Pour rendre cet ouvrage aussi complet que possible, nous y avons joint des notions de géographie suffisamment développées et une carte détaillée et exécutée avec beaucoup de soin.

GÉOGRAPHIE

DE L'HISTOIRE ANCIENNE[1].

ÉGYPTE. L'Égypte, contrée de l'Afrique, appelée par les Hébreux *Terre de Cham* ou *Mesraïm*, fut partagée d'abord en un grand nombre de principautés indépendantes. Plus tard, lorsqu'elle fut réunie sous une seule domination, cette contrée reçut des divisions régulières connues sous le nom de *nomes*. Le nombre de ces nomes varia à différentes époques.

L'Égypte, arrosée par le Nil, fut divisée en trois parties principales : au sud, la *haute Égypte* ou *Thébaïde*, ainsi nommée de *Thèbes*, sa capitale; au centre, la *moyenne Égypte* ou *Heptanomide*, ainsi appelée parce qu'elle était divisée en sept nomes; au nord, la *basse Égypte* ou *Delta*, qui reçut ce nom parce qu'elle est triangulaire et que, dans l'alphabet grec, la lettre *D*, appelée *delta*, a la forme d'un triangle (Δ).

Les villes principales étaient dans la haute et la moyenne Égypte : *Syène*, *Latopolis*, *Crocodilopo-*

---

[1]. La géographie de l'histoire sainte a été décrite avec tous les développements nécessaires dans le volume d'Histoire sainte qui fait partie de notre Cours d'Enseignement élémentaire.

lis ou *Arsinoé*, *Coptos*, *Tentyris*, *Lycopolis*, *Hermopolis*, enfin *Thèbes*, capitale de la haute Égypte, et *Memphis*, capitale de la moyenne Égypte, située sur la rive gauche du Nil, un peu au-dessus de l'endroit où le fleuve se partage en deux branches. Les villes principales de la basse Égypte étaient : *Héliopolis*, *Alexandrie*, *Saïs*, et *Péluse*, regardée comme la clef de l'Égypte.

Dans les dernières années de l'empire romain, l'Égypte, augmentée au sud d'une portion de l'*Éthiopie* et à l'ouest du *royaume de Cyrène*, fut nommée *diocèse d'Égypte* et divisée en sept provinces.

BABYLONIE. MÉDIE. PERSE. EMPIRE DE CYRUS. L'empire babylonien, situé en Asie, était, au moment de sa plus grande puissance, borné au nord et à l'est par l'empire de Médie, à l'ouest par le mont Amanus, au sud par le golfe Arabique; il comprenait : la *Cissie* ou *Susiane*, avec les villes de *Suse* et d'*Élymaïde*; la *Chaldée* et la *Babylonie*, avec *Babylone*, capitale de tout l'empire, traversée par l'Euphrate; la *Mésopotamie* ou *Syrie des rivières*, avec les villes d'*Ur* et d'*Haran*; la *Syrie proprement dite*, avec la ville de *Damas*; la *Phénicie* et la *Palestine*.

L'empire de Médie, situé en Asie, comprenait sous Astyage, son dernier souverain : la *Médie*, avec *Ecbatane*, capitale de l'empire, et la ville de *Rhagès*; l'*Assyrie* et une partie de l'*Arménie méridionale*, avec la ville de *Larissa*; la *Cappadoce*, avec deux villes du nom de *Comane*; le royaume tributaire de *Perse*, avec les villes de *Persépolis* et de *Pasargade*.

L'empire des Perses sous Cyrus, son fondateur, était borné au nord par le fleuve Oxus et la mer Caspienne, à l'est par l'Indus, au sud par la mer Intérieure, l'Arabie et le golfe Persique, à l'ouest par la mer Égée. Il comprenait dans ces vastes limites, outre les contrées dont se composaient les empires de Babylone et de Médie, les pays suivants : la *Lydie*, dont les villes principales étaient *Sardes*, *Tralles*, *Termessus*, *Pergame* et *Gordium*; le *pays des Lyciens*, avec les villes de *Telmissus* et de *Xanthus*; la *Cilicie*, avec les pays de *Sélinonte* et d'*Issus*; l'*Arménie*, le *pays des Parthes*, celui des *Sogdiens* et des *Bactriens*, avec les villes de *Maracande* et de *Bactres*; l'*Égypte*, l'*île de Chypre*; enfin l'*Éolide*, l'*Ionie* et la *Doride* ou les *colonies grecques* fondées sur la côte orientale de la mer Égée, et dont les villes principales étaient *Cyme*, *Phocée*, *Milet* et *Halicarnasse*.

Ce vaste empire persan, agrandi encore par les conquêtes des successeurs de Cyrus, fut divisé par Darius en vingt satrapies ou gouvernements. La Perse proprement dite ne payait point d'impôts et n'était comprise dans aucune satrapie.

GRÈCE. La Grèce, célèbre contrée de l'Europe, avait pour bornes, au temps de la guerre médique : au nord, les monts Acrocérauniens; à l'est, la mer Égée; au sud, la Méditerranée; à l'ouest, la mer Ionienne. Elle était divisée naturellement en deux parties principales : le continent et les îles. La partie continentale se subdivisait elle-même en trois parties, savoir : la *Grèce méridionale* ou *Péloponèse*, la *Grèce centrale* ou *Hellade*, la *Grèce septentrionale*.

Le Péloponèse (île de Pélops) renfermait huit contrées : la *Laconie*, ayant pour villes principales

Sparte ou *Lacédémone*, *Amycles*, *Hélos*, *Sellasie* et *Pellane*; la *Messénie*, dont les villes principales étaient : *Messène*, *Stényclare*, *Pylos*, *Méthone* et la forteresse *Ira*; l'*Argolide*, villes principales : *Argos*, *Trézène*, *Epidaure* et *Mycènes*; l'*Elide*, villes principales : *Elis*, *Olympie* et *Pise*; l'*Achaïe*, villes principales . *Olène*, *Dyme*, *Patrées* et *Pellène*; la *Sicyonie*, ville principale : *Sicyone*; la *Corinthie*, ville principale : *Corinthe*; l'*Arcadie*, villes principales : *Orchomène*, *Mantinée*, *Tégée*, *Stymphale* et *Pallantie*.

La Grèce centrale renfermait huit contrées : la *Mégaride*, ville principale : *Mégare*; l'*Attique*, villes principales : *Athènes*, *Eleusis* et *Marathon*; la *Béotie*, villes principales : *Thèbes*, *Platée*, *Coronée*, *Thespies* et *Leuctres*; la *Phocide*, villes principales : *Delphes*, *Cyrrha* et *Anticyre*; la *Locride*, dans laquelle se trouvait le célèbre défilé des Thermopyles, villes principales : *Naupacte* et *Amphisse*; la *Doride*; l'*Etolie*; l'*Acarnanie*.

La Grèce septentrionale renfermait deux contrées : la *Thessalie*, villes principales : *Larisse*, *Dodone*, *Trachis* et *Phères*; l'*Epire*, ville principale : *Ambracie*.

Des îles de la Grèce, les unes étaient isolées, les autres réunies en groupes. Parmi les îles isolées, nous citerons la *Crète*, l'*Eubée*, *Salamine* et *Egine*. Les principaux groupes étaient les *îles Ioniennes*, les *Cyclades* et les *Sporades*. Dans les îles Ioniennes, il faut nommer *Corcyre*, *Leucade*, *Ithaque*, *Zacynthe* et *Cythère*. Les principales Cyclades étaient : *Naxos*, *Paros*, *Délos* et *Andros*.

MACÉDOINE, EMPIRE MACÉDONIEN SOUS ALEXANDRE. Le royaume de Macédoine, situé au nord de la Grèce, faible dans ses commencements, agrandi par Philippe II, ne comprenait, à la mort de ce prince, qu'un petit nombre de pays, parmi lesquels on peut nommer la *Mygdonie*, l'*Emathie*, l'*Eordée*, la *Stymphalie* et la *Chalcidique*. Les villes principales étaient : *Pella*, *Therma*, *Elymée*, *Pydna*, *Olynthe* et *Chalcis*.

Alexandre le Grand, fils de Philippe, fonda, par ses conquêtes, le vaste empire macédonien, qui s'étendait depuis la mer Adriatique jusqu'à l'Hyphase et depuis le Danube jusqu'à la mer Érythrée. Tous les pays compris dans ces limites furent partagés par le conquérant en trente-quatre grandes provinces, dont les principales étaient : la *Macédoine*, avec la *Thrace* et la *Thessalie*; la *Phrygie*; la *Lydie*, avec l'*Ionie*, la *Carie*, la *Paphlagonie*, la *Lycie* et la *Pamphylie*; la *Cappadoce* et le *Pont*; la *Cilicie*; la *Syrie*; la *Babylonie*, avec l'*Assyrie*, la *Susiane*, la *Perse* et la *Médie*; l'*Hyrcanie* et la *Parthiène*, la *Bactriane* et la *Margiane*, la *Sogdiane* et la *Drangiane*, la *Carmanie* et la *Gédrosie*, enfin l'*Inde* et l'*Egypte*.

Cet empire macédonien subit divers partages, d'abord à la mort d'Alexandre et après l'extinction de sa famille, ensuite après la bataille d'Ipsus, enfin après la mort de Séleucus Ier, qui fonda l'empire des Séleucides.

HISTOIRE ANCIENNE.

INTRODUCTION.

L'histoire ancienne comprend le long espace de temps qui s'est écoulé depuis la création du monde (l'an 4004 avant J. C.) jusqu'à la mort de Théodose le Grand (l'an 395 après J. C.). Elle se divise en trois parties distinctes : 1º l'histoire de l'Orient ou de l'Asie, y compris l'Égypte et Carthage ; 2º l'histoire de la Grèce, depuis l'origine des cités grecques jusqu'à la ruine des royaumes formés après la mort d'Alexandre le Grand ; 3º l'histoire romaine[1], depuis l'origine de Rome jusqu'à la fin du règne de Théodose le Grand.

L'histoire de l'Orient se divise en deux grandes périodes : la première s'étend depuis le commencement du monde et la formation des premiers empires en Asie jusqu'au règne de Cyrus, roi de Perse. La deuxième période comprend l'histoire des Perses depuis Cyrus jusqu'aux guerres médiques, époque où cette histoire se confond avec celle de la Grèce. Les principaux peuples dont

---

1. L'histoire romaine est racontée dans un volume séparé faisant partie de notre Cours d'Enseignement.

s'occupe l'histoire de l'Orient sont les Juifs[1], les Assyriens et les Babyloniens, les Égyptiens, les Mèdes et les Perses, les Phéniciens, les Carthaginois.

L'histoire grecque peut se diviser en un certain nombre d'époques ou de périodes, savoir : 1° l'époque pélasgique : temps incertains (de l'an 2000 à l'an 1500 avant J. C.); 2° l'époque hellénique : expéditions héroïques, guerres intestines (de l'an 1500 à l'an 1100); 3° l'établissement des constitutions, législations (de l'an 1100 à l'an 500); 4° l'époque des guerres médiques (de l'an 500 à l'an 450); 5° l'époque des luttes : guerre du Péloponèse, prépondérance successive d'Athènes, de Sparte, de Thèbes (de l'an 450 à 360); 6° l'époque macédonienne ou prépondérance de la Macédoine : ruine de la Grèce (de l'an 360 à l'an 146 avant J. C.).

---

[1]. L'histoire des Juifs est racontée avec plus de détails dans le volume consacré à l'histoire sainte et qui fait partie de notre Cours d'Enseignement.

CHAPITRE PREMIER.

Histoire des Juifs.

Depuis la création du monde jusqu'au gouvernement des juges (4004-1095).

Création du monde. — Désobéissance du premier homme. — Les patriarches. — Déluge universel. — Tour de Babel. — Dispersion des hommes. — Abraham. — Jacob. — Joseph vendu par ses frères. — Les Israélites en Égypte. — Moïse. — Sortie d'Égypte. — Josué. — Conquête de la terre sainte. — Gouvernement des juges. — Samuel.

Création du monde. Désobéissance du premier homme. — Au commencement et avant tous les siècles, de toute éternité, Dieu seul existait. Il commanda, et tout sortit du néant à sa parole.

Dieu créa en six jours le ciel et la terre et fit l'homme à son image (4004[1]). Il plaça Adam et Ève dans le paradis, jardin délicieux où ils auraient vécu heureux et immortels, s'ils étaient restés soumis au Créateur. Ève, séduite par les promesses de l'esprit tentateur ou du démon, qui avait pris la forme du serpent, entraîna Adam à la désobéissance. Chassés du paradis, ils furent condamnés, ainsi que toute leur postérité, au travail, à la douleur et à la mort. Mais en même temps Dieu promit

---

1. Les dates mises entre parenthèses indiquent les années avant J. C.

au genre humain le rédempteur qui devait le relever de sa chute.

Les premiers enfants d'Adam furent Caïn et Abel. Caïn, poussé par la jalousie, tua Abel, son frère (3875). Poursuivi par la malédiction divine, il bâtit une ville pour chercher un asile contre la haine du genre humain. Le troisième enfant d'Adam était Seth, dont la postérité resta fidèle à Dieu.

Les patriarches. — Après Adam et Seth, regardés comme les deux premiers patriarches, les autres patriarches furent Enos, Caïnan, Malaléel, Jared, Hénoch, miraculeusement tiré du monde, Mathusalem, celui des patriarches à qui Dieu accorda la plus longue vie, Lamech et Noé.

Déluge universel. — Les descendants de Seth ayant contracté des alliances avec les descendants de Caïn, le culte de Dieu s'altéra d'abord et finit par se perdre. La corruption devint générale, et la ruine des hommes fut résolue par un juste jugement de Dieu.

Noé seul avait conservé la foi et le culte de ses pères. Aussi Dieu lui révéla son dessein de submerger la terre et lui ordonna de construire une arche, dont il lui indiqua les dimensions (2468).

Les hommes, aveuglés par leurs passions et endurcis dans leur impiété, restèrent sourds aux avertissements de Noé, qui leur annonçait les desseins de la colère divine. Alors Noé se renferma dans l'arche avec sa famille, et y fit entrer en même temps un couple de tous les animaux qui vivaient sur la terre.

Aussitôt les eaux du ciel, qui tombèrent pendant quarante jours et quarante nuits, et les eaux de la mer soulevée inondèrent la terre tout entière et s'élevèrent de quinze coudées [1] au-dessus des plus hautes montagnes. Elles séjournèrent pendant cent cinquante jours sur la surface de la terre, de sorte que toutes les créatures vivantes périrent, à l'exception de celles qui étaient enfermées dans l'arche.

Enfin, les eaux s'étant retirées, l'arche s'arrêta sur le mont Ararat, en Arménie. Noé offrit à Dieu un sacrifice d'actions de grâces ; il reçut du Seigneur des préceptes pour sa postérité et la promesse que la terre ne serait plus submergée.

Avec le genre humain, Noé avait conservé les arts, tant ceux qui servent de fondement à la vie humaine, et que les hommes savaient dès leur origine, que ceux qu'ils avaient inventés depuis. Il se livra aux travaux de l'agriculture et cultiva la vigne, dont les hommes ne connaissaient pas encore l'usage.

D'après la permission de Dieu, les hommes, qui jusque-là n'avaient eu pour nourriture que des légumes et des fruits, commencèrent à se nourrir de la chair des animaux. Cependant, malgré ces ressources nouvelles, la vie ne se prolongea plus, comme avant le déluge, pendant le cours de plusieurs siècles.

Tour de Babel. Dispersion des hommes. — La postérité des fils de Noé s'était si rapidement multipliée, qu'elle ne pouvait plus rester réunie dans les mêmes lieux. Avant de se séparer pour aller

---

1. Mesure ou longueur prise sur l'étendue qu'il y a depuis le coude jusqu'au bout du doigt du milieu, ce qui équivaut à peu près à cinquante centimètres.

peupler les différentes parties de la terre, les hommes se rassemblèrent dans la plaine de Sennaar (2247), entre le Tigre et l'Euphrate, et commencèrent à bâtir une tour qu'ils voulaient élever jusqu'au ciel. Dieu, pour punir leur orgueil, confondit leur langage et les força de se disperser. Cette tour fut appelée *Babel*, c'est-à-dire confusion, à cause de la confusion des langues qui s'y était opérée.

Les fils de Noé allèrent s'établir dans les diverses parties de la terre. Japhet resta dans l'Asie septentrionale, et sa postérité se répandit aussi dans l'Asie occidentale et en Europe, où il est demeuré célèbre sous le nom fameux d'Iapet. Sem occupa l'Asie centrale, et de lui sortit le peuple d'Israël, ainsi que tous les peuples d'Orient. Enfin Cham peupla l'Afrique, et fut la tige des Phéniciens et des Egyptiens.

Ainsi répandus sur la surface de la terre, les hommes commencèrent à former des établissements fixes, à bâtir des villes, à fonder des empires. Il se forma un grand empire au lieu même qui avait été le berceau du genre humain; ce fut dans la plaine de Sennaar, sur les ruines de la tour de Babel, que Nemrod, petit-fils de Cham, bâtit la ville de Babylone (2640), siége de l'empire de ce nom.

Abraham. — Les hommes oubliaient de jour en jour leur créateur et multipliaient les fausses divinités, auxquelles ils rendaient un culte sacrilége. Dieu, pour arrêter le progrès d'un si grand mal, commença à se séparer un peuple élu.

Abraham fut choisi pour être le père de ce peuple (1921). Par l'ordre de Dieu, il quitta la Chaldée, où il était né, pour aller avec Loth, son neveu, au pays de Chanaan. Forcé par la famine de se réfugier quelque temps en Égypte, il revint bientôt s'établir au pays de Chanaan, tandis que Loth alla se fixer à Sodome. Bientôt après, cette ville, ainsi que celles de Gomorrhe, d'Adama et de Séboïm, qui étaient souillées de tous les crimes, fut détruite par le feu du ciel. Loth, sauvé par un miracle, alla s'établir dans la ville de Ségor et devint père de Moab et d'Ammon, qui furent la tige de deux peuples nombreux, les Moabites et les Ammonites.

Abraham, déjà père d'Ismaël, de qui sont issus les Ismaélites, eut un second fils, Isaac (1896). Il se préparait à l'immoler à Dieu, suivant l'ordre qu'il en avait reçu; mais Dieu, qui n'avait voulu qu'éprouver son obéissance, refusa ce sacrifice, et lui promit de multiplier sa postérité comme les étoiles du ciel et comme les sables de la mer et de bénir en lui toutes les nations. Abraham mourut à l'âge de cent soixante-quinze ans, laissant Isaac, son fils, unique héritier de ses richesses, qui consistaient principalement en troupeaux.

Jacob. — Isaac et Jacob, son fils, imitateurs de la foi et de la simplicité pastorale d'Abraham, reçurent de Dieu les mêmes promesses (1821). Esaü, aussi appelé Edom, fils aîné d'Isaac, fut le père des Iduméens. De Jacob naquirent les douze patriarches pères des douze tribus d'Israël. Parmi eux on remarque Lévi, dont les descendants furent consacrés au culte du Seigneur; Juda, d'où devaient sortir la race royale et le Christ rédempteur du monde, et Joseph, que Jacob aima plus que tous ses autres enfants.

Après avoir passé vingt ans auprès de Laban,

son beau-père, en Mésopotamie, Jacob retourna au pays de Chanaan. Ce fut pendant ce voyage qu'il reçut d'un ange, avec lequel il avait lutté, le nom d'Israël, d'où ses descendants se sont appelés Israélites.

Joseph vendu par ses frères. — Joseph, l'un des fils de Jacob, fut vendu par ses frères, que la jalousie avait réunis contre lui (1729). Acheté par des marchands madianites, il fut conduit en Egypte, où il devint esclave de Putiphar, l'un des principaux officiers du roi ou pharaon. Ce nom de *pharaon* est un titre que l'Ecriture sainte donne à tous les rois d'Egypte. Joseph, victime de la calomnie, fut jeté dans une prison. Sa merveilleuse sagesse l'en fit bientôt sortir et l'éleva aux plus grands honneurs. Le roi, dont il avait expliqué les songes prophétiques, le choisit pour son premier ministre et lui confia le gouvernement de l'Egypte (1716). Par les sages précautions qu'il avait prises pendant sept années d'abondance, Joseph sauva ce pays de la famine pendant les sept années de disette qui suivirent. Ses frères étant allés en Egypte pour y acheter du blé, Joseph se fit reconnaître par eux et appela auprès de lui son père, alors âgé de cent vingt ans, avec toute sa famille (1706).

Les Israélites en Égypte. Moïse. Sortie d'Égypte — La postérité de Jacob étant devenue en peu de temps un grand peuple, les Egyptiens en conçurent de la jalousie et de la crainte. Pour y mettre un terme, le roi qui régnait alors, et qui n'avait pas connu Joseph, ordonna que tous les enfants mâles qui naîtraient aux Israélites fussent mis à mort (1573). Moïse, destiné à périr comme les autres, fut sauvé des eaux par la fille du pharaon, qui en eut pitié; elle le fit élever dans son palais et instruire dans toute la science des Egyptiens. A l'âge de quarante ans, Moïse, ayant tué un Egyptien qui maltraitait un Israélite, et redoutant la vengeance du roi, alla se réfugier dans le pays de Madian, auprès du grand prêtre Jéthro, dont il épousa la fille Séphora.

Après avoir passé quarante ans à faire paître les troupeaux de son beau-père, Moïse, âgé de quatre-vingts ans, entendit la voix de Dieu qui lui ordonnait de retourner en Egypte pour tirer son peuple de la servitude (1492). Accompagné d'Aaron, son frère, il se présenta devant le roi et lui demanda de laisser les Israélites sortir de l'Egypte. Pour convaincre le pharaon de sa mission divine et triompher de la résistance de ce prince endurci, il opéra les prodiges les plus éclatants, et frappa le royaume de dix fléaux qu'on appelle les *plaies* d'Egypte. Le dernier de ces fléaux et le plus cruel fut l'extermination des premiers-nés de toutes les familles égyptiennes, qui furent mis à mort par l'ange exterminateur dans une seule nuit. Ce fut à cette occasion que Moïse institua la *pâque*, célébrée depuis, tous les ans, par les Israélites, pour conserver la mémoire de leur miraculeuse délivrance.

Le pharaon, vaincu par la terreur de ces prodiges, ne s'opposa plus au départ des Israélites, qui, sous la conduite de Moïse, sortirent d'Egypte au nombre de six cent mille hommes. Ils traversèrent à pied sec la mer Rouge, qui s'était ouverte pour leur livrer passage. Le pharaon, se repentant de les avoir laissés partir, se mit à leur poursuite et s'engagea dans la mer Rouge après eux ; mais les eaux, n'étant plus soutenues par la main de Dieu, se refermèrent sur lui et l'engloutirent avec toute son armée.

Après avoir affranchi son peuple de la tyrannie des Egyptiens, Dieu lui donna la loi écrite sur deux tables de pierre qu'il remit à Moïse sur le mont Sinaï, au milieu des tonnerres et des éclairs. Aaron, frère de Moïse, fut nommé souverain pontife, et cette dignité, qui fut réservée après lui à ses descendants, subsista jusqu'à la destruction de Jérusalem et du temple par les Romains.

Les Israélites errèrent dans le désert pendant quarante ans, souvent révoltés et idolâtres, mais toujours ramenés au culte de Dieu par des châtiments et des miracles. Vers la fin de leur voyage, ils eurent à combattre les Amalécites, les Chananéens, les Amorrhéens et les Madianites. Les prières de Moïse les firent triompher de tous ces peuples.

Josué. Conquête de la terre sainte. — Moïse ne fut pas assez heureux pour entrer dans la terre promise ; mais il la vit du haut de la montagne Abarim. Il nomma Josué son successeur (1452), bénit le peuple, et mourut sur la montagne de Nébo, à l'âge de cent vingt ans. Les Israélites pleurèrent pendant trente jours la mort de leur libérateur.

Josué, soutenu comme Moïse par la main de Dieu, passa le Jourdain à pied sec, prit Jéricho, Gabaon et plusieurs autres villes. Dans une guerre qui dura sept ans, il vainquit trente rois et acheva la conquête de la terre promise, qu'il partagea entre les douze tribus. Il plaça l'arche sainte à Silo, dans la tribu d'Ephraïm, et mourut à l'âge de cent dix ans (1438).

Gouvernement des juges. Samuel. — Après la mort de Josué, les Israélites furent gouvernés pendant dix ans par les *anciens* de la tribu de Juda, puis pendant trois cent quarante-sept années par des magistrats qui portaient le titre de *juges*. Ce peuple ingrat tomba souvent dans l'idolâtrie, et Dieu punit son crime en le livrant aux Philistins, aux Amalécites et aux autres peuples infidèles, qui le réduisirent en servitude. Lorsqu'il avait expié son crime par la pénitence, Dieu lui suscitait un libérateur.

Parmi les juges qui délivrèrent les Israélites du joug des peuples étrangers, les plus célèbres furent Gédéon, le grand prêtre Héli, Samson, qui était doué d'une force de corps prodigieuse, et le prophète Samuel.

Questionnaire.

En combien de temps Dieu créa-t-il le monde ? — Dans quel lieu Dieu plaça-t-il Adam ? — Comment Adam fut-il entraîné à la désobéissance ? — Quelle fut sa punition ? — Quelle promesse Dieu fit-il au genre humain ? — Quels furent les premiers enfants d'Adam ? — Quel crime commit Caïn ? — Quel fut le troisième fils d'Adam ? — Quels sont les principaux patriarches ? — Les hommes restèrent-ils fidèles à Dieu ? — Comment Dieu punit-il le genre humain ? — Que fit Noé ? — Quelle fut la nourriture des hommes après le déluge ? — Quel projet conçurent les hommes avant de se séparer ? — Comment Dieu punit-il leur orgueil ? — Où s'établit Japhet ? — Où s'établit

Sem ? — Où s'établit Cham ? — Quel fut le fondateur du premier empire ? — Quelle ville bâtit-il ? — Qui Dieu choisit-il pour père de son peuple ? — Où était né Abraham ? — Où alla-t-il s'établir ? — Quels furent ses enfants ? — Quelle preuve d'obéissance donna-t-il à Dieu ? — Quelles promesses lui furent faites ? — Quels furent les fils d'Isaac ? — Quels sont les principaux patriarches fils de Jacob ? — Quel nom Jacob reçut-il d'un ange ? — Racontez l'histoire de Joseph. — Quelle mesure prit le roi d'Égypte pour empêcher l'augmentation du peuple de Dieu ? — Comment Moïse échappa-t-il à la mort ? — Pourquoi quitta-t-il l'Égypte ? — A quel âge y revint-il ? — Que fit-il pour convaincre le roi de sa mission ? — Quelle fête institua Moïse ? — Quel fut le nombre des Israélites qui sortirent d'Égypte ? — Quel miracle favorisa leur fuite ? — Qu'arriva-t-il au pharaon qui les poursuivait ? — Qu'est-ce que Dieu donna à Moïse ? — A quelle dignité fut élevé Aaron ? — Combien de temps les Israélites restèrent-ils dans le désert ? — Furent-ils toujours fidèles à Dieu ? — Moïse entra-t-il dans la terre promise ? — Quel fut le successeur de Moïse ? — Que fit Josué ? — A qui les Israélites obéirent-ils après sa mort ? — Comment appelle-t-on les magistrats qui gouvernèrent les Israélites ?

CHAPITRE II.

Depuis l'établissement de la royauté jusqu'au gouvernement des souverains pontifes (1095-332).

Les rois. — Saül. — David. — Salomon. — Schisme des tribus. — Royaume d'Israël, ses rois, sa destruction. — Royaume de Juda, ses rois, sa destruction. — Captivité de Babylone. — Fin de la captivité. — Reconstruction du temple. — Gouvernement des souverains pontifes.

Les rois. Saül. David. Salomon. — Samuel, qui avait vaincu les Philistins et tiré Israël de la captivité, était juge depuis vingt ans, lorsque les Israélites, fatigués de cette forme de gouvernement, demandèrent un roi. Samuel, d'après l'ordre de Dieu, choisit Saül, de la tribu de Benjamin, et le consacra avec l'huile sainte (1079).

Saül fut quelque temps fidèle au Seigneur, qui le fit triompher de ses ennemis. Mais bientôt son orgueil et sa désobéissance le firent rejeter de Dieu.

David, de la tribu de Juda, alors âgé de seize ans, fut élu à sa place, et consacré secrètement par Samuel (1074). David tua dans un combat singulier le géant Goliath, et il fut assez heureux pour échapper aux embûches de Saül, jaloux de sa gloire et de l'affection que le peuple avait pour lui.

Après la mort de Saül, qui régna vingt ans, David, reconnu roi d'Israël, reprit sur les Philistins l'arche sainte et la fit transporter à Sion, citadelle de Jérusalem. Vainqueur des Moabites, des Syriens et des Iduméens, il étendit sa domination de la Méditerranée à l'Euphrate. Il mérita la colère de Dieu par un double crime; mais il le désarma par son repentir et sa pénitence. Forcé de fuir devant Absalon, qui s'était révolté contre lui, il pleura la mort de ce fils rebelle. Enfin il jeta les fondements du temple de Jérusalem, et mourut à l'âge de soixante et dix ans, après un règne de quarante années.

A ce roi guerrier succéda Salomon, prince pieux et pacifique (1019). Dieu lui ayant promis de lui accorder ce qu'il désirait le plus obtenir, Salomon demanda la sagesse de préférence à la gloire et aux richesses. Mais Dieu, en lui accordant la sagesse, lui accorda aussi les richesses et la gloire.

Salomon acheva en sept ans le temple commencé par David, et en fit la dédicace avec une pompe extraordinaire (1008). Il construisit aussi des palais magnifiques, entoura Jérusalem de murailles et fonda plusieurs villes. Il fit alliance avec le roi d'Égypte, dont il épousa la fille, et avec le roi de Tyr, qui lui envoyait pour ses constructions des ouvriers habiles et des matériaux précieux. Ses flottes parcouraient la mer Rouge et allaient chercher à Ophir et à Tarsis l'or, l'ivoire et les parfums. La renommée de sa sagesse se répandit jusque chez les peuples les plus éloignés, et la reine de Saba vint du fond de l'Éthiopie à Jérusalem pour connaître par elle-même ce qu'on lui avait dit de la sagesse et de la gloire de Salomon.

Cependant cette sagesse si admirée ne résista

pas à l'enivrement d'une prospérité continuelle, et le règne de Salomon finit par de honteuses faiblesses. Il éleva sur la montagne voisine de Jérusalem un autel à Moloch, divinité des Ammonites, et sacrifia à tous les autres dieux qu'adoraient ses femmes idolâtres. Dieu, justement irrité, l'épargna en mémoire de David; mais il ne voulut pas laisser son ingratitude impunie, et il lui annonça, par la bouche du prophète Abias, que son empire serait divisé après sa mort. Salomon mourut à cinquante-huit ans, après en avoir régné quarante (980).

Schisme des tribus. — Roboam, fils de Salomon, monta sur le trône après la mort de son père. Les Israélites, fatigués de l'énormité des impôts que Salomon avait établis, en demandèrent la diminution à son fils. Ce prince imprudent la leur refusa avec dureté. Aussitôt dix tribus se révoltèrent contre lui, choisirent pour roi Jéroboam et formèrent le royaume d'Israël. Deux tribus seulement, celles de Juda et de Benjamin, restèrent soumises à Roboam et formèrent le royaume de Juda.

Royaume d'Israël. Ses rois. Sa destruction. — Jéroboam, infidèle à son roi, fut aussi infidèle à Dieu. Il défendit à ses sujets d'aller offrir leurs sacrifices à Jérusalem et érigea des veaux d'or, auxquels il donna le nom de dieux d'Israël. Ce roi bâtit, sur le mont Ephraïm, la ville de Sichem, qui fut la capitale du royaume d'Israël jusqu'à la fondation de Samarie.

Les rois d'Israël imitèrent presque tous l'impiété de Jéroboam. Ils furent au nombre de dix-neuf, et régnèrent pendant un espace de deux cent soixante-deux ans.

Achab, meurtrier de Naboth, secondé par sa femme Jézabel, fille du roi de Tyr, ajouta de nouvelles idoles à celles dont Jéroboam avait établi le culte en Israël, et périt percé d'une flèche (903). Ochosias, fils d'Achab, persécuta le prophète Elisée (902). Jéhu, usurpateur du trône, fit précipiter du haut d'une tour et fouler aux pieds des chevaux l'impie Jézabel (889). Joas fut vainqueur des Syriens et d'Amasias, roi de Juda (847). Jéroboam II, plus pieux que ses prédécesseurs, régna quarante ans (831). Manahem, usurpateur de la couronne, acheta la protection de Phul, roi d'Assyrie (768). Osée fut le dernier roi d'Israël (727) : Salmanazar, roi d'Assyrie, le vainquit et détruisit son royaume. Les dix tribus qui le formaient, transportées à Ninive (718), se confondirent parmi les nations idolâtres. Au nombre des Israélites emmenés en captivité par Salmanazar se trouvait Tobie, dont l'histoire touchante, ainsi que celle de son fils, est racontée dans les livres saints.

Royaume de Juda. Ses rois. — Le royaume de Juda, comme le royaume d'Israël, abandonna trop souvent le culte de Dieu, et ses infidélités ne furent pas punies moins sévèrement.

La cinquième année du règne de Roboam (975), Sésac, roi d'Égypte, prit Jérusalem, et ne se retira qu'après avoir pillé la ville et le temple. Après le règne d'Abia, fils de Roboam, qui ne dura que deux ans, et celui d'Asa, fils d'Abia, qui se prolongea pendant quarante et un ans, on trouve celui de Josaphat (919), fils d'Asa, prince pieux, qui fit fleurir la justice, la navigation et l'art militaire pendant un règne de vingt-cinq ans.

Joram, fils de Josaphat, impie comme le roi d'Israël Achab, dont il avait épousé la fille Athalie, commença son règne par le meurtre de ses frères. Vaincu par les Philistins, il périt avec tous ses enfants, à l'exception d'un seul qui lui succéda (893). Ochosias, qui, échappé au massacre, avait succédé à son père, ayant été tué par l'usurpateur Jéhu, Athalie, veuve de Joram, pour conserver la couronne, fit mettre à mort tous les enfants de son fils Ochosias (889).

Un seul, Joas, enfant encore au berceau, sauvé de la fureur de son aïeule, fut élevé dans le temple par le grand prêtre Joïada, et proclamé roi lorsqu'il eut atteint l'âge de sept ans. Après la mort de Joïada, Joas tomba dans l'idolâtrie et fit lapider le grand prêtre Zacharie, fils de Joïada, qui voulait le ramener au culte de Dieu. Vaincu par le roi de Syrie, il acheta la paix en livrant à ce prince les trésors de la ville et du temple, et mourut assassiné après un règne de quarante ans. Son fils Amasias, idolâtre comme lui, périt comme lui assassiné, après avoir régné vingt-six ans (843).

Asarias ou Osias, fils d'Amasias, lui succéda. Son règne, qui dura cinquante-deux ans, fut glorieux dans les premières années; mais, ayant voulu usurper les fonctions sacerdotales contre la défense de la loi (763), ce prince fut frappé de la lèpre et dépouillé de l'autorité royale, qui fut confiée à son fils Joathan. Joathan, dont la piété rappela celle de son père pendant la première partie de son règne, eut pour successeur son fils Achaz. Achaz, prince impie et cruel, attaqué par les rois de Syrie et d'Israël (739), invoqua le secours de Téglatphalazar, roi d'Assyrie, et vit son royaume ravagé par ce perfide allié.

Six ans avant la destruction du royaume d'Israël (724), Ézéchias, le plus pieux et le plus juste de tous les rois après David, avait succédé sur le trône de Juda à l'impie Achaz. Sennachérib, fils et successeur de Salmanazar, l'assiégea dans Jérusalem avec une armée innombrable, qui périt dans une nuit de la main de l'ange exterminateur. Ézéchias, qui régna vingt-neuf ans, eut son fils Manassès pour successeur.

Manassès, s'étant livré à l'idolâtrie avec tout son peuple, fut abandonné à ses ennemis, qui l'asservirent et l'emmenèrent captif à Babylone (690). Ramené au culte de Dieu par ce châtiment, ce prince fit pénitence avec son peuple, fut rétabli sur le trône et sauvé par la protection divine des armes des Assyriens. Les conquêtes de Nabuchodonosor et d'Holopherne, son général, furent arrêtées tout à coup par la main d'une femme, de Judith (648), qui délivra le peuple de ce dangereux ennemi. Après un règne de cinquante-cinq ans, Manassès laissa le trône à son fils Amon, qui ne l'occupa que deux ans.

Josias, fils et successeur d'Amon (641), élevé dans la crainte de Dieu, abolit entièrement l'idolâtrie, restaura le temple et rétablit le culte dans toute sa pureté. Ayant eu l'imprudence de vouloir arrêter dans sa marche Néchao, roi d'Égypte, qui marchait contre les Assyriens, il fut tué à Mageddo après un règne de trente et un ans.

Destruction du royaume de Juda. Captivité de Babylone. — Joakim, fils de Josias, à qui Néchao donna la couronne, régnait depuis quatre ans, lorsque Nabuchodonosor II, fils de Nabopolassar, roi d'Assyrie, après avoir soumis toute l'Asie, s'empara de Jérusalem et en emmena les habitants à Babylone (606). Au nombre des captifs se trouvait Daniel, alors âgé de quinze ans. C'est à ce moment que commencèrent les soixante et dix années de la captivité prédite par le prophète Jérémie.

Trois ans après, Joakim, qui avait recouvré la liberté et la couronne sous la condition de payer un tribut, essaya de secouer le joug et mourut dans la lutte. Quelques mois après, Nabuchodonosor s'empara pour la seconde fois de Jérusalem, enleva la couronne à Jéchonias, fils de Joakim, et la donna à Mathatias, oncle de ce prince, qui prit en montant sur le trône, le nom de Sédécias (598).

Sédécias, se croyant affermi sur le trône par un règne de neuf ans, et comptant sur le secours des rois voisins, méprisa les sages conseils du prophète Jérémie et prit les armes contre le roi de Babylone. Bientôt Nabuchodonosor attaqua pour la troisième fois Jérusalem, prit cette ville après un long siége, livra le temple aux flammes, et après avoir fait crever les yeux à Sédécias, l'emmena captif à Babylone avec la plus grande partie du peuple (588).

Ainsi le royaume de Juda fut détruit après avoir duré trois cent quatre-vingt-douze ans depuis le règne de Roboam.

Maître des trésors de Jérusalem, Nabuchodonosor avait fait faire une statue d'or représentant Baal ou Bel, principale divinité des Assyriens, que les Israélites devaient adorer comme le reste du peuple. Trois jeunes Israélites, Ananias, Azarias et Misaël, osèrent refuser à l'idole cet hommage sacrilége. Jetés dans une fournaise ardente, ils furent miraculeusement sauvés des flammes.

Daniel, quoique élevé à la cour de Nabuchodonosor, était resté fidèle au culte de ses pères. Inspiré de l'esprit de Dieu, il fit reconnaître l'innocence de Suzanne, qui, faussement accusée par deux vieillards, allait être lapidée par les Juifs.

Dieu punit l'orgueil de Nabuchodonosor en le frappant de démence. Chassé de son palais, ce prince erra pendant plusieurs années dans la campagne, vivant au milieu des animaux et se nourrissant comme eux de l'herbe des champs. Quand les jours de son châtiment furent accomplis et qu'il se fût humilié devant le Seigneur, il recouvra la raison et le trône.

Son fils Evilmérodac, qui lui succéda (562), ne témoigna pas la même bienveillance à Daniel et voulut le contraindre à sacrifier aux idoles; mais Daniel convainquit d'imposture les prêtres de Baal. Jeté dans une fosse avec des lions qui devaient le dévorer, il fut sauvé par la main de Dieu.

Daniel expliqua à l'impie Balthazar le sens des caractères mystérieux qu'une main invisible traçait sur les murs de son palais, et qui annonçaient sa mort et la destruction de Babylone. Sa prédiction s'étant bientôt accomplie, ce prophète trouva auprès de Cyrus, qui détruisit l'empire des Assyriens, la même faveur qu'auprès des rois assyriens

Fin de la captivité. Reconstruction du temple. — La première année de son règne (536), Cyrus publia un édit qui permit aux Juifs de retourner dans la Judée et de rebâtir le temple de Jérusalem. Aussitôt Zorobabel, petit-fils du roi Jéchonias, accompagné de Josué ou Jésus, fils de Josed et souverain pontife, ramena les captifs, au nombre de quarante-deux mille, rebâtit l'autel, et, deux ans après, posa les fondements du second temple. Obligé d'interrompre les travaux à cause des difficultés que lui suscitait la jalousie des Samaritains, il les reprit quatorze ans après, et acheva le temple dans l'espace de quatre années. Cinq ans après, le prophète Daniel mourut à l'âge de cent dix ans (514).

Les rois qui régnèrent sur les Perses après Cyrus accordèrent aux Juifs la même faveur. Par leur protection, Esdras, et ensuite Néhémie, qui gouvernèrent le peuple (445), réformèrent les abus qui s'étaient introduits pendant la captivité de Babylone et rendirent au culte de Dieu toute sa pureté. Néhémie pourvut aussi à la défense de Jérusalem en l'entourant de fortes murailles.

Gouvernement des souverains pontifes. — Après la mort de Néhémie, qui parvint à un âge très-avancé, la forme du gouvernement changea. L'autorité passa entre les mains des souverains pontifes, qui étaient eux-mêmes sous la dépendance des rois de Perse. Le premier qui exerça cette autorité (412) fut Joïada, qui la transmit à son fils Jonathas, lequel eut pour successeur son fils Jaddus.

Pendant le pontificat de Jaddus, Alexandre le Grand, roi de Macédoine, qui allait assiéger la ville de Tyr, fit demander aux Juifs des vivres pour son armée. Jaddus, fidèle à Darius, roi de Perse, chercha à se dispenser de fournir au roi de Macédoine, qui lui faisait la guerre, les secours dont il avait besoin. Ce refus irrita Alexandre, qui résolut d'en tirer vengeance. En effet, après la prise de Tyr, il marcha vers Jérusalem. Jaddus, inspiré de Dieu, se revêtit de ses ornements pontificaux et sortit de la ville, accompagné des autres sacrificateurs et de tout le peuple, portant des vêtements blancs. A la vue du pontife et de son cortége, Alexandre se sentit frappé de respect et le salua avec une vénération religieuse. Il se rendit ensuite à Jérusalem (332), où il offrit à Dieu un grand nombre de victimes : il permit aux Juifs de vivre selon leurs lois et leurs coutumes religieuses, et admit dans son armée tous ceux qui voulurent le suivre.

Questionnaire.

Quelle demande les Israélites adressèrent-ils à Samuel? — Quel roi nomma-t-il? — Saül fut-il toujours fidèle à Dieu? — Quel fut son successeur? — Racontez le règne de David. — Racontez celui de Salomon. — Quelle avait été la durée de ce règne? — Quel fut le successeur de Salomon? — Quelle demande lui firent ses sujets? — Comment accueillit-il cette réclamation? — Combien de tribus se révoltèrent? — Quelles tribus restèrent fidèles? — Combien de rois régnèrent sur le royaume d'Israël? — Pendant combien de temps dura ce royaume? — Nommez les plus célèbres de ses rois. — Quel fut le dernier? — Quel roi détruisit le royaume d'Israël? — Que devinrent les dix tribus qui le formaient?

— Quel personnage se trouvait au nombre des Israélites captifs? — Par qui Jérusalem fut-elle prise sous le règne de Roboam? — Quels princes régnèrent après Roboam? — Racontez les principaux événements de leur règne. — Par qui Jérusalem fut-elle prise sous le règne de Joakim? — Quel prophète se trouvait au nombre des captifs? — Cette captivité avait-elle été prédite? — Quelle devait être sa durée? — Que devint Joakim? — A qui Nabuchodonosor donna-t-il la couronne? — Quelle fut la conduite de Sédécias? — Quelle fut sa fin? — Combien avait duré le royaume de Juda lorsqu'il fut détruit? — Que fit Nabuchodonosor vainqueur? — Ne trouva-t-il pas de la résistance dans trois jeunes gens? — Comment Daniel fit-il voir sa sagesse? — Quelle fut la punition de Nabuchodonosor? — Comment traita-t-il Daniel? — Que fit Daniel à la cour de Balthazar? — Que fit Cyrus en faveur des Juifs? — Qui ramena les Juifs à Jérusalem? — Comment et en combien de temps fut rebâti le temple? — Qui gouverna les Juifs sous la protection des rois de Perse? — Quel fut le premier souverain pontife? — Qu'arriva-t-il sous le pontificat de Jaddus?

CHAPITRE III.

Depuis la soumission de la Judée aux rois d'Égypte jusqu'à la prise de Jérusalem et à la dispersion des Juifs (320 avant J. C.—135 après J. C.).

La Judée soumise aux rois d'Égypte. — Le pontife Simon II et le roi Ptolémée. — La Judée passe sous la domination des rois de Syrie. — Le pontife Onias et Héliodore. — Cruautés d'Antiochus. — Révolte de Mathathias. — Judas Machabée et ses frères. — Guerres civiles. — Pompée prend Jérusalem. — Hérode, roi des Juifs. — Naissance de Jésus-Christ. — Mort d'Hérode. — Archélaüs ethnarque. — Philippe et Hérode tétrarques. — Pilate, gouverneur de la Judée. — Mort de Jésus-Christ. — La Judée sous la domination romaine. — Révolte des Juifs. — Siége et prise de Jérusalem. — Dispersion des Juifs

La Judée soumise aux rois d'Égypte. — Pendant les guerres qui suivirent la mort d'Alexandre, la Judée, placée entre l'Égypte et la Syrie, fut tour à tour soumise et ravagée par les Égyptiens et les Syriens. Elle finit par rester au pouvoir de Ptolémée Lagus, roi d'Égypte, qui prit Jérusalem un jour de sabbat et fit transporter un grand nombre de Juifs à Alexandrie. Dans la suite, pour récompenser les Juifs de la fidélité qu'ils lui montrèrent, il les traita avec bienveillance.

Ptolémée Philadelphe, son fils et son successeur, désirant placer les livres sacrés des Juifs dans la célèbre bibliothèque qu'il avait formée à Alexandrie, en fit faire une traduction grecque, connue sous le nom de *version des Septante* (284).

Le pontife Simon II et le roi Ptolémée; la Judée passe sous la domination des rois de Syrie. — Sous le pontificat de Simon II (217), Ptolémée Philopator, après avoir vaincu Antiochus, roi de Syrie, s'était rendu à Jérusalem. Ayant voulu pénétrer dans l'intérieur du temple malgré la défense de la loi et l'opposition du grand prêtre, il fut frappé de terreur et resta immobile sans pouvoir avancer. Il ne reprit l'usage de ses sens qu'après qu'on l'eut porté hors du temple. Irrité de l'affront qu'il croyait avoir reçu, il sortit de Jérusalem dans la résolution d'en tirer vengeance; mais bientôt sa colère s'apaisa, et il rendit aux Juifs les priviléges qu'il leur avait enlevés.

Cependant les Juifs, qui jusqu'alors avaient été fidèles aux rois d'Egypte, abandonnèrent leur cause pour embrasser celle des rois de Syrie. Dans la guerre que Ptolémée Epiphane eut à soutenir contre Antiochus le Grand, roi de Syrie (211), les Juifs se déclarèrent pour ce dernier prince, qui finit par conserver la Judée sous sa domination.

Le pontife Onias. Héliodore. Cruautés d'Antiochus. — La mésintelligence qui éclata entre le souverain pontife Onias et Simon, gouverneur du temple, attira sur le peuple de grandes persécutions. Simon ayant informé Séleucus, successeur d'Antiochus le Grand, qu'il y avait dans le temple des trésors considérables, ce prince envoya Héliodore pour les enlever. Au moment où cet officier, pour exécuter les ordres de son maître, venait de forcer l'entrée du temple, il fut jeté miraculeusement à terre, où il resta quelque temps privé de sentiment. Les Syriens qui l'accompagnaient furent saisis d'une si grande frayeur, qu'ils renoncèrent à leur entreprise. La colère de Séleucus fut désarmée par le pontife, qui se rendit auprès de lui.

Le souverain pontificat, au lieu de se transmettre par une succession régulière ou d'être accordé au mérite et à la vertu, fut, dès ce moment, l'objet d'un trafic sacrilége. Les Juifs ambitieux offrirent de l'or pour obtenir cette dignité, et les rois de Syrie la leur vendirent. Mais cette impiété ne resta pas impunie, et Dieu se servit d'Antiochus lui-même pour les châtier.

Jérusalem, assiégée par ce prince (170), fut prise d'assaut et saccagée; ses habitants furent massacrés ou vendus comme esclaves. Antiochus enleva les trésors du temple et les vases sacrés, dédia le temple à Jupiter Olympien, et prononça la peine de mort contre ceux qui refuseraient d'adorer cette idole. Au nombre des Juifs qui refusèrent d'obéir à cet ordre cruel, on remarque le pontife Eléazar, vieillard vénérable, et les sept frères Machabées, jeunes gens dans la fleur de l'âge, qui, plutôt que d'être infidèles à Dieu, supportèrent les plus cruels tourments et reçurent la mort sans murmure.

Révolte de Mathathias. Judas Machabée et ses frères. — Cependant la plus grande partie du peuple, cédant à la terreur, sacrifiait aux idoles. Ceux qui ne voulaient pas être exposés au danger de violer la loi ou d'encourir la peine prononcée par le roi avaient fui de Jérusalem. Au nombre de ces derniers était Mathathias, l'un des sacrificateurs.

Mathathias se vit bientôt à la tête d'une troupe nombreuse, et, secondé par ses cinq fils, il s'empara de plusieurs villes, détruisit les autels des faux dieux, et fit mourir les Juifs qui avaient abandonné la religion de leurs pères (168). Un an après avoir pris les armes, il mourut, laissant l'autorité entre les mains de son fils Judas, appelé Machabée.

Judas, aussi heureux que son père dans ses entreprises, vainquit les généraux d'Antiochus, entra dans Jérusalem, purifia le temple, rétablit les sacrifices et fut élevé au pontificat. Il fit alliance avec les Romains, qui ordonnèrent à Démétrius, roi de Syrie, de ne plus faire la guerre aux Juifs. Malgré cette défense, Démétrius marcha contre Judas, qui fut tué dans le combat. Après la mort de Judas (161), le pontificat fut occupé par Jonathan, son frère, qui eut pour successeur un autre de ses frères appelé Simon. Simon (142) se conduisit avec tant de vigueur et de prudence, qu'il délivra sa patrie du joug des rois de Syrie. Il périt assassiné par Ptolémée, son gendre, et eut pour successeur Hyrcan, son fils.

Sous le pontificat d'Hyrcan (135), Antiochus, pour venger la défaite de ses généraux vaincus par Simon, assiégea Jérusalem. Hyrcan, hors d'état de résister, acheta la paix au moyen des trésors qu'il prit dans le tombeau de David. Mais bientôt, Antiochus ayant fait une expédition dans la Médie, Hyrcan reprit diverses places de la Judée, qui étaient au pouvoir des Syriens, et porta ses armes jusque dans la Syrie.

Guerres civiles. Pompée prend Jérusalem. — A la mort d'Hyrcan (107), Aristobule, l'aîné de ses fils, changea la forme du gouvernement et prit le titre de roi. Il jeta ses frères dans les fers, fit périr l'un d'eux qu'il avait d'abord associé à la couronne, et mourut lui-même peu après, accablé de remords.

Alexandre (106), frère d'Aristobule, à qui la mort de ce prince rendit la liberté, et qui lui succéda, se souilla du sang de ses frères. Son règne, qui dura trente-six ans, fut continuellement agité par des guerres qu'il eut à soutenir, soit contre ses voisins, soit contre ses propres sujets que ses cruautés armaient contre lui.

Ses deux fils, Hyrcan et Aristobule, se disputèrent le pouvoir et briguèrent la protection de Pompée. Le général romain, à qui le parti d'Aristobule avait voulu interdire l'entrée de Jérusalem, s'étant emparé de cette ville (63), confirma Hyrcan dans le pontificat, imposa un tribut à toute la Judée et emmena prisonniers à Rome Aristobule et ses enfants.

Après la mort de Pompée, Antipater, Iduméen ambitieux et habile, qui s'était attaché à Hyrcan, frère d'Aristobule, ayant obtenu la faveur de César et le titre de citoyen romain, fit donner à Phazaël, l'un de ses fils, le gouvernement de Jérusalem et de toute la province, et à Hérode, son autre fils, celui de la Galilée, tandis que le faible Hyrcan conserva le titre de souverain pontife sans aucune autorité.

Hérode, roi des Juifs. Naissance de Jésus-Christ. Mort d'Hérode. — Antigone, fils d'Aristobule, s'étant emparé de Jérusalem par le secours du roi des Parthes, dont il avait acheté l'alliance, Hérode alla implorer la protection des Romains et fut nommé par le sénat roi des Juifs. Avec le secours de l'armée d'Antoine, il se rendit maître de Jérusalem (38) et fit mettre à mort la plupart des partisans d'Antigone, qui fut lui-même envoyé à Rome, où il eut la tête tranchée. Dans la guerre d'Octave contre Antoine, Hérode s'attacha au parti d'Antoine, et après sa défaite, craignant la colère du vainqueur, il alla le trouver à Rhodes. Octave lui accorda son amitié et lui assura la couronne (20).

Ce fut alors que le Sauveur promis au genre humain au moment de la chute du premier homme, Jésus-Christ, fils de Dieu, vint au monde à Bethléem, petite ville de la Judée. La vierge Marie, sa mère, enveloppa le divin enfant dans des langes et le coucha dans une crèche, où les mages de l'Orient vinrent l'adorer. Cependant les Juifs ne reconnurent point en lui le Messie qu'ils attendaient depuis tant de siècles. Fatigués du joug des nations étrangères qui pesait sur eux depuis longtemps, ils ne voulaient reconnaître qu'un Messie guerrier qui les délivrât de l'oppression des peuples et conquît la terre entière par ses armes victorieuses.

Toutefois Hérode, alarmé du bruit qui s'était répandu qu'il était né un roi aux Juifs, pour faire périr ce rival qu'il redoutait, fit mettre à mort tous les enfants au-dessous de deux ans qui se trouvèrent à Bethléem et dans tout le territoire environnant. Mais ces cruautés furent inutiles : saint Joseph, averti dans un songe par un ange, s'était réfugié en Égypte avec la sainte Vierge et l'enfant Jésus.

Le roi Hérode ne versa pas seulement le sang des enfants qui lui étaient étrangers ; il répandit aussi celui de ses propres enfants. Son impiété fut punie d'une manière éclatante. Dans les derniers temps de sa vie, il fut en proie à une horrible maladie. Sa respiration était pénible et son haleine infecte ; une chaleur brûlante qui dévorait ses entrailles lui faisait souffrir d'atroces douleurs. Il mourut enfin, laissant la couronne à son fils Archélaüs.

Archélaüs ethnarque. Philippe et Hérode tétrarques. — Archélaüs, après avoir fait célébrer les funérailles de son père avec la plus grande magnificence, alla à Rome demander à Auguste de lui confirmer le titre de roi, que son père lui avait donné (3)[1]. Mais Auguste, cédant aux sollicitations de Salomé, sœur d'Hérode, refusa le titre de roi à Archélaüs et ne lui laissa que la moitié de la Judée avec le titre d'ethnarque. Il partagea l'autre moitié entre Philippe et Hérode surnommé Antipas, frères d'Archélaüs.

A son retour en Judée, Archélaüs se rendit odieux par ses cruautés. Auguste, à qui les Juifs adressèrent leurs plaintes, le relégua à Vienne, dans les Gaules (7), et réduisit en province romaine la partie de la Judée qui lui avait été soumise. Hérode et Philippe continuèrent à gouverner, sous le nom de tétrarques, celle qu'ils avaient obtenue en partage.

Pilate, gouverneur de la Judée. Mort de Jésus-Christ. La Judée sous la domination romaine. — Tibère, successeur d'Auguste, donna à Pilate le gouvernement de la partie de la Judée qui était province romaine (27). La quinzième année du règne de cet empereur (30), Jésus-Christ reçut le baptême des mains de saint Jean Baptiste et com-

---

1. De l'ère chrétienne ou depuis la naissance de J. C.

mença ses prédications. Pendant quatre années il parcourut la Judée, instruisant le peuple et manifestant sa divinité par la sublimité de sa doctrine, la sainteté de sa vie et les nombreux miracles qu'il opérait. Cependant, les temps marqués par les prophètes étant accomplis, Jésus-Christ, condamné par la synagogue et le grand prêtre Caïphe, et livré au peuple, qui demandait sa mort, par Pilate, qui avait reconnu son innocence, expira sur une croix entre deux malfaiteurs (33).

Agrippa, fils d'Aristobule et neveu d'Hérode le tétrarque, alla à Rome dans le dessein de nuire à ce prince; mais Tibère, dont il encourut la disgrâce, le fit jeter en prison, et il y resta jusqu'à la mort de cet empereur. Caligula, successeur de Tibère (37), brisa ses fers et lui donna, avec le titre de roi, la tétrarchie de son oncle Philippe, qui était mort. Hérode, étant allé à Rome pour solliciter la même faveur, tomba au contraire dans la disgrâce. L'empereur lui enleva sa tétrarchie, qu'il ajouta aux États d'Agrippa. Hérode mourut en Espagne, où il fut relégué.

Sous le règne de l'empereur Claude (41), dont il gagna aussi la faveur, Agrippa retourna en Judée et commença la construction d'une forte muraille autour de Jérusalem. Il mourut avant d'avoir terminé ce travail. Son fils, appelé comme lui Agrippa étant trop jeune pour gouverner par lui-même, Claude réduisit ses États en province romaine. Dans la suite, il lui en rendit une partie avec le titre de tétrarque; le reste continua d'obéir à des gouverneurs romains.

Révolte des Juifs. Siége et prise de Jérusalem. Dispersion des Juifs. — Les Juifs, dont le pays était désolé par de fréquentes révoltes et des brigandages continuels, attribuant aux Romains leurs malheurs, résolurent de secouer le joug et prirent les armes. Néron envoya Vespasien pour les faire rentrer dans l'obéissance. Vespasien, ayant rassemblé en Syrie toutes les troupes romaines et celles des rois alliés de Rome, entra en Galilée avec son fils Titus et soumit toutes les villes de cette province (66).

Pendant ce temps, la ville de Jérusalem était en proie à diverses factions qui se faisaient une guerre acharnée. La plus redoutable était celle des *zélateurs,* qui s'empara du temple, massacra le grand prêtre et remplit la ville de meurtres et de rapines. Vespasien, ayant été élevé à l'empire, partit pour Rome, laissant ses meilleures troupes à Titus, son fils, pour faire le siége de Jérusalem.

Le siége avança lentement à cause de la résistance opiniâtre des assiégés. Pendant ce temps, la peste et la famine faisaient d'horribles ravages dans la ville. Les Romains, déjà maîtres de la forteresse Antonia, se préparaient à donner l'assaut au temple, lorsqu'un soldat y jeta par une fenêtre une pièce de bois enflammée. L'incendie se communiqua rapidement à toutes les parties de l'édifice, et Titus fit d'inutiles efforts pour l'éteindre.

Peu après le général romain entra en vainqueur dans Jérusalem (70). Les soldats firent prisonniers tous les Juifs qui pouvaient être vendus comme esclaves et massacrèrent le reste. Dès que le pillage fut terminé, Titus fit raser jusqu'aux fondements tous les édifices que le feu avait épargnés, à l'exception de trois tours, de sorte qu'il ne paraissait aucune trace d'habitation.

Depuis ce temps jusque vers la fin du règne de Trajan, les Juifs, épars en divers lieux, restèrent tranquilles; mais le nombre de ceux qui avaient formé des habitations sur les ruines de Jérusalem augmenta par degrés, et ils commencèrent à faire quelques mouvements peu de temps avant l'élévation d'Adrien à l'empire. Ce prince, pour les contenir, envoya une colonie romaine en Judée et bâtit à la place de Jérusalem une ville qu'il nomma Ælia Capitolina (130). Il y éleva un temple à Jupiter, au lieu même où avait été le temple de Dieu.

Les Juifs ne tardèrent pas à se révolter sous la conduite de Barcochébas; mais ils furent vaincus. Tous ceux qui n'avaient pas péri par le fer, le feu ou la famine, furent vendus comme esclaves et transportés en divers pays (135), de sorte que la Judée demeura presque entièrement déserte. Depuis cette époque, les Juifs n'ont jamais pu se réunir en corps de nation, et ils ont continué de vivre dispersés au milieu des autres peuples.

Questionnaire.

A qui la Judée fut-elle soumise après la mort d'Alexandre? — Que fit Ptolémée Philadelphe pour les livres saints? — Qu'arriva-t-il sous le pontificat de Simon II? — Les Juifs restèrent-ils toujours fidèles aux rois d'Égypte? — Le souverain pontife Onias et Simon le gouverneur du temple vécurent-ils en bonne intelligence? — Quel fut le résultat de leur division ? — Quelle fut la conduite d'Antiochus ? — Qui fut le premier à prendre les armes contre le roi de Syrie ? — Que fit Mathathias et combien de temps gouverna-t-il ? — Quel fut le successeur de Mathathias ? — Que fit Judas Machabée ? — Quels furent les successeurs de Judas ? — Que fit Simon ? — Comment périt-il ? — Quel fut son successeur ? — Hyrcan eut-il quelque guerre à soutenir ? — Jusqu'où porta-t-il ses armes ? — Quel fut le successeur d'Hyrcan ? — Quel titre prit Aristobule ? — Quels événements se passèrent jusqu'à Hérode ? — Où naquit Jésus-Christ ? — Les Juifs le reconnurent-ils pour le Messie ? — Quelles mesures prit Hérode pour le faire périr ? — Comment Jésus-Christ échappa-t-il à sa fureur ? — Hérode ne versa-t-il pas le sang de sa famille ? — Quelle fut sa punition ? — Qui désigna-t-il pour son successeur ? — Que fit Archélaüs après la mort d'Hérode ? — Dans quelle ville fut-il relégué ? — Que devinrent ses États ? — A qui Tibère donna-t-il le gouvernement de la Judée ? — En quelle année du règne de Tibère Jésus-Christ reçut-il le baptême et commença-t-il ses prédications ? — Pendant combien de temps Jésus-Christ instruisit-il le peuple ? — Comment mourut Jésus-Christ ? — En quelle année ? — Quels événements se passèrent ensuite en Judée ? — Sous quel empereur les Juifs se révoltèrent-ils contre les Romains ? — Quels généraux Néron envoya-t-il contre eux ? — Comment la ville de Jérusalem fut-elle prise et le temple détruit ? — Que fit-on des Juifs prisonniers ? — A quelle époque les Juifs commencèrent-ils à s'agiter ? — Que fit Adrien pour les contenir ? — Sous quel chef les Juifs se révoltèrent-ils ? — Quel fut le résultat de cette révolte ?

CHAPITRE IV.

Histoire des Assyriens.

Depuis la fondation de l'empire de Ninive jusqu'à sa réunion à celui de Babylone (2640-644).

Fondation des premiers empires. — Fondation de Ninive. — Assur. — Bélus. — Ninus. Ses conquêtes. — Sémiramis. Son gouvernement et ses travaux. — Ninyas. — Sardanapale. — Phul. — Téglatphalazar. — Salmanazar. — Sennachérib. — Asharaddon. — Saosduchéus. — Sarac. — Réunion de l'empire de Ninive à celui de Babylone.

Fondation des premiers empires. — L'empire d'Assyrie, formé des royaumes de Ninive et de Babylone, tantôt réunis, tantôt séparés, est le plus ancien de ceux dont il est parlé dans l'Ecriture sainte. Le premier empire assyrien, sous lequel Ninive et Babylone furent réunies, comprend l'espace de temps écoulé depuis le règne de Bélus jusqu'à celui de Sardanapale. Après la mort de ce prince, trois royaumes se formèrent des débris du premier empire assyrien : le royaume de Ninive ou d'Assyrie proprement dit sous Phul, celui de Babylone sous Bélésis, et celui de Médie sous Arbacès. Cet état de choses subsista jusqu'à l'époque (680) où Asharaddon, roi de Ninive, s'empara de Babylone qui devint la seconde capitale de l'empire assyrien : mais cette réunion dura peu. En 625, Nabopolassar, gouverneur de Babylone, allié au roi des Mèdes, prit et détruisit Ninive, et fonda le troisième empire assyrien ou empire babylonien, dont le dernier roi fut Balthazar, vaincu par Cyrus.

Fondation de Ninive. Assur. Bélus. — A l'époque où Nemrod construisit Babylone (2640), Assur, petit-fils de Sem, bâtit sur les bords du Tigre une ville qui prit dans la suite le nom de Ninive et fut la capitale de l'empire des Assyriens. Sous ses premiers rois cet empire ne s'étendit pas au delà de la vallée dans laquelle coule le Tigre.

Bélus l'agrandit par ses victoires (2229), défit les rois arabes qui s'étaient partagé le royaume de Babylone, réunit les provinces qui le composaient au royaume d'Assyrie et prépara la grandeur du premier empire assyrien.

Ninus. Ses conquêtes. — Ninus, fils et successeur de Bélus (2174), agrandit Ninive, à laquelle il donna son nom. Les murailles de cette ville, hautes de cent pieds, pouvaient porter trois chariots de front sur leur épaisseur; quinze cents tours, dont chacune s'élevait à deux cents pieds, étaient disposées d'espace en espace et servaient à la défense. Le prophète Jonas rapporte dans la Bible que Ninive avait trois journées de chemin; ce qui veut dire qu'il fallait trois journées pour en parcourir les différents quartiers.

Ninus soumit par ses armes la plus grande partie de l'Asie. Une ville seule, Bactres, capitale de la Bactriane, défendue par de fortes murailles et une garnison nombreuse, osa lui résister. Arrêté longtemps devant cette place, il ne parvint à s'en rendre maître qu'en suivant les conseils de Sémiramis, femme de Ménonès, l'un de ses généraux, qui avait suivi son mari à l'armée. Ménonès étant mort, Ninus épousa Sémiramis, et suivant quelques auteurs, il périt victime de l'ambition de cette princesse, qui voulait régner seule.

Sémiramis. Son gouvernement et ses travaux — Les traditions orientales ont entouré de merveilleux la naissance et les premières années de Sémiramis. L'historien Diodore de Sicile, tout en nous avertissant que son récit n'est qu'une fable, raconte que Sémiramis, au moment de sa naissance, fut exposée dans un lieu désert, environné de rochers. Des colombes qui avaient leurs nids aux environs du lieu où elle venait d'être abandonnée, l'élevèrent miraculeusement : les unes la couvraient de leurs ailes, pour la réchauffer ; les autres, épiant l'heure où les bergers du voisinage s'éloignaient de leurs cabanes, venaient recueillir le lait que ces pâtres y laissaient, et, le transportant dans leur bec, allaient le verser goutte à goutte entre ses lèvres. Lorsque l'enfant, au bout d'un an, eut besoin d'aliments plus solides, les colombes détachaient des parcelles de fromage et lui procuraient ainsi une nourriture suffisante. Les bergers, en rentrant dans leurs habitations, voyant leurs fromage rongés à l'entour, s'étonnèrent d'un fait aussi extraordinaire ; ils parvinrent à en connaître la cause et à découvrir l'enfant, dont la beauté était remarquable ; ils l'emmenèrent et en firent présent au chef des bergeries royales, qui l'éleva comme sa propre fille et lui donna le nom de Sémiramis, mot qui, dans la langue syrienne, signifie *ce qui vient des colombes*.

Ninus avait laissé pour successeur Ninyas, son fils; mais, comme ce prince n'était encore qu'un enfant, l'autorité resta entre les mains de Sémiramis (2122). Cette princesse recula les limites de son empire, et, pour maintenir dans la soumission les peuples vaincus, elle construisit des villes et des forteresses. Elle ne se contenta pas d'étendre et de pacifier son empire, elle en augmenta la prospérité par des travaux utiles. Elle desséchа des marais, creusa des canaux, jeta des ponts sur les fleuves, construisit des aqueducs, et traça des routes même au travers des montagnes, qu'elle fit couper. La ville de Babylone lui dut ses fameux jardins suspendus et d'autres édifices qui la firent regarder comme une des merveilles du monde. Sémiramis, ayant voulu faire la conquête des Indes, remporta d'abord quelques victoires qui lui ouvrirent l'entrée de ce pays; mais, lorsqu'elle y eut pénétré, elle perdit son armée et fut obligée de regagner ses États. Ninyas, son fils, impatient de saisir l'autorité souveraine, se révolta contre cette princesse et lui enleva le trône (2080). Sémiramis se retira dans une forteresse, où elle vécut dans la solitude. On publia que les dieux l'avaient métamorphosée en colombe, et cet oiseau était un objet de vénération pour les Assyriens.

Ninyas. — Après la retraite de Sémiramis, Ninyas monta sur le trône et l'occupa pendant trente-huit ans. L'histoire n'a consacré le souvenir d'aucune de ses actions, et tout porte à croire qu'il se borna à jouir au fond de son palais, au milieu d'une foule d'esclaves et de courtisans, des immenses richesses dont il avait hérité.

Ses successeurs imitèrent sa mollesse et ne s'occupèrent que de leurs plaisirs. Ce fut sous le règne de l'un d'eux que Sésostris, roi d'Égypte, parcourut l'Asie en vainqueur et soumit le royaume d'Assyrie. Mais après la mort de Sésostris, les nations qu'il avait vaincues recouvrèrent leur indépendance, et l'Assyrie obéit à ses rois de la famille de Sémiramis. Le dernier de ces princes, appelé Bélochus, associa au trône sa fille Atossa, aussi appelée Sémiramis II (1550). Atossa conserva la couronne pendant douze ans après la mort de son père; mais elle la perdit par la révolte de l'intendant des palais de Babylone, appelé Balétorès (1525).

Sardanapale. — Sous le règne de Balétorès et de ses successeurs, c'est-à-dire pendant une période de huit siècles pour laquelle les historiens anciens donnent à peine quelques renseignements, les peuples soumis aux rois d'Assyrie secouèrent successivement le joug. Enfin, sous le règne de Sardanapale (785), Arbacès, satrape de Médie, et Bélésis, gouverneur de Babylone, s'étant ligués avec les Perses et les Arabes, se révoltèrent. La guerre dura plusieurs années, et Sardanapale fut d'abord vainqueur; mais les révoltés, ayant reçu le secours des Bactriens, reprirent l'avantage et assiégèrent Sardanapale dans Ninive. Cette ville résista trois ans, et ne fut prise qu'à la faveur d'un violent débordement du Tigre, qui renversa la plus grande partie de ses murailles. Sardanapale, craignant de tomber au pouvoir de ses ennemis, et ne voulant pas survivre à la perte de ses États, ordonna de préparer un immense bûcher dans son palais, y fit mettre le feu et périt au milieu des flammes avec ses serviteurs et ses trésors.

La victoire d'Arbacès assura l'indépendance des gouverneurs des provinces, qui ne reconnurent plus l'autorité des rois de Ninive ; mais le royaume d'Assyrie continua d'avoir ses rois particuliers.

Phul. Téglatphalazar. — Phul ou Pul, aussi appelé Sardanapale (768), essaya de reconquérir quelques-unes des provinces révoltées, entra en Syrie et s'avança jusqu'au mont Liban. Manahem, qui avait usurpé le royaume d'Israël, se soumit à lui et acheta sa protection par un tribut de mille talents.

Téglatphalazar, fils de Phul, profita des troubles qui agitaient le royaume d'Israël pour s'emparer de plusieurs des provinces de ce royaume, dont il emmena les habitants en captivité (758). Achaz, roi de Juda, pressé par les rois de Damas et d'Israël ligués contre lui, ayant invoqué son secours, Téglatphalazar entra d'abord dans le royaume de Damas, se rendit maître de la capitale, et en transporta les habitants sur les bords de l'Euphrate. Il passa ensuite dans le royaume d'Israël, où régnait Phacée, ravagea le pays et obligea le roi à lui payer un tribut annuel. Il ne traita pas beaucoup mieux Achaz, son allié, qu'il rendit aussi tributaire.

Salmanazar. Sennachérib. — Salmanazar, fils et successeur de Téglatphalazar, étendit encore sa domination par les armes. Le roi d'Israël ayant refusé de lui payer le tribut auquel il était soumis, ce prince entra en Judée. Il fit en même temps le siége de plusieurs villes maritimes de la

Phénicie, dont il s'empara ; mais il échoua devant Tyr, qu'il fut obligé d'abandonner après un siége de cinq ans. Samarie fut prise et ruinée, et les Israélites furent transportés dans la Mésopotamie (718). Le vainqueur établit dans le pays d'Israël des colonies tirées de la Babylonie et des diverses provinces de son empire. Le royaume d'Israël fut entièrement détruit par cette transplantation, et les Juifs regardèrent comme des étrangers les peuples qui s'établirent à Samarie. Salmanazar voulut exiger d'Ézéchias, roi de Juda, le tribut auquel Achas était soumis ; mais Ézéchias le refusa, et, pour pouvoir lui résister, fit alliance avec le roi d'Égypte. Salmanazar se disposait à porter la guerre en Judée, lorsqu'il fut attaqué d'une maladie dont il mourut.

Sennachérib, son fils, fut à peine monté sur le trône, qu'il réclama le tribut d'Ézéchias, et, sur le refus de ce prince, se disposa à l'attaquer avec une armée formidable. Pendant qu'il terminait la guerre qu'il avait entreprise contre les Philistins, Ézéchias fortifia Jérusalem et appela à son secours Tharaca, roi d'Éthiopie, qui était alors maître de l'Égypte. Sennachérib marcha contre Tharaca, le vainquit, ravagea la basse Égypte et mit le siége devant Péluse. Bientôt, craignant que la retraite ne lui fût coupée, il leva le siége pour aller attaquer Jérusalem. Il se disposait à livrer bataille à Ézéchias, lorsque son armée fut miraculeusement détruite en une seule nuit, et il se sauva accompagné d'un petit nombre de soldats.

A la suite de cette défaite, plusieurs provinces se soulevèrent contre lui. Ses malheurs l'ayant rendu furieux, il faisait tous les jours massacrer un grand nombre de Juifs, et il n'épargnait pas même ses propres sujets. Ces cruautés le rendirent si odieux à sa famille même, qu'il fut assassiné par ses deux fils ainés.

Asharaddon. Saosduchéus. Sarac. Réunion de l'empire de Ninive à celui de Babylone. — Après la mort de Sennachérib, les Assyriens mirent la couronne sur la tête du plus jeune de ses fils, Asharaddon. Ce prince, profitant de la mollesse des rois de Babylone et des divisions qui affaiblissaient leur autorité, s'empara de Babylone (680) et réunit ce royaume à celui de Ninive. Sept ans après, il entra en Judée et fit prisonnier le roi Manassès.

Saosduchéus ou Nabuchodonosor I (768) ne fut pas moins heureux dans les premières années de son règne. Phraorte ou Arphaxad, fils et successeur de Déjocès, roi des Mèdes, après avoir soumis les Perses et les autres peuples de l'Orient, voulut forcer les Assyriens à reconnaître sa domination. Saosduchéus défit son armée, le tua de sa propre main dans le combat et ravagea le pays des Mèdes.

Après la défaite de Phraorte, l'armée assyrienne, sous la conduite d'Holopherne, entra dans la Judée et commença le siége de Béthulie; mais ce général ayant été tué par Judith, les Assyriens se retirèrent en désordre dans la Mésopotamie. Cyaxare, fils de Phraorte, qui avait levé des troupes pour venger la défaite de son père, marcha contre les Assyriens et remporta facilement une victoire complète.

Saosduchéus eut pour successeur Sarac ou Chinaladan, que les Grecs ont aussi appelé Sardanapale (647). Sous le règne de ce prince efféminé, les Scythes ravagèrent le royaume d'Assyrie et les peuples soumis pensèrent à secouer le joug. Nabopolassar, gouverneur de Babylone (644), se joignit aux Mèdes pour attaquer les Assyriens et assiégea Sarac dans Ninive. Ce prince, réduit à la dernière extrémité, se tua dans son palais après avoir égorgé sa femme et ses enfants. Nabopolassar réunit alors les deux empires de Ninive et de Babylone, et rétablit le siége du gouvernement dans cette dernière ville.

Questionnaire.

Quels furent les premiers empires fondés? — Quel fut le fondateur de l'empire des Assyriens? — Quel fut le premier prince qui agrandit cet empire? — Quel fut le successeur de Bélus? — A quelle ville donna-t-il son nom? — Quelles conquêtes fit Ninus? — Quelle ville arrêta les progrès de ses armes? — Comment s'en rendit-il maître? — Comment mourut Ninus? — Que raconte-t-on sur la naissance de Sémiramis? — Ninyas régna-t-il aussitôt après la mort de son père? — Que fit Sémiramis pour l'agrandissement et la prospérité de son empire? — Quels monuments Sémiramis construisit-elle à Babylone? — Quelle conquête entreprit Sémiramis? — Réussit-elle dans son entreprise? — Comment cette princesse termina-t-elle sa vie? — Combien de temps régna Ninyas? — Comment vécurent ses successeurs? — Par qui fut conquis le royaume d'Assyrie? — Quel fut le dernier prince de la famille de Sémiramis? — Qui associa-t-il à la couronne ? — Par qui Atossa fut-elle détrônée ? — Les peuples soumis aux Assyriens ne se révoltèrent-ils pas ? — Quels étaient les chefs des révoltés ? — Comment s'appelait le roi d'Assyrie qui régnait alors ? — Combien de temps dura le siége de Ninive ? — Comment cette ville fut-elle prise ? — Comment périt Sardanapale? — L'empire d'Assyrie fut-il détruit ? — Racontez les règnes de Phul, de Téglatphalazar, de Salmanazar et de Sennachérib. — Quel fut le successeur de Sennachérib ? — Quelles conquêtes fit Asharaddon ? — Quel fut le successeur d'Asharaddon ? — Quel prince fut vaincu par Saosduchéus ? — Comment s'appelait le général assyrien qui assiégea Béthulie en Judée ? — Comment périt-il ? — Quel fut le successeur de Saosduchéus ? — Quels peuples ravagèrent l'Assyrie sous le règne de Sarac ? — Par qui ce prince fut-il assiégé dans Ninive ? — Comment mourut-il ? — Que devint l'empire d'Assyrie après sa mort ?

CHAPITRE V.

Histoire des Babyloniens.

Depuis la fondation de l'empire de Babylone jusqu'à sa destruction par Cyrus et sa réunion à l'empire des Perses (2640-538).

Fondation de Babylone. — Nemrod. — Chinzir. — Bélésis. — Nabonassar. — Nabopolassar. — Nabuchodonosor. Ses conquêtes. Son orgueil. Sa punition. — Baltbazar. Siége et prise de Babylone par Cyrus. — Description de Babylone. Ses monuments. Ses remparts. Ses jardins suspendus.

Fondation de Babylone. Nemrod. Chinzir. — Nemrod, fils de Chus, que l'Écriture appelle un violent chasseur (2640), fonda en Asie le premier empire, et bâtit la ville de Babylone sur les ruines de la tour de Babel.

Sous le règne de Chinzir, le septième des princes qui succédèrent à Nemrod (2424), le royaume de Babylone fut envahi par les Arabes, qui en formèrent des principautés différentes. Environ deux siècles après, ces principautés furent conquises par Bélus, roi de Ninive (2229), qui prépara la grandeur du premier empire assyrien. Babylone continua d'obéir aux rois d'Assyrie jusqu'à ce que Sardanapale fût détrôné par Arbacès, satrape de Médie (785).

Bélésis. Nabonassar. Nabopolassar. — Bélésis, qui était en ce moment satrape de Babylone, secoua le joug des Assyriens et transmit son autorité à Nabonassar, son fils, qui prit le titre de roi.

Nabonassar (747) ayant fait des établissements considérables pour favoriser l'étude de l'astronomie, qui était particulièrement cultivée à Babylone, le commencement de son règne devint une époque que les astronomes employèrent dans les calculs chronologiques, et que l'on a appelée l'*ère de Nabonassar*. Après Nabonassar régnèrent plusieurs princes dont l'histoire n'a conservé que le nom.

Nabopolassar (648), réuni au roi des Mèdes, prit Ninive et força Sarac, comme on l'a déjà vu, à se donner la mort. Il réunit alors sous sa domination l'empire de Ninive et celui de Babylone. Bientôt après, ce prince fut vaincu par Néchao, roi d'Égypte. La Syrie et la Palestine, qui lui étaient soumises comme ayant fait partie du royaume d'Assyrie, profitèrent de cette occasion pour recouvrer leur indépendance.

Nabuchodonosor. Ses conquêtes. Son orgueil. Sa punition. — Nabopolassar, déjà avancé en âge, associa à l'empire son fils Nabuchodonosor II ou Nabopolassar II, qui lui succéda deux ans après. Nabuchodonosor (605) s'avança contre la Syrie et s'en rendit maître après avoir battu Néchao, roi d'Égypte, qui avait voulu arrêter sa marche. Pour punir Joakim, roi de Juda, de son alliance avec Néchao, il soumit la Judée et fit Joakim prisonnier; mais il lui accorda la liberté en le soumettant à payer un tribut. Il se retira, emportant les trésors du temple et emmenant à Babylone un grand nombre de Juifs, parmi lesquels se trouvait le prophète Daniel.

Nabuchodonosor s'empara encore deux fois de Jérusalem : la première fois, sous le règne de Jéchonias, fils et successeur de Joakim, qu'il emmena prisonnier à Babylone; la seconde, sous le règne de Mathathias, surnommé Sédécias, qu'il avait placé sur le trône de Juda et qui essaya de se rendre indépendant. Après l'avoir vaincu et lui avoir fait crever les yeux, Nabuchodonosor détruisit le royaume de Juda. Ce fut après ces victoires que ce prince proposa à l'adoration de tous ses sujets une statue d'or, et que trois jeunes Israélites qui avaient refusé de l'adorer furent miraculeusement sauvés des flammes.

Nabuchodonosor assiégea la ville de Tyr, qui résista treize ans, mais finit par tomber en son pouvoir. Les habitants, se voyant réduits aux dernières extrémités, s'étaient retirés avec leurs richesses dans une île voisine, où ils bâtirent une nouvelle ville dont le nom et la gloire effacèrent le souvenir de la première.

Nabuchodonosor, qui pendant la durée du siége avait soumis les Ammonites, les Moabites et les Iduméens, marcha ensuite contre le roi d'Égypte, Apriès. La révolte d'Amasis lui rendit la victoire facile. Il parcourut l'Égypte en vainqueur, laissant partout sur son passage des traces de sa cruauté, et se retira emportant des richesses considérables.

L'orgueil que les victoires de Nabuchodonosor lui avaient inspiré ayant dépassé toute mesure, la main de Dieu s'appesantit sur lui. Chassé de la société des hommes et relégué dans celle des animaux, au milieu des forêts, il demeura sept ans semblable aux bêtes sauvages et confondu avec elles. Mais, le temps marqué pour son châtiment étant accompli, il recouvra la raison et reprit son autorité.

Pendant que Nabuchodonosor était privé de la raison, son empire fut gouverné par Évilmérodac, son fils, qui avait été nommé régent. Évilmérodac (562) monta sur le trône après la mort de son père; mais sa cruauté ayant armé contre lui ses sujets et sa propre famille, il périt assassiné après un règne de trois ans.

Nériglissor (559), qui avait épousé la sœur d'Évilmérodac, s'empara de la couronne. Ayant déclaré la guerre aux Mèdes, il fut vaincu par Cyrus et périt dans le combat. Laborosoarchod, son fils, prince cruel et livré aux plus infâmes passions, n'occupa le trône que neuf mois et périt assassiné (555).

Balthazar. Siége et prise de Babylone par Cyrus. — Labynit, appelé Balthazar dans l'Écriture, fut placé sur le trône; et comme il était trop jeune pour gouverner, l'autorité fut confiée à Nitocris, sa mère. Cette princesse, pour arrêter les progrès de Cyrus, qui menaçait l'Asie entière, fit alliance avec Crésus, roi de Lydie; mais Crésus, vaincu, perdit le trône avec la liberté, et Cyrus vint mettre le siége devant Babylone. Nitocris prit toutes les mesures nécessaires pour que la ville pût faire une longue résistance. Cyrus, désespérant de l'emporter de vive force, fit creuser au-dessous de la ville un grand nombre de canaux pour détourner l'Euphrate qui la traversait, afin de pouvoir y entrer par le lit de ce fleuve lorsqu'il serait mis à sec.

Pendant que Cyrus s'occupait de ces travaux, Balthazar, qui avait pris depuis peu les rênes du gouvernement, ne songeait qu'à se livrer au plaisir. Une nuit, au milieu d'un festin dans lequel il profana les vases du temple de Jérusalem en y faisant boire les compagnons de ses débauches, il aperçut une main qui traçait sur la muraille des caractères mystérieux. Daniel, qui fut appelé pour en donner l'interprétation, déclara à Balthazar qu'il était près de perdre le trône et la vie. En effet, Cyrus profita de cette nuit même pour surprendre Babylone. Si l'on en croit les Babyloniens, les extrémités de la ville étaient déjà au pouvoir de l'ennemi, que ceux qui demeuraient au milieu n'en avaient aucune connaissance, tant elle était grande. Comme les habitants célébraient alors une fête, ils ne s'occupaient que de danses et de plaisirs, qu'ils continuèrent jusqu'au moment où ils apprirent le malheur qui venait d'arriver. Balthazar périt (538), ainsi que tous ceux de ses sujets qui essayèrent de se défendre, et le royaume de Babylone devint une province du vaste empire des Perses.

Description de Babylone. Ses monuments. Ses remparts. Ses jardins suspendus. — Babylone, capitale de l'empire de ce nom, fut une des villes les plus célèbres du monde par son étendue et la grandeur des édifices qu'elle renfermait. Elle était située au milieu d'une vaste plaine. Sa forme était un carré parfait, dont chaque côté avait cent vingt stades, c'est-à-dire vingt et un mille six cents mètres. L'enceinte totale avait par conséquent quatre cent quatre-vingts stades ou quatre-vingt-six mille quatre cents mètres de tour.

Cette enceinte était formée par des murailles dont les dimensions étaient prodigieuses; elles avaient vingt-six mètres d'épaisseur et cent cinq mètres de hauteur. Ces murailles étaient construites en briques liées par du bitume, liqueur épaisse et glutineuse qui sort de terre à peu de distance de Babylone et qui devient plus dure que la pierre elle-même. Tout autour des murailles régnait un vaste fossé rempli d'eau, et dont les deux côtés étaient revêtus de briques. La terre qu'on en avait retirée en le creusant avait servi à faire ces briques, ainsi que celles dont les murailles étaient construites.

Dans le pourtour de la muraille, on comptait cent portes, vingt-cinq sur chaque côté du carré, et toutes ces portes étaient en airain massif. La ville était partagée en deux parties par l'Euphrate, fleuve large, profond et rapide, qui va se jeter dans le golfe Persique. Le mur d'enceinte touchait à ce fleuve par chacune de ses extrémités, et se liait des deux côtés à une maçonnerie en briques qui formait les quais des deux rives de l'Euphrate.

L'intérieur de la ville, rempli de maisons de trois et de quatre étages, était traversé par des rues alignées qui se coupaient à angle droit, les unes étant parallèles, les autres perpendiculaires au fleuve. Chacune de ces dernières était terminée par une porte qui s'ouvrait dans la maçonnerie du quai et qui conduisait au fleuve. Toutes ces portes, dont le nombre était fort considérable, étaient aussi d'airain. Pour compléter la défense de Babylone, on avait élevé en dedans du mur d'enceinte une autre muraille, qui lui était parallèle, et qui était moins épaisse, mais construite aussi solidement.

Au centre de chacune des deux parties de la ville on remarquait un vaste monument : l'un était le palais du roi, dont l'enceinte très-vaste était fortifiée; l'autre était le temple de Bélus ou Baal, élevé sur les débris de la tour de Babel.

Ce dernier édifice était quadrangulaire, et chacun de ses côtés avait environ deux stades ou trois cent soixante mètres. Au milieu s'élevait une tour ayant un stade ou cent quatre-vingts mètres de hauteur et autant de largeur. Sur cette première tour était bâtie une seconde tour de même hauteur, sur la seconde une troisième, et ainsi de suite jusqu'au nombre de huit; de sorte que la hauteur totale était de quatorze cent quarante mètres. On montait jusqu'au haut de l'édifice par une rampe qui circulait en dehors de chacune des tours. Dans la plus élevée se trouvait le sanctuaire consacré à la divinité; enfin, le sommet de la tour formait une large plate-forme destinée aux observations astronomiques. Le temple de Bélus subsista jusqu'au temps de Xerxès, roi de Perse. Mais ce prince, pour se venger et se dédommager des pertes qu'il avait éprouvées dans son expédition contre la Grèce, enleva les immenses trésors que cet édifice renfermait et le ruina complétement.

Babylone renfermait un autre monument aussi merveilleux et non moins célèbre : c'étaient les jardins suspendus, appelés aussi jardins de Sémiramis, parce qu'on en a attribué la construction à cette princesse. Ces jardins formaient un amphithéâtre composé de plusieurs vastes terrasses, dont la plus élevée était au niveau des murailles de la ville. On montait d'une terrasse à l'autre par divers escaliers de trois mètres de largeur. Ces terrasses étaient soutenues par de grandes voûtes bâties l'une sur l'autre. Sur le sommet de ces voûtes, revêtues de plusieurs assises de pierres, de bitume, de briques et de plomb, était placée une couche de terre assez profonde pour qu'on pût y cultiver non-seulement des fleurs et des plantes de toute espèce, mais encore les arbres les plus grands. Sur la plus haute de ces terrasses étaient un aqueduc et une pompe par le moyen desquels on tirait l'eau de l'Euphrate pour l'arrosement des jardins.

Il pleut très-rarement à Babylone : aussi les campagnes environnantes étaient-elles coupées par de nombreux canaux qui y conduisaient du fleuve l'eau nécessaire pour faire croître les moissons. On n'y voyait ni figuier, ni vigne, ni olivier ; mais la principale culture était celle des grains, qui rapportait ordinairement deux cents pour un, et, dans les années favorables, jusqu'à trois cents. On y trouvait aussi une grande quantité de palmiers, dont la plupart portaient des fruits qui fournissaient aux habitants une partie de leur nourriture, et avec lesquels on faisait une sorte de vin.

Questionnaire.

Quel fut le fondateur de Babylone ? — Par quel peuple le royaume de Babylone fut-il envahi? — Sous quel prince les Babyloniens secouèrent-ils le joug des rois d'Assyrie ? — Quel fut le chef de la révolte? — Quel fut le successeur de Bélésis ?— Quelle étude favorisa Nabonassar ? — Le règne de ce prince ne forme-t-il pas une époque célèbre?— Quelle conquête fit Nabopolassar?— Par qui fut-il vaincu ? — Quel fut le successeur de Nabopolassar ? — Quel pays conquit Nabuchodonosor? — Comment traita-t-il la Judée ? — Combien de fois s'empara-t-il de Jérusalem ? — Que fit-il du royaume de Juda ? — Quelle ville fut assiégée par Nabuchodonosor?—Combien dura le siége de Tyr?—Quels peuples soumit ce prince? — Comment traita-t-il l'Égypte? —De quel châtiment fut puni l'orgueil de Nabuchodonosor? — Donnez quelques détails sur les règnes d'Évilmérodac, de Nériglissor et de Laborosoarchod. — Qui succéda à Laborosoarchod ? — A qui l'autorité fut-elle confiée pendant la jeunesse de Balthazar ? — Que fit Nitocris pour arrêter le progrès des armes de Cyrus ? — Quel moyen employa Cyrus pour s'emparer de Babylone ? — Que faisait Balthazar pendant que Cyrus exécutait ces travaux ? — Quelle vision eut Balthazar ? — Comment Daniel la lui expliqua-t-il ? — Quel fut le sort de Balthazar ? — Que devint le royaume de Babylone? — Donnez quelques détails sur Babylone, sur son étendue, sur ses remparts, sur ses jardins, sur ses édifices, sur les productions du pays.

CHAPITRE VI.

Histoire des Égyptiens.

Depuis les premiers rois jusqu'à la fin du règne de Sésostris (2126-1558).

Description de l'Égypte. Ses principales divisions. — Ménès, premier roi d'Égypte. — Conquérants étrangers. — Busiris. — Osymandias. — Achoris. — Mœris. — Aménophis. — Sésostris. Son éducation. Ses conquêtes. Étendue de sa domination. Ses travaux et ses monuments.

Description de l'Égypte. Ses principales divisions. — L'Égypte est une longue vallée de plus de quatre-vingt-huit myriamètres, arrosée dans toute son étendue par le Nil, grand fleuve qui descend des montagnes de l'Éthiopie et vient se jeter dans la Méditerranée par plusieurs embouchures, qui étaient anciennement au nombre de sept. Cette vallée n'a pas plus de deux kilomètres de largeur en certains endroits; dans d'autres elle s'étend à plus de quatre-vingts kilomètres, et elle est bornée de chaque côté par une chaîne de collines qui, à l'occident, séparent l'Égypte du désert sablonneux de la Libye. Le Nil, grossi par les pluies annuelles qui tombent en Éthiopie, déborde dans la vallée et y dépose un limon qui la fertilise. A l'équinoxe d'automne, l'Égypte offre l'aspect d'une vaste mer parsemée de villes et de villages; en hiver, c'est une campagne féconde, couverte de fleurs et de riches moissons.

L'Égypte fut peuplée par Cham, fils de Noé, et

par sa postérité. Dans les premiers siècles, la haute Égypte était la seule partie du pays qui fût habitable ; le reste de la contrée jusqu'à la mer ne formait qu'un vaste marais. Ce terrain, exhaussé peu à peu par le limon que le Nil charrie dans ses eaux, fut dans la suite desséché et raffermi par l'industrie des habitants.

Alors l'Égypte fut divisée en trois parties principales, la haute Égypte ou Thébaïde, dont la capitale fut Thèbes ; l'Égypte moyenne, aussi appelée Heptanome, parce qu'elle était divisée en sept nomes ou provinces, et dont la capitale était Memphis ; enfin, la basse Égypte, qui comprenait tout le pays qui s'étend le long de la Méditerranée, depuis le golfe Plinthinète, à l'occident, jusqu'au lac Serbonis, à l'orient ; ses villes principales étaient Héliopolis, Péluse, et plus tard Alexandrie. Dans la basse Égypte se trouvait le Delta, province qui est renfermée entre deux des principales branches du Nil et la mer[1].

Ménès, premier roi d'Égypte. — Le premier roi d'Égypte fut Misraïm (2126), fils de Cham, appelé par les auteurs profanes Ménès, et qui fonda la ville de Thèbes. Ménès enseigna aux Égyptiens les arts et l'industrie, qui les enrichirent ; mais il leur donna aussi le premier exemple du luxe, qui ne tarda pas à les corrompre. Un des successeurs de Ménès, qui faisait une expédition contre les Arabes, ayant eu beaucoup à souffrir de la faim

---

[1]. Elle fut ainsi nommée parce qu'elle est triangulaire, et que dans l'alphabet grec la lettre *D*, appelée *delta*, a la forme d'un triangle (Δ).

et de la soif, déplora la délicatesse à laquelle il avait été accoutumé, et fit graver dans un temple de Thèbes une inscription dans laquelle il maudissait le nom de Ménès. L'Égypte, couverte d'une population nombreuse, n'obéit pas longtemps à un seul roi. Après Ménès, elle fut divisée en plusieurs royaumes, dont les rois formèrent dix-huit dynasties différentes.

Premiers conquérants. — Les premiers étrangers qui conquirent l'Égypte furent les Éthiopiens, qui lui donnèrent dix-huit rois. On ne connaît aucun des événements de leurs règnes, ni l'époque où finit leur domination.

A peine délivrée du joug des Éthiopiens, l'Égypte fut envahie par des pasteurs arabes et phéniciens, qui s'établirent dans la basse Égypte et dans l'Égypte moyenne. Ils firent de Memphis leur capitale et bâtirent la ville d'On ou Héliopolis, où ils élevèrent un temple magnifique au soleil, leur principale divinité. Ils conservèrent leur conquête pendant deux cent soixante ans, et furent chassés par les rois des autres parties de l'Égypte qui se réunirent contre eux.

Busiris. Osymandias. — Busiris, un des princes qui régnèrent après l'expulsion des pasteurs, agrandit tellement la ville de Thèbes, qu'il a passé pour en être le fondateur. Il l'entoura d'une enceinte de hautes murailles percées de cent portes. On y admirait quatre temples où l'or, l'argent, l'ivoire et les pierres précieuses brillaient de toutes parts. La ville était aussi décorée d'une multitude innombrable de statues colossales et d'obélisques d'un seul bloc de pierre.

Osymandias, un des successeurs de ce prince, est célèbre par les nombreux monuments qu'il éleva, et surtout par la grandeur et la magnificence de son tombeau. La vaste enceinte de ce monument renfermait les statues de tous les dieux, une promenade spacieuse, plusieurs édifices, dont quelques-uns, étincelants d'or et d'azur, étaient couverts de sculptures; enfin une bibliothèque portant l'inscription suivante : *Trésor des remèdes de l'âme*.

Achoris. Mœris. — Un roi d'une autre dynastie, Uchoréus ou Achoris, fit de grands travaux pour l'embellissement de Memphis. Comme cette ville était exposée aux inondations du Nil, il éleva d'un côté une chaussée immense qui servait en même temps de digue au fleuve et de rempart contre les ennemis. De tous les autres côtés, il creusa des fossés profonds qui se remplissaient des eaux du Nil et complétaient la défense de la ville.

Mœris, l'un des rois de Thèbes, est surtout célèbre pour avoir creusé le lac qui porte son nom. Voici dans quel but fut entrepris ce travail. Il ne pleut jamais en Égypte; mais le Nil, qui déborde tous les ans, comme nous l'avons dit, arrose et fertilise les terres. Quelquefois ses eaux ne sont pas assez abondantes pour couvrir tout le pays, d'autres fois elles le sont trop et séjournent trop longtemps sur les terres. Dans les deux cas, l'Égypte est menacée de la disette. Pour remédier à cet inconvénient, on pensa à préparer un réservoir où les eaux du fleuve s'écouleraient dans les années de trop grande inondation, ne séjournant sur les terres que le temps nécessaire pour les engraisser, et où, dans les années de sécheresse, on trouverait un supplément aux eaux du fleuve pour compléter l'arrosement nécessaire.

Mœris entreprit cet ouvrage, et, pour ne point perdre de terres propres à la culture, il choisit un terrain voisin de la Libye, et qui était entièrement couvert de sables stériles. Le lac qu'il y fit creuser avait trois mille six cents stades, c'est-à-dire environ soixante-cinq myriamètres de tour. Sa profondeur était d'un demi-stade, ou de quatre-vingt-dix mètres.

Afin d'attester à la postérité que ce lac avait été creusé de main d'homme, Mœris fit élever au milieu deux pyramides qui avaient chacune un stade ou cent quatre-vingts mètres de hauteur. La moitié de ces pyramides était sous les eaux, et l'autre moitié s'élevait au-dessus. Au sommet de chacune était placée une statue de marbre assise sur un trône.

Aménophis. — L'Égypte fut conquise une seconde fois par des pasteurs arabes ou phéniciens (1615). Aménophis, qui régnait alors, se retira en Éthiopie avec son fils et une partie de la population égyptienne. Treize ans après, il revint avec des forces considérables, vainquit les pasteurs, en extermina une partie et força l'autre à sortir de l'Égypte.

Sésostris. Son éducation. — Le fils d'Aménophis, Sésostris, appelé aussi Rhamsès le Grand (1602), est le plus célèbre des rois qui ont régné sur l'Égypte. Son père fit rassembler de toutes les parties de l'Égypte tous les enfants nés le même jour que son fils et les fit élever ensemble. Soumis à une discipline sévère et à des exercices continuels, ces enfants devinrent des hommes robustes, propres à supporter toutes les fatigues de la guerre.

Après s'être essayé avec eux à la chasse des bêtes féroces, Sésostris, encore très-jeune, entra en Arabie et soumit cette contrée toujours en guerre avec l'Égypte. Il porta ensuite ses armes à l'occident et acheva rapidement la conquête de la Libye. Plein de la confiance que lui donnaient ses premiers succès, lorsqu'il fut monté sur le trône après la mort de son père, il se proposa de conquérir la terre entière.

Avant de commencer son expédition, Sésostris chercha par tous les moyens à gagner l'affection de ses sujets. Il distribua aux uns de l'argent, aux autres des terres; il fit à d'autres la remise des peines qu'ils avaient encourues, et rendit la liberté à ceux qui étaient prisonniers pour dettes, et dont le nombre était considérable. Il divisa l'Égypte en trente-six nomes ou provinces, et en confia l'administration à autant de gouverneurs.

Conquêtes de Sésostris. Étendue de sa domination. — Après avoir ainsi pourvu au gouvernement de son royaume, Sésostris prépara les moyens d'exécuter ses projets de conquêtes. Il rassembla une armée de six cent mille hommes d'infanterie, de vingt-quatre mille cavaliers et de vingt-sept mille chars de guerre. Il confia le commandement de ces troupes à ses compagnons d'enfance, dont il avait éprouvé, dans ses premières guerres, le courage et la fidélité. Du reste, pour qu'aucune inquiétude ne les détournât des travaux qu'ils allaient entreprendre avec lui, il leur donna à tous des revenus considérables, en leur distribuant les terres les plus fertiles de l'Égypte.

Ayant ainsi organisé son armée, Sésostris se mit en campagne. Il porta d'abord ses armes au midi et vainquit les Éthiopiens, auxquels il imposa l'obligation de lui payer un tribut d'ébène, d'or et de dents d'éléphants. Il envoya ensuite sur la mer Rouge une flotte de quatre cents vaisseaux, qui soumit toutes les îles et les côtes jusqu'aux Indes.

Pour lui, continuant sa route par terre, il parcourut l'Asie entière en vainqueur. Il pénétra dans les Indes plus loin que ne le fit depuis Alexandre, puisqu'il soumit le pays au delà du Gange. Les Scythes obéirent jusqu'au Tanaïs; l'Arménie et la Cappadoce lui furent sujettes. Il établit une colonie dans l'ancien royaume de Colchos, où les mœurs d'Égypte sont toujours demeurées depuis. Il laissa dans toute l'Asie les monuments de ses victoires avec les inscriptions de : *Sésostris, roi des rois et seigneur des seigneurs*. Il y en avait jusque dans la Thrace, et Sésostris étendit son empire depuis le Gange jusqu'au Danube. La difficulté des vivres l'empêcha seule de pénétrer plus avant dans l'Europe.

Travaux et monuments de Sésostris. Sa mort. — Après une absence de neuf années, Sésostris rentra en Égypte, suivi d'une troupe nombreuse de captifs, et rapportant d'immenses richesses. Il en consacra une partie dans les divers temples de son royaume, et distribua l'autre aux compagnons de ses victoires. Bientôt il chercha dans la paix une nouvelle gloire, en couvrant l'Égypte de monuments utiles.

Sésostris commença par les édifices consacrés à la religion, et bâtit dans chaque ville un temple à la divinité qui y était le plus particulièrement adorée. Il n'employa à ces travaux que les prisonniers qu'il avait ramenés de ses expéditions, et consacra la mémoire de cette circonstance par une inscription gravée sur chaque temple.

Ce prince fit ensuite élever un grand nombre de montagnes artificielles, sur lesquelles il fit transporter les vignes qui étaient situées dans un terrain trop bas, afin que, dans les inondations, les hommes et les animaux y trouvassent un refuge assuré. Il coupa tout le territoire qui s'étend de Memphis à la mer d'innombrables canaux qui servaient à l'irrigation des terres et au transport des marchandises, et qui étaient en même temps un puissant moyen de défense contre une invasion. En effet, l'Égypte, qui jusqu'alors pouvait être facilement parcourue par les chars de guerre et la cavalerie, devint impraticable aux chevaux et aux chars.

Pour la défendre à l'orient contre les invasions des Arabes et des Syriens, dont elle avait souffert à diverses époques, Sésostris éleva une muraille qui s'étendait de Péluse à Héliopolis, à travers le désert, dans une longueur de quinze cents stades, c'est-à-dire d'environ cent kilomètres.

En mémoire des victoires de sa flotte, il fit construire un vaisseau en bois de cèdre, doublé intérieurement en argent et extérieurement en or, et le consacra au dieu qu'on adorait à Thèbes. Il éleva aussi deux obélisques de cent vingt coudées ou cinquante-quatre mètres de hauteur, sur lesquels il fit graver le nom des nations vaincues et les tributs qui leur étaient imposés. Il fit placer dans le temple de Vulcain, à Memphis, sa statue et celle de la reine son épouse, chacune d'un seul bloc de pierre de trente coudées ou treize mètres et demi de hauteur, et celles de ses fils, hautes de vingt coudées ou neuf mètres.

Sésostris ternit sa gloire par sa conduite envers les rois vaincus. Ceux de ces princes à qui il avait rendu la couronne étaient obligés de se rendre en Égypte, à des époques déterminées, pour lui offrir des présents. Il les recevait avec magnificence et les traitait avec bonté; mais lorsqu'il devait faire son entrée dans quelque ville ou visiter quelque temple, il faisait atteler à son char quatre de ces rois.

Après un règne de quarante-quatre ans, dont la prospérité ne fut jamais interrompue, Sésostris devint aveugle. Ne pouvant supporter ce malheur, ou dédaignant de mourir comme les autres hommes, ce prince se donna la mort (1558), laissant une mémoire chère aux Égyptiens et un nom glorieux entre celui des plus fameux conquérants.

Questionnaire.

Quel aspect présente l'Égypte? — Par qui fut peuplée l'Égypte? — Toute l'Égypte fut-elle d'abord également habitable? — Comment le devint-elle? — Quelles furent les trois principales parties de l'Égypte? — Qu'appelait-on Delta? — Quel fut le premier roi d'Egypte? — Qu'enseigna-t-il aux Egyptiens? — A quelle occasion son nom fut-il maudit? — L'Égypte fut-elle toujours soumise à un seul roi? — Combien comptait-on de dynasties? — Quels furent les premiers conquérants de l'Égypte? — Après les Éthiopiens quels peuples conquirent l'Égypte? — Quelle ville bâtirent les pasteurs? — Combien de temps dura leur domination? — Par quel prince la ville de Thèbes fut-elle embellie? — Quel est le plus célèbre des monuments construits par Osymandias? — Quel fut le prince qui embellit Memphis? — Quels travaux fit-il exécuter autour de cette ville? — Pour quoi Mœris est-il célèbre? — Comment l'Égypte est-elle fertilisée? — Quel moyen prit-on pour remédier aux inondations trop faibles ou trop fortes? — Dans quelle partie de l'Égypte Mœris fit-il creuser le lac qui porte son nom? — Faites la description de ce lac. — Quels furent les nouveaux conquérants de l'Égypte? — Quel roi régnait alors? — Où se retira-t-il? — Quel fut le fils d'Aménophis? — Comment fut élevé Sésostris? — Quelles furent ses premières conquêtes? — Racontez ses diverses expéditions. — Combien de temps dura l'absence de Sésostris? — Que fit-il des richesses qu'il rapporta? — Quels travaux fit-il exécuter? — Comment Sésostris chercha-t-il à défendre l'Égypte contre les Arabes? — Sésostris ne ternit-il pas sa gloire? — Comment traitait-il les rois vaincus? — De quelle infirmité fut frappé Sésostris? — Combien son règne avait-il duré?

CHAPITRE VII.

Depuis le règne de Phéron, fils et successeur de Sésostris, jusqu'à la fin de celui de Psammétichus (1558-617).

Phéron. — Aménophis. — Protée. — Rhampsinite. — Chéops. — Chéphren. — Les pyramides. — Mycérinus. — Bocchoris. — Anysis. — Invasion des Éthiopiens. — L'Éthiopien Sabacon. Sa retraite. — Séthos. Défaite de Sennachérib. — Interrègne. — Les douze rois. — Le Labyrinthe. — Psammétichus seul roi.

Phéron. Aménophis. — Sésostris eut pour successeur son fils Phéron, appelé aussi Rhamsès (1558). Ce prince n'hérita ni du génie ni de l'ambition de son père, et n'entreprit aucune expédition militaire. Il réduisit les Israélites à une dure servitude en les employant aux travaux les plus pénibles, surtout à bâtir les murailles des villes de la basse Égypte. Dieu punit ce prince en le privant de la vue. Son règne fut de soixante-six ans.

Aménophis, son fils et son successeur (1492), refusa d'abord aux Israélites la permission de sortir de l'Égypte ; mais, vaincu par les prodiges que Moïse opéra devant lui, il finit par la leur accorder. S'en étant bientôt repenti, il se mit à leur poursuite, et fut englouti dans les eaux de la mer Rouge avec son armée.

Protée. Rhampsinite. — Après Aménophis, le trône d'Égypte fut occupé par plusieurs princes dont l'histoire n'a pas conservé la mémoire. Le premier dont le nom soit connu est celui que les

Égyptiens nommaient Céten, et que les Grecs ont appelé Protée (1218). Contemporain de la guerre de Troie, il reçut à sa cour Ménélas, qui poursuivait Pâris, ravisseur d'Hélène. Céten, peu soucieux d'acquérir de la gloire, était devoré de la soif de l'or. Aussi ne pensait-il qu'à grossir ses revenus par de nouveaux impôts, et laissa-t-il des trésors plus considérables qu'aucun de ses prédécesseurs.

A Protée succéda Rhampsinite (1190). Les prêtres égyptiens prétendaient que ce prince était descendu vivant aux enfers et était revenu sur la terre. Jusqu'au règne de Rhampsinite, l'Égypte avait été gouvernée par des lois sages et une administration régulière. Après la mort de ce roi, elle fut gouvernée de la manière la plus tyrannique par Chéops, son successeur.

Chéops. Chéphren. Les pyramides. — Chéops (1178) commença par faire fermer les temples et interdire toute espèce de sacrifices. Ensuite il condamna tous les Égyptiens indistinctement à des **travaux publics**. les uns furent contraints à tailler des pierres dans les carrières de la chaîne Arabique et à les traîner jusqu'au Nil; les autres, à recevoir ces pierres, qui traversaient le fleuve sur des barques, et à les conduire sur la montagne. du côté de la Libye. Cent mille hommes, relevés tous **les trois mois**, étaient continuellement occupés à ces travaux. Dix années furent employées à faire seulement un chemin pour voiturer les pierres. On pratiqua ensuite, dans la colline sur laquelle sont élevées les pyramides, plusieurs galeries souterraines destinées à la sépulture du roi. La construction de la pyramide qui porte encore son nom coûta vingt années de travail. Cette pyramide est quadrangulaire; chaque face a deux cent quarante mètres de largeur, et sa hauteur est de cent quarante-six mètres. Elle était entièrement revêtue de pierres polies, ajustées avec le plus grand soin dont la moins grande avait neuf mètres de longueur.

Sur une des faces de la pyramide, on marqua la quantité de raves, d'oignons et d'autres légumes qui avait été consommée par les ouvriers. La dépense faite pour ces seuls aliments fut de seize cents talents d'argent, c'est-à-dire d'environ neuf millions de francs. On peut juger par là des sommes qui furent dépensées pour les autres objets, tels que le pain et les vêtements des ouvriers, ainsi que pour tous les matériaux. Chéops, après un long règne, eut pour successeur son frère Chéphren.

Chéphren (1128) n'imita que trop fidèlement la conduite de son prédécesseur. Il opprima aussi ses sujets pour le stérile honneur d'élever comme lui une pyramide. Mais celle qu'il bâtit n'égale pas la hauteur de la première; elle est plus basse d'environ douze mètres. Elle n'a pas de chambre souterraine et n'est pas entourée d'un canal alimenté par les eaux du Nil. L'une et l'autre étaient placées sur une colline d'environ trente-deux mètres de hauteur. Ces monuments étaient couverts de figures hiéroglyphiques.

Chéops et Chéphren avaient, pendant le cours de leur règne, épuisé toutes les ressources de l'Egypte et fait périr des milliers d'hommes dans les plus durs travaux, uniquement pour se préparer un tombeau d'une magnificence sans égale. Leur fol orgueil fut puni du châtiment qui devait leur être le plus cruel; ils surent, avant de mourir, qu'ils ne reposeraient pas dans les monuments pour lesquels ils avaient tout sacrifié. Comme le peuple irrité menaçait d'arracher leurs corps de ces tombes qui avaient coûté si cher à l'Égypte, l'un et l'autre ordonnèrent qu'on leur préparât secrètement une sépulture ignorée. La haine du peuple ne fut pas encore satisfaite, et il voulut se venger en abolissant la mémoire de ses oppresseurs. Il fut défendu de prononcer leur nom, et on appelait les pyramides qu'ils avaient élevées, pyramides de Philition, du nom d'un berger qui, à l'époque de leur construction, faisait paître ses troupeaux dans les environs.

Mycérinus. Bocchoris. Anysis. — Chéphren eut pour successeur Mycérinus, fils de Chéops (1072). Ce prince n'imita ni l'impiété ni la cruauté de son père et de son oncle; il fit rouvrir les temples, permit les sacrifices, diminua les impôts qui écrasaient le peuple, suspendit les travaux, et laissa à chacun la liberté de s'occuper de ses affaires privées. Il rendit la justice avec plus d'équité qu'aucun des rois ses prédécesseurs : aussi sa mémoire fut-elle longtemps chère à l'Égypte.

À Mycérinus succéda Asychis, qu'on appelle aussi Bocchoris (1052). Ce prince était petit de taille et d'un extérieur vulgaire, mais doué d'une grande sagesse. On reconnaît cette sagesse dans toutes les lois qu'il établit, mais surtout dans celles qui sont relatives aux emprunts.

Le commerce ayant été interrompu sous son règne par la rareté de l'argent, il autorisa les Égyptiens à emprunter en mettant en gage le corps de leur père. En même temps le prêteur était mis en possession du tombeau de famille de l'emprunteur. Si ce dernier ne remboursait pas l'argent emprunté, et par conséquent ne retirait pas le gage sacré qu'il avait donné, il était privé des honneurs de la sépulture, et il lui était interdit d'en faire jouir ses enfants lorsqu'ils mouraient avant lui.

Asychis éleva aussi une pyramide; mais, au lieu de la bâtir en pierre, comme ses prédécesseurs, il n'employa que des briques à sa construction. Il eut pour successeur (1011) un habitant de la ville d'Anysis, qui s'appelait lui-même Anysis, et qui était aveugle.

Invasion des Éthiopiens. — Sous le règne d'Anysis, les Éthiopiens envahirent son royaume et en firent la conquête. L'Égypte fut ainsi soumise pour la troisième fois à une domination étrangère (1000). Les Éthiopiens restèrent maîtres de l'Égypte pendant deux cent soixante-dix-huit ans.

L'Éthiopien Sabacon. Sa retraite. — Les Égyptiens racontaient que Sabacon, le dernier roi éthiopien qui eût régné sur l'Égypte, averti par un songe qu'il ne pouvait conserver ce royaume qu'en réunissant tous les prêtres de ce pays et en les coupant en morceaux, aima mieux cesser de régner que de se rendre coupable d'un tel crime; qu'en conséquence il se retira en Éthiopie, après un règne de cinquante ans.

Séthos. Défaite de Sennachérib. — Après la retraite de Sabacon (722), l'Égypte fut gouvernée par un prêtre de Vulcain, nommé Séthos, qui négligea beaucoup la caste des guerriers; il leur enleva même les terres que les autres rois leur avaient accordées. Aussi, lorsque, peu de temps après, Sennachérib, roi d'Assyrie, à la tête d'une armée nombreuse, envahit l'Égypte, aucun des guerriers égyptiens ne voulut marcher contre lui. Séthos s'avança contre Sennachérib avec une armée composée d'artisans, de marchands et de laboureurs.

À peine les deux armées étaient-elles en présence, qu'un nombre infini de rats se répandirent dans le camp des Assyriens, et dans le cours d'une seule nuit rongèrent si bien les cordes des arcs, les carquois et jusqu'aux attaches des boucliers, que l'armée, privée de toute espèce d'armes, fut obligée de faire retraite le lendemain et fut taillée en pièces par les Égyptiens qui la poursuivirent (715). En mémoire de cet événement, on éleva, dans le temple de Vulcain, une statue de pierre qui représentait Séthos tenant dans sa main un rat avec cette inscription : *En me voyant, apprends à révérer les dieux.*

Interrègne. Les douze rois. Le Labyrinthe. — Après le règne de Séthos, il y eut un interrègne de deux ans; mais comme les meurtres, les rapines et les désordres de toute espèce désolaient l'Égypte, douze des principaux personnages du pays s'emparèrent de l'autorité et convinrent de l'exercer chacun sur certaines provinces, sans chercher à se nuire les uns aux autres. Ce traité fut observé d'autant plus fidèlement, qu'un oracle, au commencement de leur règne, avait prédit que celui d'entre eux qui, dans le temple de Vulcain, ferait ses libations avec une coupe d'airain régnerait sur toute l'Égypte. Pour laisser à la postérité un gage de leur union, ils construisirent, un peu au-dessous du lac Mœris, un vaste palais formé par la réunion de douze palais, qu'on appela le Labyrinthe.

On trouvait dans l'intérieur de ce monument douze cours couvertes d'un toit, dont six étaient tournées vers le nord et six vers le midi. Chacune était ornée d'un péristyle en marbre blanc; il y avait deux étages, l'un souterrain et voûté, l'autre élevé au-dessus du premier. Chaque étage renfermait quinze cents chambres. Dans celles de l'étage souterrain, se trouvaient les tombeaux des douze fondateurs du Labyrinthe et ceux des crocodiles sacrés. Les prêtres seuls, à qui la garde en était confiée, pouvaient y pénétrer.

Quant aux chambres de l'étage supérieur, les plafonds, ainsi que les murailles, en étaient revêtus de marbre et ornés d'une foule de figures sculptées en creux. En parcourant cet édifice, on ne pouvait se lasser d'admirer la magnificence de ses décorations, son immense étendue, et la variété infinie des communications et des galeries qui conduisaient des chambres aux cours et des cours aux portiques. A l'un des angles du Labyrinthe, on voyait une pyramide de soixante-douze mètres de hauteur, décorée de sculptures et à laquelle on communiquait par une galerie souterraine.

Psammétichus seul roi. — Un jour que les douze rois assistaient à un sacrifice solennel dans le temple de Vulcain, il ne se trouva que onze coupes d'or pour faire les libations. Psammétichus, l'un des rois, remplaça par son casque, qui était d'airain, la coupe qui manquait, et accomplit toutes les cérémonies. Les autres rois, se rappelant la prédiction de l'oracle et voulant se mettre à l'abri des entreprises de Psammétichus, qu'ils accusèrent d'aspirer à la domination de toute l'Égypte, le reléguèrent dans la partie marécageuse du pays, située le long des côtes.

Cet exil fut la cause de sa fortune. L'oracle lui avait prédit qu'il serait délivré par des hommes d'airain, venant de la mer. En effet, peu de temps après, on vint annoncer à Psammétichus que des hommes tout couverts de fer pillaient la contrée. C'étaient des pirates ioniens et cariens, que la tempête avait forcés d'aborder en Égypte. Psammétichus les accueillit avec empressement et se les attacha par de magnifiques promesses. Bientôt, avec leur secours et celui des Égyptiens qui embrassèrent son parti, il vainquit les autres rois et étendit sa domination sur l'Égypte entière (671). Ce prince donna aux Ioniens et aux Cariens qui l'avaient servi des terres situées vers la mer, près de la bouche pélusienne du Nil, et leur confia des enfants égyptiens pour leur apprendre la langue grecque. Il mourut après un règne de cinquante-quatre ans, laissant la couronne à son fils Néchao (617).

Questionnaire.

Quels furent les successeurs de Sésostris jusqu'à Chéops, et quels événements signalèrent leur règne ?—Quelle fut la conduite de Chéops ? — A quels travaux employa-t-il les Égyptiens ? — Combien de temps dura la construction de la pyramide ? — Faites-en la description. — Quel fut le successeur de Chéops ? — Quelle fut la conduite de

Chéphren? — Combien de temps dura son règne? — Comment fut puni l'orgueil de Chéops et de Chéphren? — Quel fut le successeur de Chéphren? — Quelle fut la conduite de Mycérinus? — Quel fut le successeur de Mycérinus? — Par quoi Asychis était-il remarquable? — Citez une loi de ce prince. — Quel fut le successeur d'Asychis? — Par qui l'Égypte fut-elle conquise? — Quelle fut la cause de la retraite de Sabacon, dernier roi éthiopien? — Qui régna après lui? — Comment Séthos traita-t-il les guerriers? — Que lui arriva-t-il dans la guerre contre Sennachérib? — Combien de temps dura l'interrègne après Séthos? — Comment cet interrègne finit-il? — Quel monument élevèrent les douze rois? — Décrivez le Labyrinthe. — Qu'arriva-t-il un jour dans le temple de Vulcain? — De quoi fut soupçonné Psammétichus? — Comment fut-il traité? — Quels étrangers accueillit-il? — Que fit-il avec leur secours? — Comment témoigna-t-il sa reconnaissance aux Ioniens? — Quel fut le successeur de Psammétichus?

CHAPITRE VIII.

Depuis le règne de Néchao jusqu'à la réduction de l'Égypte en province romaine (617-30).

Néchao. Psammis. Apriès. — Amasis. Prospérité de l'Égypte. — Psamménite. L'Égypte soumise aux rois de Perse. — Inarus. Amyrtée. Les Perses chassés d'Égypte. — Pausiris. Psammétichus. Nectanébus. L'Égypte de nouveau soumise aux Perses, et ensuite conquise par Alexandre le Grand. — L'Égypte sous la domination des successeurs d'Alexandre le Grand. Ptolémée Soter. Ptolémée Philadelphe. Ptolémée Évergète. — Cléopâtre. L'Égypte réduite en province romaine.

Néchao. Psammis. Apriès. — Néchao, fils et successeur de Psammétichus (617), entreprit de faire communiquer le Nil à la mer Rouge par un canal. A peine en avait-on creusé la moitié, que le roi ordonna de cesser les travaux, parce que l'oracle qu'il avait envoyé consulter lui répondit que ce canal ouvrirait l'entrée de l'Egypte aux barbares. Il fit construire des vaisseaux sur la Méditerranée et la mer Rouge, et ordonna à des navigateurs phéniciens de faire le tour de l'Afrique.

Ce prince gagna la bataille de Mageddo sur Josias, roi de Juda, entra dans l'Assyrie, et s'empara de plusieurs places appartenant à Nabopolassar. Vaincu par Nabuchodonosor, il rentra dans ses États, emmenant captif Joachaz, fils aîné de Jonas. Néchao mourut après un règne de seize ans, laissant la couronne à son fils Psammis (601).

Le règne de Psammis, qui dura six ans, ne présente aucun événement remarquable. Ce prince mourut à son retour d'une expédition qu'il avait faite en Éthiopie (595).

Apriès, fils de Psammis, succéda à son père et régna paisiblement pendant vingt-cinq ans. Après ce temps, ses malheurs commencèrent. Une armée qu'il avait envoyée contre les Cyrénéens ayant essuyé une défaite complète, les Égyptiens se révoltèrent. Apriès envoya Amasis pour les faire rentrer dans le devoir; mais les rebelles ayant placé une couronne sur la tête de cet officier et l'ayant proclamé roi, Amasis marcha avec eux contre Apriès.

Apriès rassembla dans la ville de Saïs trente mille Cariens et Ioniens, avec d'autres étrangers qu'il prit à sa solde, et s'avança à la rencontre d'Amasis. Les deux armées en vinrent aux mains dans les environs de la ville de Memphis. Les étrangers combattirent avec une grande valeur; mais comme ils étaient fort inférieurs en nombre aux Égyptiens, ils furent vaincus. Apriès fut amené prisonnier à Amasis, qui d'abord épargna sa vie; mais peu de temps après Amasis livra ce malheureux prince aux Égyptiens, qui l'étranglèrent. Cependant on l'ensevelit dans le tombeau de sa famille, qui était dans le temple de Minerve à Saïs.

Amasis. Prospérité de l'Égypte. — La mort d'Apriès (570) laissa Amasis paisible possesseur de la couronne. Ce prince était d'une naissance obscure, et, dans le commencement de son règne, les peuples faisaient peu de cas de lui. Il usa d'adresse pour les ramener à de meilleurs sentiments. Il possédait un bassin d'or dans lequel lui et ses convives avaient coutume de se laver les pieds. Il ordonna de le briser et d'en faire la statue d'un dieu, qu'il plaça dans le lieu le plus fréquenté de la ville. Les Egyptiens eurent la nouvelle image en grande vénération. Alors Amasis, rassemblant les habitants de Saïs, leur dit : « Cette « statue est faite avec un bassin qui servait à laver « les pieds; cependant elle est l'objet de votre « culte. Ma destinée est toute semblable : j'ai été « d'abord un simple plébéien; aujourd'hui je suis « votre roi, et j'ai droit aux honneurs que je vous « prescris de me rendre. » C'est ainsi qu'il amena les Egyptiens à se soumettre à son autorité. Au reste, Amasis mérita le respect de ses sujets par son activité infatigable et la sagesse de son gouvernement. Il fit la paix avec les Cyrénéens, rechercha l'alliance des Grecs, auxquels il permit d'habiter la ville de Naucratis, et rendit tributaire l'île de Chypre, qui jusqu'alors avait conservé son indépendance. Il signala aussi son règne par la construction d'édifices magnifiques, d'immenses colosses et de sphinx à figure humaine d'une grandeur considérable. Enfin l'Egypte atteignit un degré de prospérité auquel elle n'était pas encore arrivée, et compta jusqu'à vingt mille villes. Amasis, qui n'avait jamais éprouvé un revers, mourut après avoir occupé le trône quarante-quatre ans, laissant pour successeur son fils Psamménite (526).

Psamménite. L'Égypte soumise aux rois de Perse. — A peine monté sur le trône, Psamménite fut attaqué par Cambyse, roi des Perses. Vaincus auprès de Péluse, les Egyptiens ne gardèrent aucun ordre dans leur fuite et coururent se renfermer dans Memphis. Cette ville ne se défendit que dix jours, et sa prise entraîna la soumission de toute l'Egypte (525). Cambyse, maître de la personne de Psamménite, lui laissa la vie. Il lui aurait même rendu sa couronne; mais comme ce prince excitait les Egyptiens à la révolte, il le fit mettre à mort.

Après la conquête de l'Egypte, Cambyse fit deux expéditions qui échouèrent, et dans lesquelles il perdit la plus grande partie de son armée. Trouvant, à son retour, l'Egypte qui célébrait la naissance du bœuf Apis, et regardant cette joie comme une insulte à son malheur, il fit battre de verges les prêtres de ce dieu et frappa de son poignard Apis lui-même, qui mourut des suites de ses blessures. Ensuite, il pilla les temples, renversa les statues, ruina les édifices et ravagea le pays. Ce prince se blessa de son épée en montant à cheval et mourut en Syrie (522).

Darius, fils d'Hystaspes, successeur du mage Smerdis, qui avait occupé le trône de Perse pendant quelque temps après la mort de Cambyse, se fit instruire par les prêtres égyptiens, étudia leurs livres et adopta plusieurs coutumes de leurs anciens rois. Ce prince entreprit de continuer entre le Nil et la mer Rouge le canal de communication qui avait été commencé par Néchao; mais il renonça bientôt à cette entreprise, parce qu'on lui persuada que le sol de l'Egypte, étant plus bas que le niveau des eaux de la mer Rouge, serait entièrement inondé.

Les gouverneurs et les soldats perses n'eurent

pas la sagesse de leur roi. Ils se firent un plaisir de témoigner leur mépris pour le peuple vaincu, pour son culte et pour ses animaux sacrés. Les Egyptiens indignés se révoltèrent. Darius se préparait à les faire rentrer sous son obéissance, lorsqu'il mourut (486).

Xerxès, fils de Darius, exécuta le dessein que son père avait formé, et soumit l'Egypte dans la seconde année de son règne (465). Ce prince ayant été assassiné, les Egyptiens crurent le moment favorable pour recouvrer leur indépendance.

Inarus. Amyrtée. Les Perses chassés d'Egypte. — Inarus, fils d'un roi de Libye, profita de cette disposition des Egyptiens, les poussa à la révolte et reçut d'eux la couronne. Pour assurer sa domination, il rassembla dans le pays une armée considérable et appela du dehors des troupes étrangères. Les Athéniens lui envoyèrent trois cents vaisseaux chargés de troupes, qui remontèrent le Nil jusqu'à Memphis et s'emparèrent facilement de deux quartiers de cette ville. Les Perses et ceux des Egyptiens qui leur étaient restés fidèles s'étant renfermés dans le troisième quartier, les Athéniens en firent le siége.

Bientôt la flotte des Perses parut sur les côtes de l'Egypte, et une armée de terre, commandée par Mégabase, entra dans le pays (460). Les Egyptiens furent battus; les Grecs, chassés de Memphis, se réfugièrent dans l'île Prosopitis, où ils se défendirent pendant dix-huit mois. Après ce temps, ils traitèrent avec les Perses, et, comme ils avaient brûlé leurs vaisseaux, ils allèrent s'embarquer à Cyrène. Une trahison livra Inarus aux Perses, qui le firent expirer sur une croix.

Cependant ce prince eut un successeur. Amyrtée, à qui les Egyptiens donnèrent la couronne, se retira dans la partie marécageuse des côtes de l'Egypte, et y resta indépendant, parce que les Perses ne purent aller le chercher dans ses misérables Etats.

L'influence que prit Cimon sur le gouvernement d'Athènes fut favorable à ce prince. Pour détourner les Athéniens de faire la guerre à des Grecs, Cimon les engagea dans des expéditions étrangères. Il envoya soixante vaisseaux à Amyrtée, et il se disposait à passer lui-même en Egypte, lorsqu'il mourut dans l'île de Chypre (449). Amyrtée, privé de ce secours, semblait ne pouvoir résister longtemps à un ennemi dont les forces étaient si supérieures; mais les Egyptiens s'étant montrés disposés à faire un dernier effort contre leurs oppresseurs, il sortit de ses marais, vainquit les Perses et les chassa de l'Egypte. Peu de temps après, il fit une expédition en Phénicie; mais il fut vaincu et ne survécut pas longtemps à sa défaite.

Pausiris. Psammétichus. Nectanébus. L'Égypte de nouveau soumise aux Perses, et ensuite conquise par Alexandre le Grand. — Amyrtée eut pour successeur son fils Pausiris, qui ne conserva la couronne qu'en se soumettant à payer un tribut aux rois de Perse.

Psammétichus, qui succéda à Pausiris, n'est connu que par une perfidie dont il se rendit coupable. Un satrape nommé Tanus, qui s'était révolté contre Artaxerxès, et qui craignait la colère de ce prince, passa en Égypte avec toutes ses richesses, croyant y trouver un asile sûr auprès d'un souverain qu'il regardait comme son ami ; mais le perfide Égyptien le fit égorger avec ses enfants pour s'emparer de ses trésors.

Après plusieurs rois dont l'histoire n'a conservé que les noms, régna Nectanébus Ier, sous lequel l'Égypte fut complétement délivrée du joug des Perses (375) ; mais ce prince dut ce succès moins à la force de ses armes qu'au débordement du Nil, qui obligea les Perses à se retirer.

Tachos succéda à Nectanébus (363). Agésilas, roi de Sparte, accompagna ce prince dans une expédition contre les Phéniciens ; mais il fut blessé de son arrogance. Aussi Nectanébus II, neveu de Tachos, s'étant révolté peu de temps après contre son oncle (352), Agésilas passa à son service, lui fit remporter plusieurs victoires et l'affermit sur le trône d'Égypte.

Les Égyptiens avaient profité de l'indolence d'Artaxerxès pour former une monarchie indépendante. Ochus, successeur d'Artaxerxès, rassembla des forces considérables, et, après avoir reçu un renfort de troupes grecques de Thèbes, d'Argos et des villes d'Asie Mineure, il marcha contre les Égyptiens, qui avaient aussi pour auxiliaires vingt mille Grecs.

Les généraux perses, connaissant mal le pays, perdirent beaucoup de monde dans les marais de Serbonis, dont les eaux, couvertes d'un sable léger, ressemblaient à la terre ferme et engloutissaient ceux qui se fiaient à cette trompeuse apparence. L'armée des Perses, encore formidable malgré ses pertes, se présenta devant Péluse. Nectanébus, battu à la première rencontre, perdit courage et courut se renfermer dans Memphis. Les Grecs, qui défendaient Péluse, se voyant abandonnés, traitèrent avec les Perses. Bientôt Nectanébus ne se trouva plus en sûreté dans Memphis; il abandonna l'Egypte et alla chercher un asile en Ethiopie avec ce qu'il put emporter de richesses.

Ochus, après avoir soumis l'Egypte (350), détruisit les fortifications des villes et pilla les temples. Depuis ce moment, l'Egypte n'eut pas de rois particuliers et ne fut qu'une province de l'empire des Perses, jusqu'à ce qu'elle fut conquise, comme le reste de l'empire, par Alexandre le Grand.

Maître de l'Egypte (332), Alexandre y fonda, entre le lac Maréotis et la mer, une ville qui prit le nom de son fondateur et fut appelée Alexandrie. Cette ville, ayant un double port qui pouvait contenir un grand nombre de vaisseaux, fut bientôt enrichie par le commerce et remplie d'une population nombreuse. Décorée de monuments magnifiques, elle devint la capitale de l'Egypte et l'une des plus florissantes villes du monde.

L'Égypte sous la domination des successeurs d'Alexandre le Grand. Ptolémée Soter. Ptolémée Philadelphe. Ptolémée Evergète. — Après la mort d'Alexandre, ses généraux se partagèrent son empire et prirent le titre de rois. Ptolémée, fils de Lagus, qui avait eu le gouvernement de l'Egypte, régna sur ce pays et fut le fondateur de la dynastie des Lagides (323). Ce prince ajouta à son empire la Libye, l'Arabie, la Palestine, la Cœlé-Syrie, et reçut des Rhodiens, qu'il avait secourus, le surnom de Soter, c'est-à-dire *sauveur*. Il fit élever dans l'île de Pharos, à l'entrée du port d'Alexandrie, la fameuse tour appelée le Phare, qui fut comptée au nombre des merveilles du monde. Il favorisa aussi l'étude des lettres et fonda la bibliothèque d'Alexandrie. Parvenu à un âge très-avancé, il abdiqua en faveur de Ptolémée, son fils.

Ptolémée Philadelphe (285), obligé de faire la guerre à deux de ses frères qui lui disputaient la couronne, les vainquit et les fit mettre à mort. A cette occasion, il reçut par antiphrase le surnom de Philadelphe, c'est-à-dire *ami de ses frères*. Ce prince obtint l'amitié des Romains et fit alliance avec Antiochus, roi de Syrie, à qui il donna pour épouse sa fille Bérénice. Il entretenait une nombreuse armée de terre et deux flottes, l'une sur la Méditerranée, l'autre sur la mer Rouge. Ses bienfaits attirèrent à sa cour des savants et des poëtes illustres, au nombre desquels fut Théocrite. Il augmenta la bibliothèque fondée par son père, et fit faire la traduction des livres saints connue sous le nom de version des Septante.

Ptolémée Evergète, son fils (246), pour venger sa sœur Bérénice qu'Antiochus avait répudiée, s'empara de la Syrie, passa l'Euphrate et s'avança en vainqueur jusqu'au Tigre. Obligé de retourner en Egypte pour combattre une révolte qui avait éclaté, il rapporta des richesses immenses et les statues des dieux que Cambyse avait enlevées des temples. Les Egyptiens reconnaissants lui donnèrent à cette occasion le surnom d'Evergète, c'est-à-dire *bienfaiteur*. Comme son père et son aïeul, il protégea les lettres; il mourut après un règne de vingt-cinq ans.

Cléopâtre. L'Égypte réduite en province romaine.
— Ces trois princes avaient occupé avec gloire le trône d'Egypte pendant un siècle. Les princes de leur famille qui s'y succédèrent après eux pendant deux siècles environ le souillèrent de tous les crimes. Livrés à la mollesse et à toutes leurs mauvaises passions, ils ne trouvaient de courage que pour verser le sang de leurs sujets et de leur propre famille.

Les Romains, qui avaient d'abord recherché l'alliance des rois d'Egypte, appelés par eux à intervenir dans leurs querelles domestiques, ne tardèrent pas à augmenter leur influence dans ce royaume, et finirent par disposer de la couronne.

Cléopâtre, fille de Ptolémée Aulète, occupa la dernière le trône d'Egypte (44). A la mort de César, qui l'y avait affermie, elle s'attacha au parti d'Antoine, et, après la défaite d'Actium et la mort d'Antoine, elle essaya de gagner la faveur d'Octave qui n'avait plus de rival. Elle échoua dans ce dessein; et comme elle ne voulait pas être conduite à Rome pour servir d'ornement au triomphe du vainqueur, elle se donna la mort en prenant du poison, ou, suivant une tradition généralement adoptée, en se faisant mordre par un aspic. Après la mort de Cléopâtre, Octave réduisit l'Egypte en province romaine (30) et en emporta d'immenses richesses.

Questionnaire.

Quel travail Néchao entreprit-il? — Pourquoi abandonna-t-il son entreprise? — Ce prince n'eut-il pas des flottes? — Quel voyage de découvertes fit-il faire? — Quelle bataille Néchao gagna-t-il sur Josias? — Par qui fut-il vaincu? — Quel roi de Juda emmena-t-il captif en Égypte? — Quel fut le successeur de Néchao? — Quel fut le successeur de Psammis? — Racontez les événements du règne d'Apriès. — Comment mourut ce prince? — Comment Amasis gouverna-t-il l'Égypte? — Par quel moyen s'attira-t-il le respect du peuple? — N'éleva-t-il pas de nombreux monuments? — Combien dura le règne d'Amasis? — Quel fut le successeur d'Amasis? — Par qui Psamménite fut-il vaincu? — Comment Cambyse traita-t-il Psamménite? — Comment traita-t-il l'Égypte? Comment Darius se conduisit-il envers les Egyptiens? — Quelle entreprise voulut-il continuer? — Comment en fut-il détourné? — Les Perses imitèrent-ils la sagesse de leur roi? — Que firent les Égyptiens? — Quel moyen employa Inarus pour assurer sa domination? — De quel peuple de la Grèce reçut-il des secours? — Par qui furent battus les Égyptiens? — Que devinrent les Grecs? — Comment périt Inarus? — Quel fut le successeur d'Inarus? — Racontez le règne d'Amyrtée et celui de Pausiris. — Quel fut le successeur de Pausiris? — Quel trait l'histoire a-t-elle conservé de lui? — Sous quel roi l'Égypte fut-elle complètement délivrée du joug des Perses? — Quel fut le successeur de Nectanébus Ier? — Par qui Tachos fut-il détrôné? — Les Perses ne tentèrent-ils pas de reconquérir l'Égypte? — Quelle ville assiégèrent-ils d'abord? — Que firent les Grecs qui défendaient Péluse? — Où se réfugia Nectanébus? — Comment Ochus traita-t-il l'Égypte? — Les Égyptiens eurent-ils encore des rois particuliers? — Quelle ville fonda Alexandre le Grand? — Que devint l'Égypte après la mort d'Alexandre? — Comment appelle-t-on la dynastie dont Ptolémée fut le fondateur? — Quel surnom reçut ce prince? — Quel monument célèbre éleva-t-il à Alexandrie? — De quel établissement fut-il le fondateur? — Quel fut son successeur? — Quel fut le surnom de Ptolémée II? — Que fit ce prince? — Quel fut son successeur? — Quel était le surnom de Ptolémée III? — Quelle fut la cause de son retour en Égypte? — Combien de temps régna-t-il? — Combien dura le règne des trois premiers Ptolémées? — Leurs successeurs suivirent-ils leur exemple? — Quelle fut la conduite des Romains à l'égard de ce pays? — Quel fut le dernier souverain de l'Égypte? — Quel fut le sort de Cléopâtre? — Que devint l'Égypte?

CHAPITRE IX.

Gouvernement de l'Égypte. — Castes. — Les prêtres. — Les rois; leur jugement après leur mort; leurs funérailles. — Les guerriers, les pasteurs, les laboureurs et les artisans. — Croyances religieuses des Égyptiens. Leurs dieux. Osiris et Isis. — Animaux sacrés. Le bœuf Apis. — Sacrifices. Victimes. — Religion particulière des prêtres. Initiations. Mystères. — Transmigration des âmes.

Gouvernement de l'Égypte. Castes. — La constitution politique de l'Égypte reposait sur la distinction des castes. Il y avait trois castes ou grandes classes : celle des prêtres, celle des guerriers et celle du peuple, comprenant les pasteurs, les laboureurs et les artisans. Les deux premières castes étaient privilégiées; la dernière était maintenue dans une sorte de servitude ou de sujétion.

Au-dessus des castes était le roi. La forme du gouvernement subit en Egypte plusieurs vicissitudes dont l'époque est demeurée incertaine. Lorsque la monarchie fut devenue élective, le roi était choisi par les prêtres et par les guerriers; mais comme la voix des prêtres principaux valait cent voix de guerriers, et celle des prêtres de second ordre vingt voix de guerriers, le roi appartenait presque toujours à la caste sacerdotale. Plus tard, la caste des guerriers prévalut; le roi fut tiré de son sein, et, en même temps, la monarchie devint héréditaire.

Les prêtres. — Les prêtres composaient la première caste. Ils possédaient un tiers des terres de l'Egypte, exempt de tout impôt. Outre cela, ils n'avaient aucune dépense à faire pour leur entretien et celui de leur famille. Ils se nourrissaient de la chair des victimes offertes en sacrifices; on leur fournissait aussi du vin, tandis que la boisson ordinaire des autres classes du peuple était la bière. Entourés de la vénération du peuple, ils n'étaient pas moins respectés par les rois, dont ils dirigeaient la conduite et réglaient les actions.

Du reste, les prêtres étaient soumis à mille pratiques superstitieuses. Ils ne pouvaient porter que des vêtements de toile de lin et des souliers de papyrus. Ils ne devaient souffrir aucune tache sur leurs vêtements ni aucune souillure sur leur corps : aussi étaient-ils obligés de faire deux ablutions à **l'eau froide**, chaque jour, et autant chaque nuit.

Les rois ; leur jugement après leur mort ; leurs funérailles. — Les rois, à l'égard du peuple, étaient maîtres absolus des personnes et des biens ; mais cette puissance excessive avait un frein dans le respect de la loi et dans la crainte du jugement après la mort. Les prêtres conservèrent toujours un grand empire sur le roi. Dès qu'il était monté sur le trône, les prêtres l'affiliaient à leur caste en l'initiant à tous les mystères de la religion, dont ils étaient les seuls dépositaires. De cette manière, l'autorité ne sortait jamais de leurs mains.

Toute la conduite des rois était tracée d'avance, de telle sorte que non-seulement les actes de leur vie publique, mais encore les actions les plus ordinaires de leur vie intérieure étaient réglés par des lois auxquelles ils ne pouvaient désobéir. Pour que cette désobéissance leur fût impossible, en supposant qu'ils en eussent conçu la pensée, il ne leur était pas permis de s'entourer de serviteurs complaisants, dévoués à tous leurs caprices. Ils ne pouvaient avoir à leur service aucun esclave ; mais ils étaient servis par des jeunes gens âgés de plus de vingt ans, appartenant aux premières familles de la caste des prêtres et soigneusement instruits des lois religieuses.

L'emploi du temps des rois était déterminé pour chaque heure du jour et de la nuit. Ils se levaient de grand matin et commençaient à donner leurs soins aux affaires de l'Etat. Il fallait ensuite assister au sacrifice, à la prière, et entendre la lecture des livres sacrés qui leur rappelaient leurs devoirs et surtout la tempérance. Non-seulement la qualité des mets qui devaient leur être servis était fixée, mais encore la quantité en était mesurée rigoureusement : leur nourriture était simple et légère. Dans les premiers siècles, le vin leur était interdit ; mais, dans la suite, il leur fut permis d'en prendre en petite quantité.

Lorsqu'un roi mourait, sa mort était pleurée dans chaque famille comme un malheur domestique. Les temples se fermaient, les sacrifices cessaient ; l'on ne célébrait plus aucune fête pendant soixante-dix jours.

Tous les Égyptiens, hommes et femmes, déchiraient leurs vêtements et couvraient leur tête de poussière ; réunis en troupes de deux ou trois cents, ils parcouraient les rues des villes, et deux fois par jour ils célébraient dans des chants funèbres les vertus du roi qu'ils avaient perdu. Pendant ce temps ils s'abstenaient de pain, de vin et de toute nourriture délicate, et s'interdisaient l'usage du bain et des parfums.

Lorsque les préparatifs des funérailles étaient terminés, et que le jour fixé par la loi était venu, on plaçait le cercueil qui contenait le corps du roi dans le vestibule du tombeau qui lui était destiné. Pendant qu'il y était exposé, on racontait toutes les actions de sa vie, et il était permis à tout Egyptien de venir l'accuser, s'il avait commis quelque crime ou quelque injustice.

La foule, attirée par le spectacle de cette pompe funèbre, accueillait avec des applaudissements le récit des bonnes actions, et celui des mauvaises avec des malédictions. Plusieurs rois, condamnés par ce jugement du peuple, furent privés des honneurs de la sépulture royale. La plupart d'entre eux, pour échapper à ce châtiment qui devait flétrir leur mémoire, restèrent fidèles à la justice et à leurs devoirs.

Les guerriers. Les pasteurs, les laboureurs et les artisans. — La seconde caste était celle des guerriers. Ils possédaient un tiers des terres de l'Egypte, aussi exempt d'impôt. Les guerriers s'occupaient exclusivement de l'art militaire et ne pouvaient exercer aucune autre profession. Cette caste était divisée en deux tribus, fournissant chacune mille hommes qui composaient la garde du roi et qui, pendant ce service, recevaient chaque jour des rations de pain, de viande de bœuf et de vin.

La troisième caste comprenait le reste de la nation; elle se subdivisait en trois classes principales: celle des pasteurs, celle des artisans et celle des laboureurs. Ceux-ci cultivaient les terres des prêtres, des rois et des guerriers, dont ils étaient les fermiers. Toutes les professions étaient héréditaires, et il était défendu au fils d'abandonner celle que son père avait exercée. L'infraction à cette loi était punie de peines sévères.

Croyances religieuses des Égyptiens. Leurs dieux. Osiris et Isis. — Après la dispersion des hommes, le culte de Dieu ne se conserva dans toute sa pureté que parmi le peuple qu'il s'était choisi; les autres nations ne tardèrent pas à l'altérer par le mélange des plus grossières superstitions.

Les Egyptiens adorèrent d'abord les éléments et les astres. Bientôt les astres et les éléments furent personnifiés et devinrent autant de divinités, dont les prêtres racontaient les merveilleuses aventures et qui avaient chacune leurs temples et leurs sacrifices. Dans la suite, on confondit souvent leurs attributions et leur culte.

Les principales divinités des Egyptiens étaient Osiris et Isis. On désignait sous le nom d'Osiris le principe qui anime et féconde le monde, le Soleil; c'était aussi le Ciel et le Nil. Les voyages d'Osiris et ses conquêtes dans l'Orient, qu'il avait civilisé, étaient le symbole du cours du soleil, qui répand sur son passage la fécondité. On représentait Osiris par un sceptre surmonté d'un œil, emblème du pouvoir et de la science. Sous le nom d'Isis, on adorait la Lune, l'Air, la Terre et la Nature. On représentait Isis avec une tête de vache portant un globe entre ses cornes.

Parmi les autres divinités adorées en Egypte, on peut encore citer Horus, qui était représenté assis sur une fleur de lotus; Harpocrate, représenté avec un doigt appliqué sur la bouche, le dieu du silence chez les Grecs; Anubis, le compagnon fidèle d'Osiris et d'Isis, distingué par une tête de chien; Typhon, le génie du mal, l'ennemi des divinités bienfaisantes; on le représentait avec les cheveux roux : aussi les Egyptiens avaient une grande aversion pour les hommes dont les cheveux étaient roux.

Animaux sacrés. Le bœuf Apis. — Les Egyptiens ne se contentèrent pas d'adorer les astres et les forces de la nature personnifiées; ils adorèrent aussi presque tous les animaux que nourrissait leur pays, et dont chaque espèce était consacrée à quelque divinité; ce qui montre jusqu'à quel point était poussée la superstition chez ce peuple. Il y avait des hommes voués au service de ces animaux, et leurs fonctions, qui étaient héréditaires dans leurs familles, leur attiraient le respect du peuple. Les dépenses nécessaires pour l'entretien des animaux sacrés étaient faites au moyen des revenus de certaines terres exclusivement affectées à cet usage et des offrandes des particuliers.

Non-seulement ces animaux avaient une nourriture abondante et délicate, mais encore on leur prodiguait les soins les plus recherchés; ils étaient régulièrement baignés, parfumés, couverts de riches étoffes, couchés sur de moelleux tapis, et devant eux brûlaient des aromates précieux. Le respect qu'on avait pour eux était si grand, que, dans une famine qui fit périr un grand nombre d'Egyptiens, quelques-uns ayant osé se nourrir de chair humaine, il ne s'en trouva pas un seul qui eût la pensée de manger un animal sacré.

Lorsque l'un de ces animaux venait à mourir, les familles étaient plongées dans l'affliction, comme si elles avaient perdu un de leurs membres les plus chers. Le meurtre d'un animal sacré était puni de mort s'il était volontaire; et s'il était involontaire il était puni d'une amende qui était fixée par les prêtres.

Après leur mort, les animaux sacrés étaient soigneusement embaumés et portés au lieu qui était destiné à la sépulture de leur espèce. Certains d'entre eux étaient ensevelis à l'endroit même où ils mouraient, comme les chiens, les ichneumons, les ours, les loups et les renards; d'autres avaient des lieux particulièrement consacrés à leur sépulture. Du reste, tous les animaux n'étaient pas également adorés dans toute l'Egypte; il y en avait qui, adorés dans une province, étaient, dans d'autres provinces, traités en ennemis. Mais l'Egypte entière rendait un culte religieux au bœuf, parce que l'on croyait que l'âme d'Osiris avait, après sa mort, habité le corps d'un bœuf, et qu'elle passait successivement dans d'autres individus de cette espèce. Le bœuf qui était supposé renfermer l'âme du dieu s'appelait Apis. On le reconnaissait à certaines marques particulières. Il avait à Memphis deux temples magnifiques, qu'il habitait alternativement, et où il rendait ses oracles. Tous les ans on célébrait sa fête, qui durait sept jours, pendant lesquels il était promené en grande pompe par les prêtres.

Le bœuf Apis ne devait vivre qu'un certain nombre d'années, et, lorsque le temps marqué par les livres sacrés était arrivé, les prêtres le conduisaient sur les bords du Nil et le noyaient avec les cérémonies prescrites. Après sa mort, les prêtres se rasaient la tête en signe de deuil, et l'Egypte entière était plongée dans la désolation jusqu'à ce qu'on eût trouvé celui qui devait le remplacer. Lorsque les prêtres avaient rencontré un autre Apis, la douleur faisait place à la joie ; ils le conduisaient dans la ville du Nil, où il passait quarante jours, servi seulement par des femmes. Après ce temps, aucune femme ne pouvait se présenter devant lui. Ensuite on le faisait monter sur un vaisseau décoré avec magnificence, et par le Nil on le conduisait à Memphis, où il était placé dans le temple de Phthas ou Vulcain.

Sacrifices. Victimes. — Les victimes que les Egyptiens immolaient dans les sacrifices étaient différentes suivant les diverses provinces. Ainsi dans le nome thébaïque on ne sacrifiait que des chèvres, et dans le nome mandésien, que des moutons. Mais dans toutes les provinces on sacrifiait des bœufs, et dans aucune il n'était permis d'immoler des vaches. Les animaux destinés aux sacrifices étaient examinés avec le plus grand soin par les prêtres, qui marquaient d'un signe particulier ceux qui étaient purs. Il y avait peine de mort contre quiconque en aurait sacrifié un qui n'aurait pas porté cette marque. On remplissait le corps de la victime de pains de pure farine, de miel, de raisins secs, de figues, d'encens et d'aromates de toute espèce; ensuite on l'arrosait d'huile, et on le faisait brûler : ce qui en restait servait de nourriture aux prêtres et à ceux qui offraient le sacrifice.

Religion particulière des prêtres. Initiations. Mystères. Transmigration des âmes. — Les grossières superstitions qui viennent d'être rapportées composaient toute la religion du peuple en Égypte; mais les prêtres avaient une religion particulière, dans laquelle on pouvait reconnaître quelques vestiges des anciennes traditions. Les dogmes de cette religion secrète n'étaient révélés qu'à un petit nombre d'individus, qui étaient obligés de se soumettre à des épreuves de toute espèce, nommées initiations, et de s'engager par les serments les plus solennels à garder un secret absolu sur tout ce qui leur était révélé. Le principal de ces dogmes était l'immortalité de l'âme; mais, sur ce point comme sur les autres, les croyances des Égyptiens étaient entachées de grossières erreurs.

Les prêtres enseignaient qu'après la destruction

du corps qu'elle avait habité, l'âme entre dans le corps d'un animal, passe successivement dans celui de tous les animaux qui vivent sur la terre, dans les eaux ou dans les airs, et, après une période de trois mille ans, rentre de nouveau dans le corps d'un homme. Ce passage de l'âme dans le corps d'un animal était considéré comme une punition; et, comme on supposait qu'il n'avait lieu qu'après l'entière destruction du corps humain que l'âme avait habité en premier lieu, on cherchait à retarder autant que possible le moment de cette destruction absolue : c'est pour cette raison qu'on embaumait les corps avec tant de soin, pour les préserver de la corruption.

Questionnaire.

Quelle était la forme du gouvernement en Égypte? — En combien de castes les Égyptiens étaient-ils partagés? — Quels étaient les priviléges des prêtres? — Comment étaient-ils vêtus? — Quelle était leur nourriture? — A quelles ablutions étaient-ils astreints? — Quel était le pouvoir des rois? — Comment ce pouvoir était-il limité? — Quelle était l'influence de la caste sacerdotale sur les rois? — Comment la conduite des rois était-elle réglée? — Que faisaient les Égyptiens à la mort de leur roi? — Quelle était la punition des mauvais rois? — Quelle était la seconde caste? — Quels étaient les priviléges des guerriers? — Comment se composait la garde du roi? — Quelle était la troisième caste? — Comment se subdivisait-elle? — Quelles terres cultivaient les laboureurs? — Un Égyptien pouvait-il exercer la profession qui lui convenait? — Le culte de Dieu se conserva-t-il dans toute sa pureté chez tous les peuples ? — Quel fut le premier objet de l'adoration des Égyptiens ? — Quelles étaient les principales divinités des Égyptiens ? — Qui avait soin des animaux sacrés ? — Comment ces animaux étaient-ils entretenus ? — Que faisait-on à la mort de l'un de ces animaux ? — Où était leur sépulture ? — Tous les animaux étaient-ils adorés dans toute l'Égypte ? — Pourquoi le bœuf était-il adoré partout ? — Comment appelait-on le bœuf qui était supposé renfermer l'âme d'Osiris ? — Où étaient les temples d'Apis ? — Quand célébrait-on la fête d'Apis ? — Les victimes offertes en sacrifice étaient-elles les mêmes dans toutes les provinces ? — Comment reconnaissait-on les animaux destinés aux sacrifices ? — Comment préparait-on les victimes ? — Les prêtres égyptiens n'avaient-ils d'autre religion que celle du peuple ? — A qui faisaient-ils connaître leur religion particulière ? — Quel était le dogme principal de la religion secrète des Égyptiens ? — Pourquoi embaumait-on les corps avec tant de soin ?

CHAPITRE X.

Administration de la justice. Législation. — Éducation des enfants. — Funérailles. Embaumement des corps. Jugement des morts. Sépulture. — Écriture. Hiéroglyphes. — Arts et sciences. Monuments. — Industrie et commerce.

Administration de la justice. Législation. — Après la religion, l'administration de la justice avait paru aux Égyptiens l'affaire la plus importante. Ils en avaient confié le soin à trente citoyens choisis dans les trois principales villes de l'Égypte, Thèbes, Memphis et Héliopolis, qui fournissaient chacune dix de ces juges. Lorsqu'ils étaient réunis, ils choisissaient parmi eux un président, qui était remplacé comme juge par un autre citoyen de la ville à laquelle il appartenait. Le roi assignait à chacun d'eux certains revenus, afin qu'étant affranchis du soin de leurs affaires domestiques, tout leur temps fût consacré à faire respecter les lois.

Le président portait à son cou une chaîne d'or à laquelle était suspendue une figure enrichie de pierres précieuses qu'on appelait la Vérité. Quand il portait cette figure dans ses mains, c'était le signal pour commencer la séance. Il n'était permis à personne de plaider sa cause de vive voix, ni de se servir du ministère d'un avocat; les Egyptiens pensaient que l'art de l'orateur n'est propre qu'à égarer le juge, en touchant son cœur au lieu d'éclairer sa raison. Les parties exposaient leurs prétentions par écrit, et chacune d'elles avait la faculté de répondre à son adversaire, dont le mémoire lui était communiqué. C'était sur la lecture de ces mémoires que les juges formaient leur opinion. Le président faisait connaître leur décision en touchant avec la figure de la Vérité la partie qui gagnait le procès.

Les lois des Égyptiens étaient nombreuses; voici quelques-unes des plus remarquables.

Il y avait peine de mort contre le parjure.

Celui qui, pouvant secourir un homme attaqué par des assassins, ne le défendait pas, était aussi puni de mort; s'il se trouvait dans l'impossibilité de lui porter secours, il devait au moins dénoncer les coupables et les poursuivre devant les tribunaux. Lorsqu'il manquait à ce dernier devoir, il était condamne à recevoir un certain nombre de coups de fouet et restait trois jours entiers privé de nourriture.

Il était enjoint à tout citoyen de se faire inscrire par un magistrat et de déclarer sa profession et ses moyens d'existence.

Celui qui ne disait pas la vérité, ou qui exerçait une industrie coupable, était puni de mort.

Il y avait aussi peine de mort contre celui qui avait tué volontairement un homme soit libre, soit esclave.

Le guerrier qui abandonnait son drapeau ou qui n'exécutait pas les ordres de son général était déclaré infâme et perdait à la fois l'honneur et la liberté. Il pouvait recouvrer l'une et l'autre en se signalant par quelque action d'éclat.

Celui qui livrait un secret à l'ennemi, les faux monnayeurs, ceux qui falsifiaient les poids publics et les mesures, les greffiers qui inscrivaient des faits faux sur leurs registres ou qui les altéraient, étaient punis de peines sévères.

Une dette était nulle si le débiteur affirmait, par un serment solennel, ne rien devoir au créancier qui ne pouvait produire aucun titre.

Ce sont ces lois qui ont fait dire à Bossuet que l'Egypte était la source de bonne police.

Éducation des enfants. — Les Egyptiens donnaient le plus grand soin à l'éducation des enfants. Dès l'âge le plus tendre, ils les accoutumaient à marcher les pieds nus et le corps à peine couvert de vêtements légers. On les nourrissait de racines et de légumes presque sans préparation. Outre cela, on les fortifiait par des exercices continuels, tels que la lutte et la course à pied, à cheval ou en char. Enfin, tout ce qui tend à amollir l'esprit était banni de l'éducation, aussi bien que ce qui peut énerver le corps.

C'est pourquoi on ne leur enseignait pas une musique efféminée, qui n'est propre qu'à inspirer la mollesse et le goût des plaisirs, mais une musique généreuse, dont les nobles accords élèvent l'esprit et raffermissent le cœur. Grâce à un genre de vie si sagement réglé, leur corps était sain et robuste.

On inspirait aux enfants le plus profond respect pour la vieillesse. Lorsqu'ils rencontraient un vieillard, ils se rangeaient de côté pour lui céder le chemin; et si un vieillard entrait dans le lieu où ils étaient assis, ils se levaient aussitôt et se tenaient debout en sa présence.

Funérailles. Embaumement des corps. Jugement des morts. Sépulture. — Les funérailles se célébraient en Égypte avec beaucoup de solennité et étaient accompagnées de cérémonies particulières. Lorsqu'un personnage important était mort, les femmes de sa maison, la tête et le visage souillés de boue, parcouraient la ville en poussant des cris et en se frappant la poitrine. Les hommes, la poitrine découverte, en faisaient autant de leur côté. Après cela, on portait le corps à ceux qui devaient l'embaumer.

Ce soin était confié à plusieurs classes d'hommes qui avaient chacune des fonctions différentes dans cette opération. Après avoir rempli d'aromates et de parfums l'intérieur du corps, ils le laissaient pendant soixante-dix jours dans une préparation de nitre. Après ce temps, ils le lavaient et l'enveloppaient de bandelettes de toile imbibées de gomme. Alors les parents, à qui on le remettait, le renfermaient dans une caisse en bois ayant une figure d'homme.

Les corps ainsi préparés, conservant jusqu'aux sourcils et aux cils des paupières, présentaient l'apparence et toute la physionomie de la personne vivante. Aussi beaucoup d'Égyptiens, visitant les magnifiques tombeaux où les membres de leurs familles reposaient depuis plusieurs siècles, avaient la douce satisfaction de contempler les traits de leurs ancêtres qui semblaient revivre avec eux.

Après que les opérations de l'embaumement étaient terminées, on s'occupait de la sépulture; mais, avant d'en obtenir les honneurs, le mort devait comparaître devant des juges qui examinaient sa vie et prononçaient sur son sort.

Ces juges s'assemblaient sur les bords d'un lac qu'il fallait traverser pour arriver jusqu'à eux. Les parents du mort allaient leur déclarer son nom et le jour où il devait se présenter devant leur tribunal. Au jour fixé, le corps était placé dans une barque, dont le nocher s'appelait Caron. Avant qu'on le déposât sur le rivage, il était permis à tout citoyen de porter une accusation contre le défunt. Si l'accusation était prouvée, les juges prononçaient contre le coupable la privation de la sépulture de sa famille. Si elle était reconnue calomnieuse, l'accusateur était puni de peines sévères et le corps était porté au tombeau de ses aïeux.

Dans ce cas, comme lorsqu'il ne s'était pas présenté d'accusateur, les parents quittaient le deuil et l'on faisait le panégyrique du mort. On parlait de son éducation, de sa piété, de sa tempérance, de sa justice, de toutes ses vertus, et l'on priait les dieux de l'admettre dans la société des justes. Le peuple, qui assistait à la cérémonie, applaudissait à cet éloge et s'associait à cette prière. Ensuite on portait ceux qui avaient une sépulture particulière au tombeau qui leur était préparé. Ceux dont la famille ne possédait pas de tombeau commun, étaient placés dans un petit monument que l'on érigeait dans la maison, et dans lequel le cercueil était placé debout, solidement fixé à la muraille.

Ceux qui avaient été privés de l'honneur de la sépulture commune, soit qu'ils eussent été condamnés à la suite d'une accusation, soit qu'ils fussent morts sans payer leurs dettes, étaient déposés dans un coin retiré de la maison. Mais il n'était pas rare de voir leurs descendants, devenus riches, payer les créanciers de leur argent ou laver la mémoire de leur parent de l'accusation portée contre lui, et le placer honorablement dans la sépulture de sa famille.

Ecriture. Hiéroglyphes. — Les Egyptiens avaient deux espèces d'écriture, l'une sacrée, l'autre vulgaire. La première était hiéroglyphique. Au lieu de se composer de caractères alphabétiques, elle offrait, dans une suite d'images, la représentation de divers êtres animés ou inanimés. Les prêtres avaient donné à chacun de ces objets une signification tirée tantôt de sa nature même et de ses qualités particulières, tantôt purement conventionnelle. Ainsi l'épervier représentait Dieu, le poisson signifiait la haine ou l'abomination, l'hippopotame désignait l'impudence et tout désir de faire le mal.

Sur la porte d'un temple de la ville de Saïs, on voyait gravées la figure d'un enfant à côté de celle d'un vieillard, puis celle d'un épervier, ensuite celle d'un poisson, enfin celle d'un hippopotame; ce qui signifiait : Jeunes gens et vieillards, Dieu hait l'injustice.

Les monuments de toute espèce, les temples, et principalement les obélisques, étaient couverts d'inscriptions en caractères hiéroglyphiques, qui contenaient soit des sentences religieuses, soit la généalogie ou l'éloge des dieux ou des rois, soit le récit de quelques événements historiques. Les prêtres s'étaient réservé la connaissance de cette écriture, et ne la communiquaient qu'à ceux qui étaient initiés aux mystères de leur religion secrète.

L'écriture vulgaire était alphabétique et s'écrivait de droite à gauche comme l'écriture des Juifs et de tous les autres peuples de la famille sémitique. C'était celle qui servait aux usages ordinaires de la vie, et on l'enseignait de bonne heure aux enfants.

Arts et sciences. Monuments. — Les Egyptiens n'ont pas inventé l'agriculture, comme ils le prétendaient, ni les autres arts connus avant le déluge; mais ils les ont tellement perfectionnés et ont pris un si grand soin de les rétablir parmi les peuples où la barbarie les avait fait oublier, que leur gloire n'est guère moins grande que s'ils en avaient été les inventeurs. Il y en a même dont on ne peut leur disputer l'invention.

Comme leur ciel était toujours sans nuages, ils

furent les premiers à observer les astres, à calculer leurs révolutions et à déterminer la durée de l'année : leur année était de trois cent soixante-cinq jours. Elle se divisait en douze mois, chacun de trente jours, suivis de cinq jours complémentaires. Les mois étaient divisés en semaines ou périodes de sept jours, dont chacun était consacré à l'une des planètes et en avait pris le nom.

Ces observations, et les calculs qu'elles nécessitent, leur firent trouver l'arithmétique ; mais elles les conduisirent aussi aux folles spéculations de l'astrologie, cette fausse science qui prétend, au moyen de la connaissance du cours des astres, lire dans l'avenir la marche des événements et la destinée des hommes.

La nature de leur pays fit trouver aux Egyptiens une autre science, vraiment digne de ce nom. Les débordements du Nil, qui tous les ans couvre les terres, faisaient disparaître les limites et confondre les propriétés. Pour les reconnaître et éviter les contestations toujours croissantes, les Egyptiens furent obligés de recourir à l'arpentage, qui leur apprit bientôt la géométrie.

Sous un soleil ardent comme celui de l'Egypte, la nature est forte et féconde, les plantes ont des vertus énergiques. Un peuple aussi observateur ne pouvait manquer de les découvrir. Les Egyptiens inventèrent donc ou du moins perfectionnèrent la médecine. Cette science leur paraissait trop vaste pour qu'une personne en cultivât toutes les branches. Aussi les médecins étaient-ils très-nombreux. Il y en avait pour chaque partie du corps, et chacun d'eux ne traitait qu'une seule maladie.

Il y avait un livre, composé par des médecins anciens et célèbres, qui contenait le traitement de toutes les maladies. Si le médecin avait suivi les prescriptions de cette espèce de code médical, il n'encourait aucun reproche, lors même qu'il n'obtenait pas la guérison du malade; mais s'il s'en était écarté, il était puni de mort.

Les Égyptiens qui étaient à l'armée ou en voyage dans l'intérieur du pays, et qui venaient à tomber malades, étaient soignés gratuitement par des médecins à qui l'État donnait un traitement annuel pour faire ce service.

Les nombreux monuments dont l'Égypte était couverte, les pyramides, les obélisques, les temples et les palais couverts de figures sculptées et peintes, et dont on admire encore les précieux restes, attestent que l'architecture, la sculpture et la peinture étaient en honneur chez les Égyptiens. Mais ces arts ne furent jamais portés à une haute perfection. L'architecture égyptienne, très-remarquable par la grandeur des masses et par la majesté de l'ensemble, était sans goût dans la disposition des parties et dans le choix des ornements. Dans la peinture, les Égyptiens disposaient les couleurs avec intelligence, mais ils ignoraient l'art de donner du relief aux figures par le mélange des clairs et de l'ombre, et l'uniformité des attitudes et des poses montre assez qu'en peinture comme en sculpture les artistes égyptiens étaient forcés de ne point s'écarter d'un certain style de convention qu'on trouve reproduit dans tous leurs ouvrages.

Industrie et commerce. — Les principales branches de l'industrie étaient la fabrication et la teinture des tissus, le travail des métaux, la fabrication d'ustensiles, de vases et d'instruments de toute sorte. L'art de tanner le cuir et de le teindre en diverses couleurs, l'art d'émailler, de dorer, de vernir, étaient parfaitement connus et même portés à un haut degré de perfection chez les Egyptiens. Ils savaient aussi fabriquer le verre. Le commerce de l'Egypte, soit intérieur, soit extérieur, était très-actif. Elle recevait de l'Ethiopie l'or et l'ivoire; de l'Arabie, l'encens; de l'Inde, les épices, les parfums, les tissus de soie; de la Grèce et de la Phénicie, les vins les plus renommés. En échange, elle donnait à ces contrées les produits variés de son sol et de son industrie, le blé, le papyrus, la laine, le lin, les riches tissus et les ouvrages de broderie.

Questionnaire.

A qui était confié le soin de rendre la justice ? — D'où étaient tirés les trente juges ? — Quels étaient les insignes du président ? — Comment ouvrait-il l'audience ? — Était-il permis de plaider les affaires de vive voix ? — Comment le président prononçait-il la sentence ? — Quelle était la peine du parjure ? — De celui qui ne défendait pas le voyageur attaqué par des assassins ? — Dites quelle peine était attachée à d'autres crimes. — Quels soins les Égyptiens donnaient-ils à l'éducation des enfants ? — Quel genre de musique était admis dans l'éducation ? — Quel était le résultat de ce genre de vie ? — Quelle était la conduite des enfants à l'égard des vieillards ? — Comment se célébraient les funérailles ? — A qui était confié le soin d'embaumer les corps ? — Que faisaient les parents du mort après que le corps leur avait été remis ? — Comment se conservaient les corps embaumés? — **Quelle épreuve le mort devait-il subir avant d'obtenir la sépulture ?** — Quelle était la punition du défunt qui était condamné ? — Quelle était la peine du calomniateur ? — Que faisait-on lorsqu'il n'y avait pas d'accusateur ? — Où plaçait-on le corps de ceux qui n'avaient pas de monument pour la sépulture de leur famille ? — Où déposait-on le corps de ceux qui avaient été condamnés ou qui étaient morts sans payer leurs dettes ? — Que faisaient les descendants pour l'honneur de leurs ancêtres ? — Combien les Égyptiens avaient-ils d'espèces d'écriture ? — L'écriture sacrée était-elle alphabétique ? — Quelle était la signification des hiéroglyphes ? — De quelle nature était l'écriture vulgaire ? — Que firent les Égyptiens pour la plupart des arts utiles ? — A quoi les conduisit la pureté de leur ciel ? — Comment l'année était-elle divisée? Comment les Égyptiens inventèrent-ils la géométrie ? — Quelle cause leur fit perfectionner la médecine? — Comment divisaient-ils cette science ? — Quels étaient les principaux monuments en Égypte ? — Sous quel rapport l'architecture et la peinture étaient-elles remarquables? — Donnez quelques détails sur l'industrie et le commerce des Égyptiens.

CHAPITRE XI.

Histoire des Mèdes et des Perses.

Depuis le gouvernement d'Arbacès jusqu'à la fin du règne de Cyrus (759-529).

Origine des Mèdes. Arbacès. Déjocès. Fondation de la ville d'Ecbatane. — Phraorte. Soumission de la Perse. Cyaxare. Ses guerres. — Astyage. — Naissance et premières années de Cyrus. — Cyrus maître de la Médie. Conquêtes de ce prince. Sa mort.

Origine des Mèdes. Arbacès. Déjocès. Fondation de la ville d'Ecbatane. — Les Mèdes et les Perses, qui devaient tour à tour dominer en Asie, habitaient la région montagneuse située entre la mer Caspienne et le golfe Persique. Ces peuples appartenaient à la même race, parlaient la même langue et suivaient la même religion.

Les Mèdes étaient issus de Madaï, fils de Japhet. Ils obéissaient depuis plusieurs siècles aux rois de Ninive, lorsqu'Arbacès, leur gouverneur, les engagea à secouer le joug (759). Après sa victoire sur Sardanapale, laquelle mit fin au premier empire d'Assyrie, Arbacès laissa aux Mèdes leur indépendance et se contenta de régner sur les autres peuples qu'il avait soulevés contre les Assyriens.

La Médie était un des pays les plus fertiles et les plus riches de l'Asie. La partie située au nord était montagneuse; mais au-dessous s'étendaient de vastes plaines entrecoupées de collines qui nourrissaient les meilleurs chevaux de tout l'Orient. Le tribut que cette contrée payait aux rois d'Assyrie se composait, outre une forte somme d'argent, de trois mille chevaux, quatre mille mulets et cent mille brebis. Les habitants étaient fort industrieux ; ils savaient filer de fines étoffes de soie et les teindre des plus brillantes couleurs.

Les Mèdes, divisés en tribus, habitant des hameaux et n'ayant ni capitale ni forteresses, jouirent quelque temps d'une pleine liberté dans un pays fortifié par sa situation même et dont l'entrée pouvait être facilement défendue. Pendant la paix, ils reconnaissaient l'autorité des magistrats ou juges choisis par eux, et pendant la guerre ils obéissaient à des chefs qu'ils avaient nommés. Cependant cet état finit par amener l'anarchie, surtout après la mort d'Arbacès. Au milieu des désordres qui désolaient le pays, Déjocès, le plus renommé d'entre les juges, qui avait donné des preuves de sagesse et rendu de grands services à ses concitoyens, trouva le moment favorable pour s'emparer de l'autorité souveraine. Cependant il eut l'art de ne pas paraître ambitionner la couronne, et, lorsque les Mèdes la lui offrirent, il refusa pendant quelque temps de l'accepter. Enfin (710) il se rendit aux vœux de la nation qui l'appelait à régner sur elle, et bientôt il s'entoura de toute la pompe des autres souverains de l'Orient.

Déjocès rassembla dans les villes les Mèdes, jusqu'alors épars dans les campagnes, et bâtit sur une colline Ecbatane, qui fut la capitale de son royaume. Cette ville avait sept enceintes disposées en amphithéâtre, de telle sorte que les murailles de la seconde s'élevaient plus haut que celles de la première, celles de la troisième plus haut que celles de la seconde, et ainsi de suite jusqu'à la dernière; par conséquent, lorsqu'on était placé hors de la ville, on apercevait en même temps au-dessus de la première enceinte une partie de chacune des six autres.

Chacune de ces enceintes était d'une couleur différente. La première, c'est-à-dire la plus extérieure, était peinte en blanc, la seconde en noir, la troisième en rouge, la quatrième en bleu, la cinquième en vert; la sixième était argentée, et la septième était dorée. La septième enceinte renfermait le palais du roi et ses trésors; les officiers du roi et ses serviteurs logeaient dans la sixième, et le peuple habitait les cinq autres qui étaient comme autant de villes différentes.

Déjocès établit une police exacte et vigilante. Dès qu'il apprenait que quelque délit avait été commis, il faisait venir le coupable et lui imposait une punition suivant la nature du délit. Il entretenait, à cet effet, dans tout le pays qui lui était soumis, un grand nombre d'espions de deux genres différents : les uns pour rapporter ce qu'ils avaient vu, les autres pour redire ce qu'ils avaient entendu. Il se montra aussi très-sévère sur l'exercice de la justice. Ses sujets lui faisaient parvenir dans l'enceinte du palais les mémoires de leurs procès, et il les renvoyait au dehors avec sa décision. C'est ainsi que les jugements se rendaient. Occupé à civiliser son peuple et à affermir sa domination, Déjocès ne pensa point à faire de nouvelles conquêtes, et régna paisiblement pendant cinquante-trois ans (657). Il eut pour successeur Phraorte, son fils.

Phraorte. Soumission de la Perse. Cyaxare. Ses guerres. — Phraorte, à peine monté sur le trône, songea à reculer les limites de son empire. Il fit d'abord la guerre aux Perses et les soumit à sa domination ainsi que les peuples voisins. Ensuite il attaqua les Assyriens et leur enleva une partie des provinces qui leur obéissaient. Nabuchodonosor, roi de Ninive, pour arrêter les conquêtes de cet ennemi qui commençait à devenir redoutable, lui opposa des troupes disciplinées, contre lesquelles les Mèdes, qui ne connaissaient pas encore la discipline, ne purent tenir longtemps. Phraorte, n'écoutant que son courage, se jeta au milieu des Assyriens; mais, accablé par le nombre, il fut tué dans ce combat (635), où son armée fut presque entièrement détruite. Il avait régné vingt-deux ans.

Cyaxare, fils de Phraorte, animé du désir de la vengeance, rassembla promptement de nouvelles troupes; mais, instruit par le malheur de son père, il les soumit aux lois de la discipline. Il attaqua d'abord les Lydiens, qui possédaient toute l'Asie Mineure. Les deux armées étaient près d'en venir aux mains, lorsque tout à coup le jour se changea en nuit, et les soldats de part et d'autre s'arrêtèrent épouvantés. C'était une éclipse de soleil, la première que les astronomes aient calculée; elle avait été prédite par Thalès de Milet. Peu après, Cyaxare défit les Lydiens dans plusieurs rencontres; encouragé par ces victoires, il marcha contre les Assyriens, tailla en pièces leur armée et mit le siége devant Ninive. Il l'abandonna bientôt pour aller défendre ses États contre l'irruption des Scythes, qui venaient de se jeter sur l'Asie comme un torrent impétueux. Les Mèdes furent vaincus. Les Scythes conservèrent pendant vingt-huit ans l'empire de l'Asie et ruinèrent tout par leurs violences. Outre les tributs ordinaires, ils exigeaient encore de chaque particulier un impôt arbitraire ; et indépendamment de ces contributions, ils parcouraient tout le pays, pillant et enlevant à chacun ce qui lui appartenait. Pour chasser les Scythes de son empire, Cyaxare fit massacrer leurs principaux chefs, qu'il avait attirés à des festins. Une fois débarrassé de ces barbares, il reprit ses projets contre les Assyriens ; il se ligua avec Nabopolassar, roi de Babylone, détruisit Ninive et mit fin au deuxième empire d'Assyrie. Cyaxare, après un règne qui avait duré quarante ans, y compris le temps de la domination des Scythes, laissa le trône à son fils Astyage (595).

Astyage. Naissance et premières années de Cyrus. — Astyage, effrayé par des songes qui lui présageaient les conquêtes d'un fils qui naîtrait de sa fille Mandane, et craignant d'être détrôné par son petit-fils, ne voulut donner sa fille en mariage à aucun seigneur mède. Il l'envoya chez les Perses, qui étaient alors tributaires des Mèdes, et lui fit épouser Cambyse, l'un des principaux chefs de cette nation.

Peu de temps après, Astyage rappela auprès de lui sa fille Mandane et donna à l'un de ses officiers, nommé Harpagus, l'enfant qu'elle mit au monde, avec ordre de le faire mourir. Harpagus, touché de compassion, ne voulut pas tuer lui-même cet enfant et chargea un berger de l'exposer dans un lieu écarté; mais le berger exposa son fils, enfant du même âge, qui venait de mourir, et nourrit chez lui le petit-fils d'Astyage, que tout le monde crut mort.

Cyrus (c'était le nom du jeune prince) avait à peine douze ans, lorsqu'il lui arriva une aventure qui trahit le secret de sa naissance. Des enfants de son âge l'ayant, dans un de leurs jeux, choisi pour leur roi, il fit punir ceux d'entre eux qui n'avaient pas obéi à ses ordres. Parmi ces derniers se trouva le fils d'un seigneur qui, irrité de la hardiesse du jeune Cyrus, en porta ses plaintes au roi. Astyage fit venir devant lui cet enfant, qu'il regardait comme le fils d'un berger, et lui fit une sévère réprimande. Cependant, à sa fermeté, à la sagesse de ses réponses, à la dignité de sa contenance, il crut reconnaître son petit-fils. Ses doutes furent bientôt dissipés par le récit du berger et l'aveu d'Harpagus. Les mages, consultés sur ce qui arriverait à cet enfant, décidèrent que les songes du roi se trouvaient accomplis par le diadème que les enfants avaient mis sur la tête du jeune Cyrus.

Astyage, persuadé qu'il n'avait plus rien à craindre de son petit-fils, le renvoya en Perse pour y être élevé conformément à sa naissance. Irrité de la désobéissance d'Harpagus, il s'en vengea d'une manière horrible en faisant égorger son fils, dont le corps coupé en morceaux fut servi au malheureux père dans un festin que le roi donnait à ses courtisans. Harpagus dissimula son ressentiment et attendit une occasion favorable pour le faire éclater.

Bientôt Cyrus, secrètement excité par Harpagus, poussa les Perses à se révolter contre l'autorité d'Astyage. Après les avoir assemblés et leur avoir fait croire qu'Astyage venait de le nommer leur général, il les convoqua dans un champ couvert de chardons et où il avait fait porter des faucilles. Cyrus leur ordonna de nettoyer ce champ. Le travail fini, il leur commanda de venir le jour suivant richement habillés. Le lendemain, lorsque les Perses se furent rendus à son appel, il les fit asseoir sur la prairie et les régala somptueusement. En se levant de table il leur demanda quel jour leur avait paru le plus agréable, celui de la veille ou celui d'aujourd'hui. Leur réponse est facile à deviner : « Car hier, disaient-ils, nous avions une dure besogne, tandis qu'aujourd'hui nous faisons bonne chère. — Eh bien ! ajouta Cyrus, si vous avez confiance en moi, vous ne jouirez pas seulement de ces biens, mais de plus grands encore. Suivez-moi donc et délivrez-vous ! moi-même, avec l'aide des dieux, j'espère y contribuer, et je ne vous vois pas moins braves que les Mèdes. » Astyage rassembla des troupes pour marcher contre les révoltés et en donna le commandement à Harpagus ; mais celui-ci passa du côté des Perses avec la plus grande partie de son armée. Astyage, étant tombé entre les mains du vainqueur, demeura prisonnier dans le palais jusqu'à sa mort.

Cyrus maître de la Médie. Conquêtes de ce prince. Sa mort. — Cyrus, maître de l'empire, fit successivement plusieurs guerres dans lesquelles il fut toujours heureux. Après avoir vaincu Crésus, roi de Lydie (548), célèbre par ses immenses richesses, il fit ce prince prisonnier en s'emparant de la ville de Sardes, où il s'était enfermé. Cyrus condamna ce malheureux prince à être brûlé vif. On dressa un bûcher, et, au moment où Crésus allait subir son supplice, tombé du plus haut rang dans le dernier degré de l'infortune, il se rappela les paroles que le sage Solon lui avait autrefois adressées : « Qu'on ne pouvait appeler heureux aucun homme vivant. » Frappé de ce souvenir, il prononça trois fois, et tout haut, le nom de Solon. Cyrus, qui était présent à ce spectacle avec les principaux officiers de sa cour, voulut savoir pourquoi Crésus invoquait le nom du célèbre philosophe. Dès qu'il en sut le motif, il en fut vivement ému ; et réfléchissant qu'homme lui-même, il livrait aux flammes un autre homme dont la prospérité n'avait pas été au-dessous de la sienne, il se repentit de sa rigueur. Il fit donc éteindre le feu, pardonna à Crésus, et l'honora toujours pendant le reste de sa vie.

Cyrus, poursuivant le cours de ses succès, soumit ensuite la Syrie et une partie de l'Arabie, pendant qu'Harpagus faisait rentrer sous sa domination les Ioniens, les Doriens et les Éoliens, qui essayaient de secouer le joug.

Babylone (538) tomba au pouvoir de Cyrus; l'impie Balthazar périt dans le sac de la ville, et son empire finit avec lui. Cyrus vainqueur rendit un édit pour permettre aux Juifs de retourner à Jérusalem. Ce prince divisa en cent vingt provinces son royaume, qui était composé de la Perse et de la Médie, de l'Assyrie, de l'Arabie, de la Syrie, de la Cappadoce, des deux Phrygies, de la Lydie, de la Carie, de la Phénicie, de la Cilicie, de la Paphlagonie; la contrée des Saces, la Bactriane, l'Inde, l'île de Chypre et l'Egypte sont encore comptées au nombre des provinces de son empire. Pour que les ordres fussent transmis plus rapidement d'une extrémité de ce vaste empire à l'autre, Cyrus établit un service régulier de courriers et de relais.

Les historiens ne sont pas d'accord sur la manière dont ce prince termina sa vie. Suivant Xénophon, il mourut paisiblement après avoir donné à ses fils les plus sages conseils; suivant Hérodote, il fut victime de son ambition (529). Ayant imprudemment attaqué les Massagètes, peuple de Scythie, il fut vaincu et périt avec la plus grande partie de son armée. Tomyris, reine des Massagètes, était inconsolable de la perte de son fils qui, ayant été fait prisonnier dans un combat précédent, s'était donné la mort pour échapper à la captivité. Elle fit chercher le corps de Cyrus parmi les morts, et après avoir détaché la tête du corps, elle la plongea dans un vase rempli de sang humain, en s'écriant : « Rassasie-toi de ce sang dont tu as toujours été altéré. »

Questionnaire.

De qui les Mèdes descendaient-ils? — A quels souverains obéirent-ils pendant plusieurs siècles? — Qui les engagea à secouer le joug des Assyriens? — Comment vécurent les Mèdes après avoir recouvré leur indépendance? — Que fit Déjocès? — Quelle ville fonda-t-il? — Comment gouverna Déjocès? — Combien de temps régna-t-il? — Quel fut le successeur de Déjocès? — Quelles conquêtes entreprit Phraorte? — Comment périt-il? — Quel fut le successeur de Phraorte? — Quel peuple

Cyaxare attaqua-t-il d'abord? — Quelle circonstance interrompit le combat? — Avec qui Cyaxare fit-il alliance? — Quel empire détruisit-il? — Quel fut le successeur de Cyaxare? — Quelles craintes éprouva Astyage? — Quelles mesures prit-il pour prévenir le danger qu'il redoutait? — Comment la naissance de Cyrus fut-elle découverte? — Que fit Astyage de Cyrus? — Comment punit-il la désobéissance d'Harpagus? — Quelle vengeance Harpagus tira-t-il de la cruauté d'Astyage? — Que fit Cyrus pour exciter les Perses à la révolte? — Quel roi fut vaincu par Cyrus? — A quel supplice Crésus fut-il condamné? — Pourquoi Cyrus lui pardonna-t-il? — De quel pays Cyrus fit-il encore la conquête? — De quelle ville s'empara-t-il? — A quel empire mit-il fin? — Quelle faveur accorda-t-il au peuple juif? — En combien de provinces ce prince divisa-t-il son royaume? — De quelles contrées était-il composé? — Quel établissement institua Cyrus pour faciliter les communications entre les diverses parties de son empire? — Sa mort n'est-elle pas racontée de diverses manières? — Par qui dit-on que Cyrus fut vaincu? — Quel traitement lui fit subir Tomyris?

CHAPITRE XII.

Depuis le règne de Cambyse jusqu'au commencement de celui de Darius, fils d'Hystaspes (529-522).

Cambyse. — Conquête de l'Égypte. — Deux expéditions malheureuses. — Meurtre d'Apis. — Cruautés de Cambyse. — Prexaspe. — Crésus. — Conjuration de Patisithe. — Mort de Cambyse. — Smerdis le mage. — Otanès. — Le faux Smerdis tué. — Massacre des mages.

Cambyse. Conquête de l'Égypte. Deux expéditions malheureuses. Meurtre d'Apis. — Cyrus eut pour successeur son fils aîné Cambyse (529). Son second fils, nommé Smerdis ou Tanaoxares, eut seulement en partage l'Arménie et la Médie. A peine monté sur le trône, Cambyse porta la guerre en Egypte pour se venger d'une injure qu'il avait reçue d'Amasis, qui régnait alors sur ce pays. Lorsqu'il arriva sur la frontière de l'Egypte, Cambyse apprit qu'Amasis était mort, et que Psamménite, son fils et son successeur, faisait des préparatifs pour se défendre.

Péluse fut la première place qui arrêta l'armée des Perses. Cambyse, pour s'en rendre maître, usa de stratagème : il fit marcher devant ses troupes un grand nombre d'animaux que les Egyptiens regardaient comme sacrés, et, les Egyptiens n'ayant pas osé faire usage de leurs armes de peur de blesser ces animaux, les Perses s'emparèrent facilement de la place.

Cambyse remporta ensuite une victoire complète sur Psamménite, força ce prince à se renfermer dans Memphis, et le fit prisonnier en s'emparant de cette ville (525). Il traita d'abord avec beaucoup de bonté son ennemi vaincu ; mais Psamménite ayant cherché à remonter sur le trône en excitant les Egyptiens à la révolte, il le fit mourir en le forçant à boire du sang de taureau.

Cambyse entreprit ensuite deux expéditions qui furent également malheureuses. La première était dirigée contre les Ammoniens ; mais, après quelques jours de marche à travers le désert, l'armée qu'il avait envoyée pour détruire le temple de Jupiter Ammon périt ensevelie sous des montagnes de sable.

La seconde expédition, à la tête de laquelle se trouvait Cambyse lui-même, fut entreprise contre les Éthiopiens, auxquels il envoya des ambassadeurs avec divers présents, tels que de la pourpre, des bracelets d'or et des parfums. Les Éthiopiens regardèrent avec mépris tous ces objets, et leur roi, voulant aussi faire à sa manière un présent à Cambyse, prit un arc qu'un Perse eût à peine soutenu, et, le bandant sans difficulté, il dit aux ambassadeurs : « Quand les Perses pourront se servir aussi aisément que je viens de le faire d'un arc de cette grandeur et de cette force, qu'ils viennent attaquer les Éthiopiens. » Cette réponse rapportée à Cambyse mit ce prince en fureur, et il poursuivit sa marche malgré la disette de vivres dont il était menacé. Mais bientôt son armée fut tellement en proie aux horreurs de la famine, que les soldats tiraient au sort pour savoir lesquels d'entre eux serviraient de nourriture à leurs compagnons. La triste situation de son armée ne le fit pas d'abord renoncer à son projet; mais ensuite, craignant pour lui-même les effets du désespoir de ses soldats, il ramena à Thèbes les débris de son armée.

Après avoir pillé les temples de Thèbes, Cambyse se rendit à Memphis, dont les habitants étaient occupés à célébrer la fête du dieu Apis. Croyant d'abord que ces réjouissances n'étaient faites que pour insulter à ses malheurs, il laissa éclater sa colère. On l'apaisa cependant en lui apprenant quel était le véritable sujet de la joie publique. Il voulut voir le dieu dont on célébrait la fête, et les prêtres, n'osant résister à ses ordres, amenèrent en sa présence le bœuf Apis. Cambyse, croyant qu'on avait dessein de se moquer de lui, entra en fureur, frappa l'animal sacré de son poignard et lui fit à la cuisse une blessure dont il mourut quelques jours après. Il ordonna ensuite de mettre à mort tous les Égyptiens qui oseraient célébrer la fête d'Apis.

Cruautés de Cambyse. Prexaspe. Crésus. — Ce n'était pas seulement sur les étrangers que ce prince exerçait ses fureurs sanguinaires; il n'épargna pas même sa propre famille. Guidé par une crainte qui n'avait d'autre fondement qu'un vain songe, il donna ordre à un de ses confidents, nommé Prexaspe, de faire mourir son frère Smerdis (522). Un ordre si cruel ne fut exécuté qu'avec trop d'exactitude.

Cambyse, qui n'écoutait que la violence de ses passions, conçut alors le criminel dessein d'épouser Méroé, la plus jeune de ses sœurs. Voulant faire approuver une union dont les Perses n'avaient pas encore vu d'exemple, il demanda à ceux qui étaient chargés d'interpréter les lois s'il y en avait quelques-unes qui lui permissent de contracter le mariage qu'il avait résolu. Les docteurs, qui redoutaient sa colère, après lui avoir déclaré qu'ils n'en avaient point trouvé, ajoutèrent qu'il y en avait une par laquelle il était permis au roi de Perse de faire tout ce qu'il voudrait. Cambyse, se trouvant autorisé par cette réponse, épousa publiquement sa sœur et se fit accompagner de cette princesse dans toutes ses expéditions. Dans la suite, irrité du chagrin qu'elle témoigna de la mort de son frère Smerdis, il la maltraita si cruellement qu'elle en mourut.

Il semblait que Cambyse se fit un plaisir de verser le sang. Il punissait de mort la moindre faute, de sorte qu'il ne se passait presque aucun jour sans qu'il sacrifiât quelques-uns de ses courtisans. Prexaspe ne fut pas plus épargné que les autres. Ce seigneur, à qui le roi demandait ce que les Perses pensaient de lui, lui ayant avoué qu'on se plaignait de ce qu'il aimait trop le vin, Cambyse résolut de punir cette franchise, qu'il regardait comme une offense. Il se fit apporter du vin, et, après en avoir bu une plus grande quantité que de coutume, il ordonna au fils de Prexaspe de se placer à l'autre extrémité de la salle et de s'y tenir debout. Il décocha alors une flèche contre ce jeune homme, en déclarant qu'il tirait au cœur. Il fit ensuite ouvrir le corps de ce malheureux qui était tombé sur le coup, et montrant à Prexaspe le cœur de son fils traversé par la flèche, il lui demanda si le vin l'empêchait d'avoir la main sûre. Prexaspe, craignant pour lui-même la fureur de ce prince, répondit : « Apollon ne tirerait pas plus juste. »

Crésus, roi de Lydie, qui, après sa défaite, était resté à la cour de Cambyse, hasarda un jour de lui donner quelques sages conseils pour l'engager à changer de conduite. Cambyse, loin de savoir gré à ce prince de l'intérêt qu'il prenait à sa personne, ordonna qu'on le fît mourir sur-le-champ. Ceux qu'il en avait chargés, craignant qu'il ne se repentît bientôt des ordres qu'il avait donnés, ne les exécutèrent pas; en effet, le lendemain le roi témoigna beaucoup de regret de la mort de Crésus. On lui avoua qu'il n'avait pas été obéi et que le prince lydien était encore vivant. Cambyse reçut avec joie cette nouvelle, mais il fit périr par les supplices ceux qui avaient osé lui désobéir.

Conjuration de Patisithe. Mort de Cambyse. — Les cruelles précautions par lesquelles Cambyse avait cru affermir sa couronne en faisant périr son frère ne servirent qu'à susciter un usurpateur qui lui disputa le trône. Patisithe, un des chefs des mages, à qui Cambyse avait laissé le gouvernement de la Perse pendant son voyage en Égypte, profita du mécontentement des peuples pour faire monter sur le trône son frère, qui ressemblait parfaitement au frère du roi et qui s'appelait Smerdis comme lui. Peu de personnes étaient instruites de la mort du véritable Smerdis, de sorte que le mage n'eut pas beaucoup de peine à faire reconnaître aux Perses pour leur souverain celui qu'ils regardaient comme le fils de Cyrus (522).

Cambyse, qui était en route pour retourner en Perse, apprit cette révolte à son arrivée dans la Syrie. Il se mit aussitôt en marche pour en arrêter les progrès ; mais, comme il montait à cheval, son poignard étant sorti du fourreau lui fit une blessure à la cuisse. Cette blessure fut si considérable qu'il en mourut quelques jours après, dans un endroit nommé Ecbatane, qu'il ne faut pas confondre avec la capitale de la Médie.

Smerdis le mage. Otanès. Le faux Smerdis tué. Massacre des mages. — Après la mort de Cambyse, les Perses se soumirent à celui qu'ils prenaient pour Smerdis. Le mage, pour que sa fourberie ne fût pas découverte, se tenait continuellement enfermé dans son palais, et ne traitait des affaires que par l'entremise de ses eunuques. Pour gagner l'affection de ses sujets, il leur accorda une exemption d'impôts et de service militaire pendant trois ans, et se fit un grand nombre de partisans par ses largesses.

Cependant Otanès, l'un des principaux seigneurs de la cour de Perse, soupçonnait la fraude. Par le moyen de Phédime, sa fille, qui était une des femmes du roi, il s'assura que ce prince n'avait pas d'oreilles, et il fut ainsi convaincu que celui qui régnait n'était pas le véritable Smerdis, mais le mage de ce nom, à qui Cyrus avait autrefois fait couper les oreilles en punition de quelque crime. Honteux d'obéir à un pareil souverain, il forma aussitôt, pour le renverser, un complot avec six autres seigneurs, au nombre desquels se trouvait Darius, fils d'Hystaspes.

Les conjurés étaient prêts à exécuter leur dessein, lorsqu'un événement imprévu les engagea à précipiter le coup. Prexaspe, à qui les mages avaient fait promettre qu'il déclarerait devant le peuple que le véritable Smerdis occupait le trône, tint un discours bien différent lorsque tout le peuple fut assemblé. Il avoua publiquement qu'il avait trempé ses mains dans le sang du frère de Cambyse, et que le mage avait profité de cette circonstance pour s'emparer de la couronne. Après cet aveu, il demanda pardon aux dieux et aux hommes et se précipita du haut de la tour d'où il parlait au peuple. Les conjurés, profitant du trouble où se trouvaient alors les mages, entrèrent dans le palais et mirent à mort Smerdis et son frère Patisithe (522). Ils firent voir les têtes des deux mages au peuple, qui, convaincu de l'imposture, se jeta avec fureur sur les autres mages et sur leurs partisans, qu'il mit à mort; et si la nuit n'eût arrêté le carnage, il n'en serait pas échappé un seul. Les Perses célébrèrent pendant longtemps, avec beaucoup de solennité, cette journée; c'était une de leurs plus grandes fêtes annuelles, et ils l'appelaient le Massacre des mages. Ce jour-là, il n'était pas permis aux mages de paraître en public.

Questionnaire.

Quel fut le successeur de Cyrus? — Racontez les expéditions de Cambyse. — Dans quelle circonstance tua-t-il le bœuf Apis? — Quel sort Cambyse fit-il subir à son frère? — Comment s'appelait ce frère? — Quel était le nom de celui qui le fit périr? — Quel projet criminel conçut ensuite Cambyse? — Quelle demande adressa-t-il aux interprètes des lois? — Quelle réponse en reçut-il? — Quelle question Cambyse fit-il à Prexaspe? — Comment récompensa-t-il la franchise de ce seigneur? — Comment Cambyse supporta-t-il les conseils de Crésus? — Ne se repentit-il pas des ordres qu'il avait donnés au sujet de ce prince? — Quel traitement fit-il subir à ceux qui n'avaient pas exécuté ses ordres? — N'éclata-t-il pas une révolte en Perse pendant l'absence de Cambyse? — Quel en était le chef? — Quelle personne Patisithe plaça-t-il sur le trône? — Que fit Cambyse en apprenant cette nouvelle? — Comment mourut ce prince? — En quel lieu? — Que firent les Perses après la mort de Cambyse? — Quelle fut la conduite du faux Smerdis? — Comment et par qui la fraude du mage fut-elle découverte? — Que fit Otanès après cette découverte? — Prexaspe n'avait-il pas fait aux mages une promesse? — L'exécuta-t-il? — Quelle fut sa fin? — Que firent les conjurés dans cette circonstance? — Comment le peuple traita-t-il les mages? — N'avait-on pas consacré la mémoire de cet événement?

CHAPITRE XIII.

Depuis l'avénement de Darius, fils d'Hystaspes, jusqu'à la fin de son règne (522-486).

Darius, fils d'Hystaspes, proclamé roi par les seigneurs conjurés. — Révolte de Babylone. — Dévouement de Zopyre. — Expédition contre les Scythes. — Voyage de découvertes entrepris par Scylax. — Conquête des Indes. — Révolte des Ioniens. — Incendie de Sardes. — Défaite des Ioniens. — Destruction de Milet. — Expédition contre la Grèce sous la conduite de Mardonius. — Deuxième expédition contre la Grèce sous la conduite de Datis et d'Artapherne. — Défaite des Perses. — Révolte de l'Égypte. — Xerxès désigné pour successeur à Darius.

Darius, fils d'Hystaspes, proclamé roi par les seigneurs conjurés. — Quelques jours après leur victoire sur les mages, les seigneurs conjurés, voyant que la tranquillité était rétablie, convinrent de se rendre à cheval le lendemain matin dans un certain endroit du faubourg de la ville et de reconnaître pour roi celui d'entre eux dont le cheval hennirait le premier au lever du soleil. Darius, fils d'Hystaspes, l'un des seigneurs, avait un habile écuyer, nommé Æbarès, qui s'avisa d'un stratagème pour assurer la couronne à son maître. Quand la nuit fut venue, Æbarès alla déposer dans le faubourg la nourriture que le cheval de Darius préférait et qui devait composer son repas du soir. Alors il conduisit le cheval en cet endroit, et, après l'avoir fait passer et repasser plusieurs fois devant sa provende, il la lui laissa manger. Le lendemain, au point du jour, les seigneurs persans se trouvèrent au rendez-vous. Comme ils allaient de côté et d'autre dans le faubourg, lorsqu'ils furent arrivés à l'endroit où la veille Æbarès avait conduit le cheval de Darius, cet animal se mit à hennir. Darius fut aussitôt salué roi par les autres seigneurs qui lui prêtèrent serment de fidélité (522).

Révolte de Babylone. Dévouement de Zopyre. — Le nouveau roi eut d'abord à comprimer plusieurs révoltes soit des satrapes ou gouverneurs de provinces qui voulurent se rendre indépendants, soit des peuples qui, soumis depuis longtemps, essayèrent de s'affranchir. Les Babyloniens, fatigués du joug que les Perses leur avaient imposé, furent les premiers qui se révoltèrent. Ils firent toutes les provisions nécessaires pour supporter un long siége et mirent les fortifications dans le meilleur état de défense. Darius marcha contre eux avec une puissante armée et assiégea Babylone.

Il y avait déjà dix-neuf mois que cette place résistait à tous les efforts des Perses, lorsque Zopyre, fils de Mégabyse, l'un des sept qui avaient conspiré contre les mages, imagina un stratagème singulier pour surprendre les Babyloniens. Il se fit couper le nez, les oreilles, et déchirer le corps à coups de fouet. Il se présenta en cet état à Darius, à qui il déclara que le désir qu'il avait de le rendre maître de Babylone l'avait porté à se mutiler ainsi.

Il alla, en effet, trouver les Babyloniens, et, après leur avoir montré les plaies dont il était couvert, il leur déclara que Darius l'avait fait ainsi maltraiter, parce qu'il lui avait conseillé d'abandonner son entreprise sur Babylone. Les habitants de cette ville, séduits par cet artifice, lui donnèrent le commandement de quelques troupes, ne doutant pas qu'il ne cherchât l'occasion de se venger de Darius.

Zopyre fit plusieurs sorties et battit toujours les Perses, comme il en était convenu avec le roi ; ces avantages plusieurs fois répétés achevèrent de lui gagner la confiance des Babyloniens, qui le nommèrent leur général en chef. Zopyre, se servant alors de son pouvoir, conduisit les choses avec tant d'adresse, qu'il introduisit les Perses dans la ville (510).

Darius, maître de Babylone, en rasa les murailles pour la mettre hors d'état de se révolter dans la suite, fit pendre trois mille des principaux rebelles et épargna le reste. Pour récompenser Zopyre du service important qu'il lui avait rendu, il lui abandonna le revenu de cette ville et le combla des plus grands honneurs.

Expédition contre les Scythes. Voyage de découvertes entrepris par Scylax. Conquête des Indes. — Darius résolut ensuite de faire une expédition contre les Scythes, malgré les sages avis de son frère Artabane, qui représentait les difficultés de cette entreprise et le peu d'avantages qu'il devait en retirer en supposant qu'il réussît. Ce prince partit de Suse à la tête d'une armée de sept cent mille hommes ; il avait en outre une flotte de six cents vaisseaux, composée principalement d'Ioniens et d'autres nations grecques qui habitaient les côtes de l'Asie Mineure.

Ayant passé le Bosphore de Thrace sur un pont de bateaux, ce prince marcha vers l'Ister, aujourd'hui le Danube, qu'il traversa de la même manière. Les Scythes, avertis de la marche des Perses, firent retirer leurs femmes et leurs enfants dans les parties les plus septentrionales, et, après avoir ravagé le pays, comblé les puits et les fontaines, ils allèrent au-devant de l'ennemi; leur dessein n'était pas de livrer bataille, mais de se retirer aussitôt que les Perses viendraient les attaquer, pour les attirer dans des lieux où ils manqueraient bientôt de vivres.

Ce stratagème leur réussit; bientôt l'armée de Darius, qui s'était insensiblement engagée dans l'intérieur de la Scythie, commença à souffrir de la disette. Cependant les Scythes, peuples nomades, vivant du lait et de la chair de leurs troupeaux, et trouvant leur patrie là où était le désert, reculaient toujours devant l'invasion du grand roi. Fatigué de cette poursuite inutile, Darius essaya vainement de les forcer par l'insulte à accepter le combat. Le chef des Scythes lui répondit : « Jamais la crainte ne nous a fait fuir devant aucun homme; mais nous n'avons point de villes, nous ne cultivons point les champs : nous n'avons donc pas à nous défendre pour vous empêcher de vous en rendre maîtres ou de les ravager. Si cependant il vous faut absolument combattre, il est un moyen sûr; les tombeaux de nos pères existent : allez, trouvez-les, essayez de les détruire, et vous verrez alors si nous savons combattre. »

Quelques jours après, un héraut scythe apporta à Darius un oiseau, une souris, une grenouille et cinq flèches. Comme le héraut qui lui avait apporté ces objets refusait d'en expliquer le sens, Darius, interprétant en sa faveur cette espèce d'énigme, prétendit que les Scythes lui livraient la terre et l'eau marquée par la souris et la grenouille, leur cavalerie désignée par l'oiseau, et enfin qu'ils lui rendaient les armes en lui offrant les cinq flèches. Mais Gobrias, un des sept qui avaient conspiré contre les mages, donna à ce présent une interprétation plus vraisemblable : « Sachez, dit-il aux Perses, que si vous ne vous envolez comme les oiseaux, si vous ne vous cachez dans la terre comme les souris, ou si vous ne vous enfoncez pas dans l'eau comme les grenouilles, vous ne pourrez échapper aux flèches des barbares. »

On sentit bientôt la vérité de cette explication, et Darius, voyant que son armée était près de périr de faim et de soif, se détermina enfin à la retraite. L'armée regagna à la hâte le Danube, qu'elle passa sur le pont de bateaux dont la garde avait été confiée aux Ioniens, et Darius se retira à Suse. Les Scythes passèrent le Danube peu après et ravagèrent toute cette partie de la Thrace, qui s'était soumise aux Perses, jusqu'à l'Hellespont.

Darius, qui avait dessein de reculer les bornes de son empire du côté de l'Orient, voulut auparavant connaître le pays dont il espérait faire la conquête. A cet effet il équipa une flotte dont il donna le commandement à Scylax, Grec de Carie, qui était un habile marin. Scylax partit de Caspatyre, ville située sur l'Indus, parcourut tous les pays qui sont de l'un et de l'autre côté des bords de ce fleuve jusqu'à son embouchure, entra dans la mer

Rouge par le détroit de Bab-el-Mandeb, et, après un voyage de trente mois, il aborda en Egypte. Darius, satisfait du rapport du capitaine grec, se mit à la tête d'une armée considérable et soumit à sa domination tout le pays que Scylax avait parcouru.

Origine des guerres médiques. Révolte des Ioniens. Incendie de Sardes. Défaite des Ioniens. Destruction de Milet. — Le puissant empire des Perses, après avoir soumis l'Asie, ne pouvait plus s'étendre que du côté de l'Europe. Il touchait à la Grèce par la Thrace, et Darius, maître de cette dernière contrée, entreprit d'ajouter la première à ses vastes Etats. Le soulèvement de l'Ionie ne fut qu'une cause occasionnelle des guerres médiques.

C'est en l'année 501 que les Ioniens résolurent de secouer le joug des Perses et de reconquérir leur indépendance. Ils implorèrent le secours des Athéniens et des Spartiates. Les Spartiates refusèrent de les secourir; mais les Athéniens, irrités de la protection que le roi de Perse accordait à Hippias, fils du tyran Pisistrate, qu'ils avaient banni dix ans auparavant, fournirent vingt vaisseaux aux Ioniens. Ceux-ci, après avoir rassemblé toutes leurs forces, débarquèrent à Ephèse et marchèrent vers Sardes, qu'ils brûlèrent (504); mais bientôt ils furent vaincus par les Perses. Les Athéniens qui échappèrent s'embarquèrent à la hâte, et, de retour dans leur patrie, refusèrent de prendre aucune part à cette guerre. Ils croyaient éviter par ce moyen les effets du ressentiment de Darius; mais le roi de Perse, instruit de la part qu'ils avaient eue au siége de Sardes, jura de s'en venger et de porter la guerre dans la Grèce.

Cependant les Ioniens, sans se laisser décourager par la défection des Athéniens, continuèrent la guerre. Ils battirent en plusieurs rencontres les généraux perses; mais enfin, abandonnés par la plupart de leurs alliés, ils furent vaincus, et leur flotte, qui formait leur principale force, fut détruite. Milet, centre de la confédération ionienne, assiégée par terre et par mer, tomba au pouvoir des Perses, qui la détruisirent presque entièrement. Les autres villes qui s'étaient soulevées furent soumises, et celles qui résistèrent furent brûlées.

Expédition contre la Grèce sous la conduite de Mardonius.—Après avoir ainsi terminé cette guerre, Darius voulut mettre à exécution ses projets de vengeance contre les Athéniens et les Érétriens, qui avaient fourni des secours aux Ioniens révoltés. Il confia le commandement de cette expédition à Mardonius, son gendre, fils de Gobrias (496). Mardonius, à la tête de l'armée de terre, entra dans la Macédoine par la Thrace, pendant que la flotte suivait l'armée en longeant les côtes. Au moment où elle doublait le mont Athos, la flotte des Perses fut assaillie d'une violente tempête, qui abîma plus de trois cents vaisseaux et fit périr plus de vingt mille hommes. Ce malheur ne fut pas le seul : les peuples de la Thrace tombèrent pendant la nuit sur le camp des Perses, en firent un grand carnage et blessèrent Mardonius lui-même. Ce général repassa bientôt en Asie, avec la honte d'avoir échoué dans cette expédition tant par terre que par mer.

Darius ne renonça pas à ses projets sur la Grèce; mais avant d'entreprendre une nouvelle expédition, il voulut connaître quelles étaient les dispositions des Grecs. Il envoya des hérauts dans toutes les villes grecques demander en son nom la terre et l'eau : c'était la manière dont les Perses avaient coutume d'exiger la soumission de ceux qu'ils voulaient assujettir. Plusieurs villes, redoutant la puissance des Perses, donnèrent les marques de soumission qu'on exigeait d'elles. Mais Sparte et Athènes firent saisir les hérauts et précipitèrent l'un dans un puits, l'autre dans une fosse profonde, en leur disant de prendre eux-mêmes ce qu'ils étaient venus chercher. Plus tard, les Spartiates, honteux de cette violation criminelle du droit des gens, envoyèrent des ambassadeurs au roi de Perse pour lui offrir la satisfaction qu'il exigerait. Darius, apaisé par leur soumission, les renvoya sans leur faire souffrir aucun mal.

Deuxième expédition contre la Grèce sous la conduite de Datis et d'Artapherne. Défaite des Perses. — Darius donna le commandement de l'expédition qu'il avait préparée à Datis, Mède de nation, et à Artapherne, son neveu. Ces deux généraux étaient chargés de saccager Érétrie et Athènes, d'en brûler toutes les maisons et tous les temples et d'en envoyer tous les habitants à Darius.

Datis et Artapherne partirent avec une flotte de six cents vaisseaux et une armée de cinq cent mille hommes. Ils s'emparèrent dans leur route de l'île de Naxos, réduisirent en cendres sa capitale et tous les temples qu'ils trouvèrent dans cette île et dans celles de la mer Égée. Érétrie, tombée en leur puissance par la trahison de deux de ses habitants, subit le même sort que la capitale de

Naxos, et les habitants, chargés de fers, furent conduits en Perse; mais Darius, contre leur attente, les traita avec bonté et leur donna pour habitation un village à peu de distance de Suse.

Les Perses s'étant ensuite avancés vers l'Attique, Hippias les conduisit dans les plaines de Marathon. L'armée des Perses, commandée par Datis, était forte de cent mille hommes d'infanterie et de dix mille chevaux. Celle des Athéniens, au contraire, ne comptait que dix mille hommes. Miltiade, qui la commandait, sut si bien profiter de l'avantage du terrain qu'il avait choisi, et ses troupes combattirent avec tant d'ardeur, que les Perses, malgré la supériorité de leurs forces, furent mis en déroute et cherchèrent un asile non dans leur camp, mais sur la flotte; les Athéniens les poursuivirent, prirent sept de leurs vaisseaux et mirent le feu à plusieurs autres (490).

Révolte de l'Égypte. Xerxès désigné pour successeur de Darius. — Darius, loin de se décourager en apprenant la défaite de son armée à Marathon, résolut de continuer la guerre et de se mettre lui-même à la tête de ses troupes. La révolte de l'Egypte, arrivée pendant qu'il faisait ses préparatifs, ne le fit pas renoncer à ce projet. Il destina une partie de ses forces à faire rentrer l'Egypte dans l'obéissance, se proposant de conduire lui-même le reste contre les Grecs. Lorsque tout fut prêt pour les deux expéditions, il pensa à se nommer un successeur, suivant un ancien usage des Perses, par lequel il était établi que le roi, avant d'aller à la guerre, devait désigner celui qui devait monter sur le trône après lui.

Darius avait trois fils de sa première femme, fille de Gobrias, tous trois nés avant qu'il fût monté sur le trône, et quatre autres fils d'Atossa, fille de Cyrus, nés depuis qu'on l'avait choisi pour roi. Ce fut sur Xerxès, l'aîné de ces derniers, que tomba le choix de Darius, qui le désigna pour son successeur. Après avoir ainsi réglé la succession à la couronne et terminé ses préparatifs, ce prince se disposait à entreprendre ses expéditions, lorsqu'il mourut après un règne de trente-six ans (486).

Questionnaire.

Que firent les seigneurs conjurés après leur victoire sur les mages? — Par quel stratagème l'écuyer de Darius assura-t-il la couronne à son maître? — Les commencements du règne de Darius furent-ils paisibles? — Comment les Babyloniens se préparèrent-ils à soutenir leur révolte? — Combien de temps dura le siége de Babylone? — Quel stratagème imagina Zopyre pour rendre Darius maître de cette ville? — Quelle expédition Darius résolut-il ensuite? — Que firent les Scythes à l'arrivée des Perses? — Comment finit cette expédition? — De quel côté Darius tourna-t-il ses vues? — A qui donna-t-il le commandement d'une flotte? — Racontez le voyage de Scylax. — Quelle conquête fit Darius? — Quelle fut l'origine des guerres médiques? — Racontez la révolte de l'Ionie. — De quels peuples les Ioniens implorèrent-ils le secours? — Racontez les événements de cette guerre. — A qui Darius donna-t-il le commandement de la première expédition contre la Grèce? — Qu'arriva-t-il à la flotte des Perses? — Qu'arriva-t-il à leur armée de terre? — Que fit Darius avant d'entreprendre une nouvelle expédition ? — Que demandaient les hérauts qu'il envoya ? — Comment furent-ils reçus à Sparte et à Athènes ? — Quelle vengeance en tira Darius ? — A quels généraux fut donné le commandement de l'expédition contre la Grèce ? — Racontez cette expédition. — Que résolut Darius après la bataille de Marathon ? — Quel était l'usage des Perses lorsque le roi allait à la guerre ? — Combien d'enfants avait Darius ? — Lequel désigna-t-il pour son successeur ?

CHAPITRE XIV.

Depuis le règne de Xerxès jusqu'à la conquête de la Perse par Alexandre le Grand (486-143).

Xerxès. — Soumission de l'Égypte. — Expédition de Xerxès en Grèce. Ses revers. Il est assassiné. — Artaxerxès Longue-Main. — Révolte et soumission de l'Égypte — Xerxès II. — Sogdien. — Darius Nothus. — Artaxerxès Mnémon. — Révolte et défaite de Cyrus. — Traité d'Antalcidas. — Ochus. Ses cruautés et ses conquêtes. — L'eunuque Bagoas. — Arsès. — Darius Codoman. — Il est vaincu par Alexandre le Grand, qui réunit la Perse à son empire. — Mœurs et coutumes des Perses.

Xerxès. Soumission de l'Égypte. — Xerxès employa la première année de son règne à compléter les préparatifs des deux expéditions résolues par son père. La seconde année, il entra en Egypte, soumit les rebelles et revint à Suse, laissant le gouvernement de cette province à son frère Achéménès. Ce premier succès lui fit espérer qu'il triompherait facilement de la Grèce; cependant, pour rendre sa victoire plus certaine, il fit alliance avec les Carthaginois, qui, pendant que Xerxès attaquerait la Grèce, devaient attaquer les colonies grecques en Sicile et en Italie, pour les empêcher de secourir leurs compatriotes de la mère patrie. Dans ce dessein, Amilcar, général des Carthaginois, rassembla un grand nombre de soldats tirés d'Espagne, des Gaules et de l'Italie.

Expédition de Xerxès en Grèce. Ses revers. Il est assassiné. — Xerxès partit de Suse la cinquième année de son règne et se rendit à Sardes, où était le rendez-vous général de toutes les forces de terre (480). Celles de mer s'avançaient le long des côtes de l'Asie Mineure vers l'Hellespont. Xerxès fit percer le mont Athos, qui s'avance dans la mer en forme de presqu'île, et y fit creuser un canal assez large pour donner passage à deux vaisseaux de front. Il ordonna aussi la construction d'un pont de bateaux sur l'Hellespont, afin de faire passer ses troupes d'Asie en Europe.

Cet ouvrage fut achevé en peu de temps; mais à peine était-il terminé, qu'une violente tempête brisa une partie des bateaux dont le pont était composé. A cette nouvelle, Xerxès entra dans une telle fureur, qu'elle alla jusqu'à la folie. Il fit jeter des chaînes dans la mer, comme pour la mettre aux fers, et ordonna qu'on lui donnât trois cents coups de fouet. Il fit ensuite trancher la tête à ceux qui avaient eu la conduite de l'ouvrage et choisit d'autres ouvriers, auxquels il commanda de faire deux ponts, l'un pour le passage de l'armée, l'autre pour celui des bagages.

Aussitôt que ces deux ponts furent achevés,

Xerxès partit de Sardes, se rendit à Abydos et y passa la revue de ses troupes. Son armée de terre et sa flotte réunissaient plus de deux millions d'hommes, sans compter la multitude innombrable des femmes et des valets qui suivaient l'armée. Xerxès était persuadé que les Grecs prendraient la fuite dès qu'ils le verraient paraître. Aussi fut-il étrangement surpris en apprenant qu'ils se préparaient à lui disputer le passage des Thermopyles. Démarate, un des deux rois de Sparte, qui avait été banni de sa patrie, avertit ce prince de la valeur des Lacédémoniens, à qui la défense des Thermopyles avait été confiée, et lui déclara qu'ils périraient jusqu'au dernier plutôt que de se rendre.

Cependant Xerxès attendit quelques jours, dans l'espérance que les Grecs se retireraient; enfin, voyant qu'ils étaient déterminés à se défendre, il fit marcher contre eux les Mèdes et les Cissiens. Après avoir perdu ses meilleures troupes au passage des Thermopyles, défendu par Léonidas, roi de Sparte; après avoir vu sa flotte détruite en partie à Salamine, il se hâta de regagner l'Hellespont, qu'il traversa dans une barque de pêcheur, et se rendit à Sardes. Il avait laissé en Grèce Mardonius avec une armée de trois cent mille hommes. Ce général fut vaincu à Platées, et, le même jour, la flotte grecque remporta sur celle des Perses une nouvelle victoire auprès de Mycale, promontoire d'Asie.

A la nouvelle de ces deux défaites, Xerxès quitta Sardes et se hâta de regagner la Perse, après avoir fait démolir ou brûler tous les temples des villes grecques d'Asie : le temple de Diane à Éphèse fut seul épargné. Entièrement découragé par les pertes qu'il venait d'essuyer, ce prince renonça à tout projet de guerre et de conquête et se livra à la mollesse et aux plaisirs. Cette manière de vivre lui attira le mépris de ses sujets : ce qui encouragea Artabane, capitaine de ses gardes et l'un de ses favoris, à conspirer contre lui. Artabane associa à son complot Mithridate, un des eunuques du roi, qui l'introduisit dans la chambre de ce prince, et il le tua pendant son sommeil (465).

Artaxerxès Longue-Main. Révolte et soumission de l'Égypte. — Les deux conjurés instruisirent Artaxerxès, surnommé Longue-Main, troisième fils de Xerxès, de l'assassinat du roi et en accusèrent Darius, l'aîné de ses enfants. Artaxerxès, pour venger son père et prévenir les tentatives criminelles que son frère pourrait faire contre lui, le tua de sa propre main. Artabane mit alors la couronne sur la tête d'Artaxerxès, résolu de la lui enlever et de le faire périr quand le moment favorable serait arrivé.

Artaxerxès, informé de ses projets de trahison, le fit mettre à mort avant qu'il pût les exécuter, fit périr tous ses partisans, qui étaient en grand nombre, et condamna l'eunuque Mithridate au dernier supplice. Obligé de combattre Hystaspes, son frère, gouverneur de la Bactriane, qui voulait lui disputer la couronne, il remporta la victoire et resta paisible possesseur de l'empire. Il s'appliqua à réformer les abus et les désordres qui s'étaient glissés dans le gouvernement et gagna par cette conduite l'affection de ses sujets.

La cinquième année du règne d'Artaxerxès (460), les Égyptiens se révoltèrent, reconnurent pour leur roi Inare, prince des Libyens, et appelèrent à leur secours les Athéniens, qui leur envoyèrent une flotte. Artaxerxès fit marcher contre eux une armée commandée par Achéménide, son frère, qui fut vaincu et tué. Les Perses ne furent pas plus heureux sur mer, et la flotte athénienne leur prit vingt vaisseaux et en coula trente à fond. Mais les Perses reprirent bientôt l'avantage et soumirent toute l'Egypte, à l'exception de la partie marécageuse des côtes, où le roi Amyrtée put se maintenir indépendant.

Xerxès II. Sogdien. Darius Nothus. — Artaxerxès mourut après un règne de quarante et un ans, laissant pour successeur son fils Xerxès, qui ne conserva pas longtemps la couronne. Sogdien, l'un des enfants d'Artaxerxès, choisit un jour de fête où Xerxès avait fait excès de vin, et, s'étant introduit dans l'appartement de ce prince, il l'assassina.

Sogdien, en possession du trône, fut en butte à la haine de ses sujets, qui détestaient en lui le meurtrier de Xerxès. Redoutant lui-même l'ambition d'Ochus, un de ses frères, il chercha à l'attirer auprès de lui pour s'en défaire. Mais Ochus évita de se rendre à ses invitations et s'entoura de soldats; plusieurs gouverneurs de provinces embrassèrent son parti, et malgré sa résistance lui ceignirent le diadème. Ochus, en commençant à régner, changea son nom en celui de Darius, auquel on ajouta le surnom de Nothus.

Darius employa toutes sortes de moyens pour s'emparer de la personne de Sogdien, qu'il regardait comme un rival dangereux. Sogdien ne craignit pas de se livrer à lui, parce que Darius s'était engagé par serment à n'employer contre lui ni le fer, ni le poison, ni la faim. Il trouva moyen de tenir parole, tout en se délivrant de son rival; il fit remplir de cendres jusqu'à une certaine élévation une tour des plus élevées; on y fit monter Sogdien, et on le précipita, la tête la première, dans ces cendres, qu'on agita avec une roue jusqu'à ce qu'il fût suffoqué. Ainsi périt ce malheureux prince, après avoir régné seulement quelques mois.

Le règne de Darius fut agité par des révoltes continuelles. Celle qui lui donna le plus de peine à apaiser fut celle de l'Egypte, qu'Amyrtée avait soulevée. Après la mort de ce prince, son fils Pausiris se reconnut tributaire des Perses et ne conserva la couronne qu'à ce prix. Darius mourut à Babylone dans la dix-neuvième année de son règne, laissant pour successeur son fils Arsace (405).

Artaxerxès Mnémon. Révolte et défaite de Cyrus. Traité d'Antalcidas. — En montant sur le trône, Arsace changea son nom en celui d'Artaxerxès; il fut surnommé Mnémon à cause de la prodigieuse mémoire dont il était doué. Cyrus, le plus jeune de ses frères, prit les armes pour lui disputer la couronne. Artaxerxès, obligé de se défendre contre son frère, se mit lui-même à la tête de son armée. L'armée de Cyrus était moins nombreuse; mais elle comptait dans ses rangs treize mille Grecs dont la valeur et la discipline compensaient le désavantage du nombre. Aussi, les deux armées en étant venues aux mains, la victoire se déclara d'abord en faveur de Cyrus, qui, dans la bataille, blessa deux fois son frère de sa propre main. Cet avantage redoubla encore l'ardeur de Cyrus, et, sans écouter les sages avis de Cléarque, général des Grecs, il s'obstina à poursuivre l'ennemi ; son courage l'emporta trop loin : il fut tué. Son armée, privée de chef, se débanda et fut entièrement défaite par Artaxerxès.

Artaxerxès fit la guerre aux Lacédémoniens et donna le commandement de sa flotte à Conon, général athénien. Cette guerre fut terminée par le traité d'Antalcidas (387), qui mit toutes les villes grecques de l'Asie sous la domination des Perses. Artaxerxès fit ensuite la conquête de l'île de Chypre, qui s'était rendue indépendante, et prépara une expédition contre les Égyptiens, qui avaient aussi secoué le joug sous la conduite de Nectanébus Ier; mais ces préparatifs, qui lui coûtèrent des sommes immenses, n'eurent aucun résultat.

La fin du règne d'Artaxerxès fut troublée par l'ambition de ses enfants. Darius, son fils aîné, qu'il avait désigné pour son successeur, impatient de régner, conspira contre son père, qui le fit mettre à mort. Ochus, le plus jeune de ses fils, se fraya un chemin au trône en faisant périr Ariaspe et Arsame, ses frères. La mort de ces deux fils causa une si vive douleur à Artaxerxès, qu'il en mourut à l'âge de quatre-vingt-quatorze ans, la quarante-quatrième année de son règne (361).

Ochus. Ses cruautés et ses conquêtes. L'eunuque Bagoas. Arsès. — Ochus, pour avoir le temps d'affermir sa puissance, cacha la mort d'Artaxerxès, répandit le bruit que ce prince l'avait désigné pour son successeur et se fit proclamer roi, sous prétexte d'obéir aux ordres de son père; peu de temps après, il déclara la mort de son pere et conserva la couronne. Redoutant la haine de ses sujets, et voulant leur ôter les moyens de mettre sur le trône à sa place quelqu'un du sang royal, il fit mourir dans les supplices tous les princes de sa famille.

Ochus, après avoir réduit à l'obéissance l'Asie Mineure, la Syrie et plusieurs autres provinces qui s'étaient révoltées, marcha à la tête d'une armée considérable contre la Phénicie et la soumit, secondé par la trahison de Mentor le Rhodien, qui lui livra la ville de Sidon. Ensuite il attaqua l'Egypte, et, s'en étant rendu maître, il fit détruire les places fortes, pilla les temples, égorgea le bœuf Apis et retourna à Babylone, chargé de richesses immenses.

Après ces victoires, Ochus confia le soin de toutes les affaires à l'eunuque Bagoas. Cet homme était Egyptien de naissance et avait beaucoup de zèle pour la religion de son pays. Les insultes faites à ses divinités et le meurtre d'Apis, dont il avait été témoin, lui inspirèrent un ressentiment profond et la pensée de faire périr le roi. En effet, il empoisonna ce prince dans la vingt et unième année de son règne (340). Bagoas, tout-puissant, mit sur le trône Arsès, le plus jeune des fils d'Ochus, espérant gouverner sous son nom, et fit mourir tous les autres enfants du roi. Arsès laissa Bagoas jouir du pouvoir souverain; mais ayant reconnu la méchanceté de ce ministre, il résolut de s'en défaire. Bagoas, qui soupçonna son dessein, le prévint en l'assassinant et en faisant mettre à mort tous ses partisans (338). Arsès n'avait régné que deux ans.

Darius Codoman. Il est vaincu par Alexandre le Grand, qui réunit la Perse à son empire. — Bagoas donna la couronne à Codoman, gouverneur d'Arménie, qui descendait de Darius Nothus et qui prit le nom de Darius. Ayant bientôt reconnu que ce prince voulait gouverner par lui-même, Bagoas essaya de l'empoisonner; mais Darius le força de vider lui-même la coupe qu'il lui présentait, et le vit expirer dans les tourments par l'effet du poison qu'il avait préparé pour son maître.

Darius, délivré de cet ennemi, fut obligé de prendre les armes pour repousser l'invasion des Macédoniens, qui, après avoir traversé l'Hellespont, marchaient à la conquête de l'Asie, sous la conduite d'Alexandre, leur roi. S'étant témérairement engagé dans les défilés de la Cilicie, Darius fut vaincu à Issus (333) et parvint avec peine à échapper à la poursuite des vainqueurs. Après avoir essuyé une nouvelle défaite à Arbèle (331), il se retira à Ecbatane, où il rassembla une armée. Il se préparait à marcher contre Alexandre lorsque Bessus et Nabarzane, deux des principaux seigneurs de sa cour, se saisirent de sa personne, le lièrent avec des chaînes d'or et le placèrent sur un chariot couvert auquel ils firent prendre le chemin de la Bactriane.

Alexandre, à son arrivée à Ecbatane, apprenant que Darius en était parti depuis cinq jours, se mit à sa poursuite. Au moment où il atteignit les Perses, Bessus s'approcha du chariot où était Darius pour le faire monter à cheval et l'emmener avec lui; mais cet infortuné monarque ayant refusé de lui obéir, Bessus le perça de flèches et l'abandonna dans un lieu écarté, où il expira bientôt (330). Ce prince était dans la cinquantième année de son âge et dans la huitième de son règne. La Perse devint alors une province du vaste empire d'Alexandre.

Après la mort d'Alexandre (324), la Perse passa successivement sous la domination de plusieurs de ses généraux. Séleucus Nicanor, l'un d'eux, jeta les fondements du royaume de Syrie, dont elle devint une dépendance (312). Elle resta sous la puissance des successeurs de Séleucus jusqu'au règne de Démétrius Nicator. Mithridate Ier, roi des Parthes, ayant fait ce prince prisonnier, s'empara de la Perse (143), qui depuis lors fut soumise à ses successeurs jusqu'au rétablissement de la monarchie des Perses par Artasir ou Artaxerxès, fondateur de la dynastie des Sassanides, au commencement du troisième siècle de l'ère chrétienne.

Mœurs et coutumes des Perses. — Les Perses, selon la coutume asiatique, étaient divisés en un certain nombre de tribus. Le jour qu'ils honoraient le plus dans le cours de l'année était leur jour natal. Ils croyaient devoir le célébrer par des repas somptueux, où les riches faisaient paraître un bœuf, un cheval ou un chameau tout entier, rôti à leurs foyers. Les plus pauvres se contentaient d'un mouton ou d'une chèvre.

Après la valeur à la guerre, le mérite d'un homme s'estimait en Perse par le nombre de ses enfants; et le roi avait soin d'envoyer chaque année des présents à ceux qui en avaient le plus. L'éducation des enfants mâles, depuis l'âge de cinq ans jusqu'à vingt, se bornait à apprendre ces trois choses : monter à cheval, tirer de l'arc et dire la vérité.

Les rois de Perse, dans leur vie privée, rappelaient le souvenir des anciennes migrations. Accompagnés de quinze mille serviteurs qui formaient leur cour, ils changeaient de résidence à chaque saison de l'année. Ainsi, ils passaient le printemps à Ecbatane, dans les vertes campagnes de la Médie; l'été à Suse, au milieu des fraîches montagnes de la Perse; et l'hiver à Babylone, où le climat était d'une admirable douceur. Comme maître absolu de tout l'empire, le monarque ne devait prendre que tout ce qu'il y avait de plus exquis en fait de mets et de boissons. Il ne buvait d'autre eau que celle du fleuve Choaspès, et, pendant les voyages, on la transportait sur des chariots, dans des vases d'argent. Le sel de sa table était du temple de Jupiter Ammon, situé au désert d'Afrique; son vin, de Chalybon en Syrie, et le froment de son pain, d'Éolie. L'usage voulait donc que, lorsque le roi de Perse passait par une province, on lui offrît les fruits les plus précieux du pays, et il y avait un grand nombre d'hommes occupés à rassembler pour sa table les aliments les plus recherchés.

Les Perses adoraient le soleil avec un profond respect, et surtout le soleil levant. Ils honoraient aussi particulièrement le feu; ils l'invoquaient toujours le premier dans les sacrifices, et le portaient devant le prince lorsqu'il était en marche. Ils ne confiaient qu'aux mages la garde de ce feu sacré, qu'ils prétendaient être descendu du ciel. Les mages étaient les sages, les savants, les philosophes de la Perse; ils étaient dépositaires de toutes les cérémonies du culte divin. Les Perses n'érigeaient ni statues, ni temples, ni autels à leurs dieux; ils offraient leurs sacrifices en plein air, et presque toujours sur des hauteurs et des montagnes.

Questionnaire.

Que fit Xerxès en montant sur le trône? — Racontez ses expéditions en Égypte et en Grèce. — Quels revers éprouvèrent les Perses dans cette dernière contrée? — Que fit Xerxès à la nouvelle de ces défaites? — Quel genre de vie embrassa-t-il? — Par qui fut-il assassiné? — Comment Artaxerxès déjoua-t-il les projets d'Artabane? — Qui eut-il à combattre ensuite? — Comment gouverna-t-il son empire? — Sous quel prince les Égyptiens se révoltèrent-ils? — Comment se termina cette guerre? — Combien dura le règne d'Artaxerxès? — Quel fut le successeur de ce prince? — Combien de temps régna Xerxès? — Quels étaient les sentiments des Perses pour Sogdien? — A qui les provinces révoltées donnèrent-elles la couronne? — Comment Sogdien tomba-t-il au pouvoir de Darius? — Quelle promesse Darius lui avait-il faite? — Comment en éluda-t-il l'exécution? — Le règne de Darius fut-il paisible? — Où mourut Darius? — Quel fut son successeur? — Qui disputa la couronne à Artaxerxès? — Comment était composée l'armée de Cyrus? — Pour qui la victoire se déclara-t-elle d'abord? — Quelle imprudence fit Cyrus? — Comment périt-il? — A quel peuple de la Grèce Artaxerxès fit-il la guerre? — Par quel traité fut terminée cette guerre? — Quelles étaient les conditions de ce traité? — Comment fut troublée la fin du règne de ce prince? — De quelle manière mourut-il? — Racontez le règne d'Ochus. — Quelle fut la fin de ce prince? — A qui Bagoas donna-t-il la couronne? — Que fit-il des autres fils du roi? — Qu'arriva-t-il à Arsès? — Qui fut placé sur le trône par Bagoas? — Quel ennemi Darius eut-il à combattre? — Quelles sont les deux principales batailles où il fut vaincu? — Que lui arriva-t-il à Ecbatane? — Comment mourut-il? — Que devint la Perse après la mort de Darius? — A qui appartint-elle après la mort d'Alexandre? — Donnez quelques détails sur les mœurs et les coutumes des Perses.

CHAPITRE XV.

Histoire des Phéniciens.

La Phénicie. — Sa position. — Principales villes de la Phénicie. — Sidon et Tyr. — Gouvernement des Phéniciens. — Rois de Tyr. — Hiram. — Ithobal. — Pygmalion. — La Phénicie sous la domination des Babyloniens et des Perses. — Alexandre le Grand en Phénicie. — Siége et prise de Tyr. — Colonies phéniciennes. — Industrie, commerce et richesses des Phéniciens. — Leur religion.

La Phénicie. Sa position. — Le pays habité par les Phéniciens s'étendait au sud de la Syrie, le long des côtes de la Méditerranée; il en occupait une étroite lisière depuis le fleuve Eleuthérus jusqu'au-dessous du mont Carmel. Ce fut sur ce territoire stérile, qui avait tout au plus deux cent quarante kilomètres de longueur sur quarante ou cinquante de largeur, que se fonda la puissance maritime la plus célèbre de l'antiquité. Ne pouvant rien demander à la terre ingrate où l'espace même leur man-

Hist. Ancienne.

quait, les Phéniciens durent tourner toute leur attention vers la mer. « La côte, dans sa plus grande partie, était semée de baies et de ports, hérissée de hautes montagnes, dont quelques-unes s'avançaient en promontoires dans la mer et dont les cimes, couvertes de forêts, offraient aux habitants les bois les plus précieux pour la construction de leurs vaisseaux. Ces montagnes se rattachaient au Liban, qui bornait à l'est la Phénicie. »

Principales villes de la Phénicie. Sidon et Tyr. — La Phénicie, eu égard à son territoire si restreint, renfermait un grand nombre de villes, dont les principales, situées sur la côte, étaient, du sud au nord : Acco, Tyr, Sarepta, Sidon, Béryte, Byblos, Botrys, Tripoli et Antaradus, vis-à-vis d'Aradus, dans une île voisine. Toutes ces villes réunies ne formaient, pour ainsi dire, qu'une seule métropole. Elles ne s'élevèrent que successivement; mais leur origine à toutes remonte à une haute antiquité, puisque leur fondation eut lieu pendant la période comprise entre Josué et Salomon. La plus ancienne de toutes fut Sidon, appelée par Moïse *la fille aînée de Chanaan* : c'était déjà une cité florissante à l'époque où les Israélites s'établirent dans la terre promise, et les livres saints lui donnent le surnom de *grande*. Elle fut la métropole de Tyr; mais bientôt cette dernière ville s'agrandit au point de surpasser la métropole et de prendre le premier rang parmi les cités phéniciennes.

Gouvernement des Phéniciens. — La prééminence d'une ville sur les autres consistait dans une plus grande richesse et une plus grande étendue de relations commerciales, et ne constituait nullement une domination politique. Chacune des villes de la Phénicie était régie par une constitution particulière et gouvernée par des princes ou des magistrats indépendants. Quant à la forme de gouvernement qui y était en vigueur, les historiens anciens ne donnent à cet égard aucuns renseignements précis. On sait seulement qu'il y avait des rois à Sidon, à Tyr, à Byblos, et les quelques faits historiques qui se rapportent aux deux premières villes jusqu'au temps d'Alexandre le Grand sont consignés dans les livres saints.

Rois de Tyr. Hiram. Ithobal. Pygmalion. — En l'an 1050 avant J. C., Abibal régnait à Tyr et fut en guerre avec les Israélites. Hiram, son fils, qui lui succéda (1016), conclut avec David et Salomon des traités d'amitié et de commerce. De 934 à 906 régna Ithobal ou Ethbaal, qui bâtit la ville de Botrys et donna sa fille Jézabel en mariage à Achab, roi d'Israël. Pygmalion fut un de ses descendants. Didon, sœur de ce prince, avait épousé Sichée, qui possédait de très-grandes richesses. Poussé par la cupidité, Pygmalion assassina Sichée pour s'emparer de ces richesses; mais Didon parvint à les soustraire aux recherches de son frère et s'enfuit sur des vaisseaux, accompagnée d'un grand nombre de Tyriens qui étaient mécontents du gouvernement de Pygmalion; elle aborda à la côte d'Afrique, où elle fonda Carthage (888).

La Phénicie sous la domination des Babyloniens et des Perses. — En 734, sous le règne d'Élylée, les Tyriens eurent à soutenir une guerre contre Salmanazar, roi d'Assyrie : vainqueurs dans un combat naval, ils obtinrent une paix avantageuse, mais Sidon et plusieurs autres villes se soumirent volontairement à la domination des Assyriens. L'alliance d'Ithobal II avec Sédécias, roi de Juda, contre Nabuchodonosor fut fatale à la Phénicie : le roi de Babylone, maître de la Syrie et de la Palestine, vint assiéger la ville de Tyr qui résista treize ans, mais finit par tomber en son pouvoir. Pendant ce long siége, les habitants, se voyant réduits aux dernières extrémités, s'étaient réfugiés avec la plus grande partie de leurs richesses dans une île voisine ; ils y bâtirent une nouvelle ville dont le nom et la gloire effacèrent le souvenir de l'ancienne. Les Tyriens furent alors gouvernés pendant quelque temps par des suffètes ou juges électifs, tout en restant soumis aux rois de Babylone. Vers l'an 554, la royauté fut rétablie sous Balator ; mais ce roi et ses successeurs, comme les juges qui les avaient précédés, furent tributaires des Babyloniens, puis des Perses quand Cyrus eut conquis l'Asie (538). Pendant deux cents ans, les Tyriens et les autres habitants de la Phénicie vécurent tranquilles sous le gouvernement des rois de Perse, qui protégeaient leur commerce et auxquels ils rendirent plus d'une fois des services signalés avec le secours de leurs vaisseaux. Les rois de Tyr et de Sidon combattirent à Salamine sur la flotte de Xerxès.

Alexandre le Grand en Phénicie. Siége et prise de Tyr. — Alexandre le Grand, roi de Macédoine, après avoir détruit l'empire des Perses, passa en Phénicie. Sidon se soumit à lui volontairement : le roi de cette ville, nommé Straton, qui avait manifesté la volonté de résister au conquérant, fut dépouillé de ses États, et Alexandre donna la couronne à Abdolonyme, issu du sang royal, mais que la misère avait réduit à l'humble condition de jardinier. Abdolonyme était un homme sage, qui ne se laissa point éblouir par les honneurs qu'on lui rendait. Lorsque, revêtu des ornements royaux, il parut en présence d'Alexandre, ce prince lui demanda comment il avait supporté sa misère : « Puissé-je, répondit Abdolonyme, supporter aussi bien la grandeur où je me vois élevé ! » Alexandre, charmé de sa réponse, le combla des plus riches présents et ajouta même à son État une des contrées voisines.

Cependant la ville de Tyr entreprit de résister au conquérant, et pendant sept mois elle repoussa toutes les attaques des Macédoniens et détruisit tous les travaux qu'ils avaient entrepris pour ce siége mémorable. Mais enfin elle fut prise par la faute des Carthaginois, qui ne vinrent pas au secours de leurs frères ; la trahison avait aussi favorisé cette conquête (332). La ville fut livrée aux flammes ; les habitants furent passés au fil de l'épée ou vendus comme esclaves. Alexandre la releva, mais elle ne put jamais ressaisir son ancienne puissance et resta soumise aux Séleucides, comme Sidon aux Macédoniens, jusqu'au moment où les Romains s'en rendirent maîtres (65 ans av. J. C.). Dès lors la Phénicie partagea le sort de la Syrie.

Colonies phéniciennes. — Les Phéniciens nous intéressent plus par leur commerce, leur industrie et leurs expéditions maritimes que par les événements de leur histoire. Hardis navigateurs, habiles marins, ils furent sans contredit le peuple de l'antiquité le plus actif et le plus entreprenant, et l'on a peine à comprendre comment avec un territoire d'une faible étendue ils ont pu fonder de si nombreuses colonies. Ainsi ils avaient répandu leurs colonies en Asie, sur les côtes méridionales de l'Asie Mineure et dans les îles de la mer Égée, établi des comptoirs dans les îles de Tyros et d'Aradus du golfe Persique, et fondé dans l'île de Chypre les villes de Carpasie, Golgos et Citium. Tout l'Occident fut couvert de leurs colonies et de leurs comptoirs. « Dans l'Afrique, ils fondèrent les deux Leptis, Adrumète, Utique, Carthage, la plus grande puissance maritime de l'antiquité; leurs comptoirs s'étendirent sur toute la côte de la Méditerranée et au delà du détroit d'Hercule, sur les côtes de l'océan Éthiopien. Dans l'Espagne on comptait plus de deux cents colonies phéniciennes, situées au sud de la Péninsule, dans la Bétique : c'étaient Gadès (Cadix), Hispalis (Séville), Malaca (Malaga). En Sicile, Panorme et Lilybée furent fondées par eux. Enfin ils eurent des établissements jusque dans l'océan Atlantique, aux îles Cassitérides (îles Sorlingues), près de la Grande-Bretagne. Ce qui prouve encore que les Phéniciens étaient regardés comme d'intrépides et habiles navigateurs, c'est que le roi d'Égypte Néchao leur confia la périlleuse entreprise de faire le tour de l'Afrique.

Industrie, commerce et richesses des Phéniciens. — Les Phéniciens durent leur puissance et leur richesse à l'exercice du commerce et à la pratique des arts industriels. Inventeurs ingénieux, ouvriers habiles, ils découvrirent la manière de préparer la laine, de travailler le verre, de donner aux étoffes cette précieuse teinture de pourpre si renommée chez les anciens, de fabriquer toutes sortes d'objets de parure et de luxe. Ces produits de leur industrie alimentaient leur commerce, qui se faisait principalement par échanges. Recevant des nations étrangères avec lesquelles ils avaient établi des relations ce qu'elles avaient de plus précieux, ils allaient l'échanger ailleurs contre des marchandises qui leur procuraient un nouveau bénéfice. Ils apportaient en Grèce des épices, des parfums, de riches étoffes. L'Espagne leur fournissait en abondance l'argent, le fer et le plomb, produits de ses mines, les vins et le blé; les colonies du rivage de l'Océan, les îles Britanniques et les Cassitérides leur donnaient l'étain et l'ambre, alors plus précieux que l'or. Sur les côtes de l'Arabie, de l'Afrique et de l'Inde, ils allaient chercher de l'ébène, de l'or, de l'ivoire, des pierreries. Enfin au commerce maritime les Phéniciens joignirent le commerce continental, qui se faisait au moyen de caravanes. C'est ainsi que leur venaient du midi les denrées précieuses de l'Éthiopie et de l'Yémen. Du côté de l'orient les caravanes allaient jusqu'à Babylone, et de là les négociants phéniciens étendaient leurs relations commerciales jusqu'aux contrées les plus reculées de l'Asie.

Religion des Phéniciens. — La religion des Phéniciens avait beaucoup de rapports avec celle des Babyloniens et des Égyptiens. Leurs principales divinités étaient *Baal* ou le *Soleil*, *Astarté* ou la *Lune*, *Melcarth* ou l'*Hercule tyrien*. Baal ou Bel était le dieu par excellence des Phéniciens; son nom signifie le *maître,* le *seigneur,* acception que renferme aussi le nom d'*Adon* ou *Adonis,* sous lequel il est fréquemment désigné. Il était le roi, le souverain du ciel et des dieux, ce qu'expriment ses autres noms de *Moloch* et de *Adod.* Astarté, la grande divinité des Phéniciens, représentait non-seulement la lune, mais aussi l'étoile Vesper, la planète Vénus. On lui donnait pour attribut la tête d'un taureau ou d'une vache, comme insigne de la royauté. Melcarth, le héros protecteur des Tyriens, était regardé comme le dieu des richesses, de l'industrie, du commerce et de la navigation. Partout où les Phéniciens fondent des établissements, ils lui élèvent un temple, et le souvenir de ce dieu se lie si intimement au souvenir de la nation tyrienne, que les contrées où celle-ci avait abordé dans ses explorations maritimes sont regardées comme ayant été visitées par l'Hercule phénicien; la carte de ses voyages est précisément celle de la navigation des Tyriens.

Les principales divinités phéniciennes avaient des temples magnifiques à Tyr, à Sidon, à Héliopolis, à Byblos, à Aphaca, à Hiéropolis. On y envoyait les plus riches offrandes de diverses contrées, et notamment de l'Arabie, du pays de Babylone, de la Cappadoce et de la Cilicie. Les animaux choisis comme victimes offertes aux dieux n'étaient point ordinairement immolés dans le temple même; on se contentait d'y faire des libations. Il n'est que trop vrai que les Phéniciens, au milieu de leurs grossières superstitions, avaient adopté l'usage barbare des sacrifices humains.

Questionnaire.

Quelles étaient la position et l'étendue de la Phénicie ? — Vers quel objet les Phéniciens tournèrent-ils toute leur attention ? — Où trouvaient-ils les bois nécessaires pour la construction de leurs vaisseaux ? — Nommez les principales villes de la Phénicie. — A quelle époque remonte leur origine ? — Quelles furent les plus célèbres de ces villes ? — Quelle était la forme de gouvernement chez les Phéniciens ? — Donnez quelques détails sur les rois de Tyr les plus connus. — Que fit Pygmalion ? — Quelle ville sa sœur Didon alla-t-elle fonder ? — Racontez la guerre que les Tyriens eurent à soutenir contre Salmanazar et Nabuchodonosor, rois d'Assyrie. — Après combien d'années de siége la ville de Tyr fut-elle prise par Nabuchodonosor ? — Que firent les habitants ? — Sous quelle domination passa ensuite la Phénicie ? — Quel roi Alexandre le Grand donna-t-il aux Sidoniens ? — — Racontez le siége et la prise de Tyr. — Que devint ensuite la Phénicie ? — Sous quel rapport les Phéniciens se sont-ils rendus célèbres ? — Quelles sont les principales colonies qu'ils fondèrent dans les diverses parties du monde ? — Comment devinrent-ils puissants et riches ? — Quels étaient les principaux objets de leur industrie et de leurs échanges ? — Énumérez les contrées avec lesquelles ils entretenaient des relations commerciales. — Donnez quelques détails sur les principales divinités adorées chez les Phéniciens. — Dans quelles villes se trouvaient les temples les plus célèbres consacrés à ces divinités ?

CHAPITRE XVI.

Histoire des Carthaginois.

Didon. — Fondation de Carthage. — Forme du gouvernement. Suffètes Sénat. Tribunal suprême. — Conquêtes de Carthage. — Commerce. — Forces militaires. — Premier traité avec les Romains. — Traité avec Xerxès. — Revers et succès des Carthaginois en Sicile. — Traité entre Himilcon et Denys. — Nouveaux revers en Sicile. — Conspiration d'Hannon. — Guerre entre Carthage et Syracuse. Agathocle. — Nouveau traité de Rome avec Carthage. Conquêtes de Pyrrhus en Sicile.

Didon. Fondation de Carthage. — Élissa, aussi appelée Didon, princesse tyrienne, est regardée comme la fondatrice de Carthage. Elle était sœur de Pygmalion, roi de Tyr, et avait épousé un de ses proches parents appelé Acerbas ou Sichée, qui était prêtre d'Hercule. Pygmalion, prince avare et cruel, fit mourir Acerbas pour s'emparer de ses richesses; mais Didon trompa son frère et prit la fuite, emportant ses trésors.

Didon aborda sur la côte d'Afrique, dans la Méditerranée (888), et fut accueillie avec bienveillance par les habitants du pays. Pour ne pas exciter leur défiance, elle acheta, pour s'établir, seulement autant de terrain que pourrait en contenir la peau d'un bœuf; mais elle fit découper cette peau en lanières très-étroites, de sorte qu'elle put en entourer un terrain assez considérable. Elle y bâtit une citadelle que cette circonstance fit appeler Byrsa, c'est-à-dire *peau*.

Bientôt après, Didon éleva une ville qui fut appelée Carthage, c'est-à-dire *ville neuve*, et s'obligea à payer un tribut annuel aux peuples voisins. Enfin, pour échapper aux poursuites d'Iarbas, roi de Gétulie, qui voulait la contraindre à l'épouser, Didon se donna volontairement la mort.

Forme du gouvernement. — Après la mort de cette princesse, Carthage n'eut plus de rois, mais devint une république, et conserva jusqu'à sa destruction cette forme de gouvernement. L'autorité résidait entre les mains de deux magistrats appelés suffètes, du sénat et du peuple.

Les suffètes, que quelques auteurs ont aussi appelés rois, dictateurs ou consuls, n'étaient élus que pour un an. Ils assemblaient le sénat, dont ils étaient présidents, proposaient les lois et recueillaient les suffrages. Ils présidaient au jugement des affaires importantes; enfin ils avaient quelquefois le commandement des armées. A l'expiration de leurs fonctions de suffètes, ils étaient revêtus de la préture, dignité qui leur donnait le droit de présider dans certaines affaires, de proposer de nouvelles lois et de faire rendre compte à ceux qui recevaient les deniers publics.

Le sénat était composé de citoyens que l'âge, la naissance, les richesses et le talent rendaient recommandables. C'était dans le sein de cette assemblée qu'on lisait les lettres des généraux, qu'on recevait les plaintes des provinces, qu'on donnait audience aux ambassadeurs, enfin qu'on décidait de la paix ou de la guerre. Si les suffrages étaient partagés également, l'affaire était portée devant le peuple, dont la décision était alors souveraine.

Pour mettre un frein à l'ambition de quelques familles qui se perpétuaient dans le commandement des armées et auraient fini par se mettre au-dessus des lois et par détruire la république, on établit un tribunal suprême, composé de cent quatre sénateurs. Ces magistrats, qui dans l'origine étaient nommés à vie, avaient le droit de faire comparaître devant eux les généraux pour leur demander compte de leur conduite. Ils abusèrent de leur autorité, et le grand Annibal, pendant sa préture, limita à une année l'exercice de leurs fonctions.

Conquêtes de Carthage. — Les Carthaginois ne tardèrent pas à s'affranchir du tribut annuel qu'ils payaient aux peuples voisins; ils attaquèrent ensuite les Maures, les Numides, les vainquirent, et étendirent leur puissance en Afrique. Ce fut vers cette époque que s'éleva entre Carthage et Cyrène une dispute au sujet des limites des deux États. Cyrène était une ville grande et riche située sur le bord de la Méditerranée, et séparée de Carthage par une plaine sablonneuse tout unie, sans fleuve ni montagne. On convint de part et d'autre qu'à un jour marqué, des députés partiraient de chaque ville, et que l'endroit où ils se rencontreraient serait la limite commune des deux États. Carthage envoya deux frères nommés Philènes, qui firent la plus grande diligence. Les Cyrénéens, se voyant fort devancés et craignant à leur retour d'être punis du tort fait à leur ville, accusèrent les Carthaginois d'être partis de chez eux avant le temps prescrit;

ils déclarèrent qu'ils regardaient la convention comme nulle, à moins que les deux frères ne consentissent à être enterrés vifs dans l'endroit même où avait eu lieu la rencontre. Les Philènes acceptèrent la proposition, faisant généreusement à leur patrie le sacrifice de leur vie.

Encouragés par leurs premiers succès, les Carthaginois équipèrent de nombreuses flottes, se rendirent maîtres de la Sardaigne, des îles Baléares, passèrent en Espagne et y firent de grandes conquêtes; enfin ils soumirent à leur domination une grande partie de la Sicile.

Commerce et forces militaires de Carthage. Les mercenaires. — Cependant les Carthaginois n'étaient pas, comme furent les Romains, un peuple uniquement voué à la guerre et à la passion des conquêtes; au contraire, leur principale occupation était le commerce, source de leurs richesses et de leur puissance, et ils ne faisaient la guerre et n'étendaient au loin leurs conquêtes que pour étendre en même temps leurs relations commerciales.

Ils tiraient de l'Égypte le lin, le papyrus, le blé, les voiles et les câbles pour les vaisseaux; des côtes de la mer Rouge, les épices, l'encens, les aromates, les parfums, l'or, les perles et les pierres précieuses; de Tyr et de la Phénicie, la pourpre, l'écarlate, les riches étoffes, les meubles somptueux, les tapisseries brodées avec un art merveilleux; enfin ils allaient chercher dans chaque contrée ce qui pouvait servir aux nécessités de la vie et aux jouissances du luxe.

La puissance militaire de Carthage consistait en rois alliés, en peuples tributaires dont elle tirait des troupes et de l'argent, en quelques corps formés de ses propres citoyens, et enfin en soldats mercenaires. Elle choisissait dans chaque pays les troupes qui avaient le plus de réputation : elle tirait de la Numidie une cavalerie légère, hardie, impétueuse, infatigable, qui faisait la principale force de ses armées; des îles Baléares, des frondeurs dont l'habileté était sans égale; de l'Espagne, une infanterie ferme et invincible; des côtes de la Ligurie et des Gaules, des troupes d'une valeur reconnue; et de la Grèce même, des soldats également propres à toutes les opérations de la guerre. Ainsi Carthage pouvait mettre tout à coup sur pied de puissantes armées, sans dépeupler ses campagnes et ses villes, sans suspendre le travail des manufactures, ni interrompre son commerce ou affaiblir sa marine. Mais ces mercenaires, qui ne se battaient jamais comme l'auraient fait des armées de citoyens, devaient à plusieurs reprises mettre la république en danger.

Premier traité avec les Romains. Traité avec Xerxès. — On ne connaît pas l'époque des premières conquêtes des Carthaginois. Le premier traité que les Romains firent avec eux, et par lequel ils les reconnurent maîtres de l'Afrique, de la Sardaigne et d'une partie de la Sicile, fut conclu l'année de l'établissement de la république à Rome (510).

Xerxès, roi de Perse, voulant soumettre la Grèce à sa domination, crut ne pouvoir réussir dans son dessein sans le secours des Carthaginois. Ceux-ci, qui désiraient posséder la Sicile entière, s'engagèrent à attaquer les Grecs qui étaient établis dans cette île et dans l'Italie, pendant que Xerxès lui-même attaquerait la Grèce.

Revers et succès des Carthaginois en Sicile. Traité entre Himilcon et Denys. — Après trois ans de préparatifs, une armée formidable, sous les ordres d'Amilcar, débarqua à Palerme, en Sicile, et alla faire le siége d'Himère. Mais Gélon, tyran de Syracuse, secourut cette ville, vainquit les Carthaginois, et ne leur accorda la paix qu'en leur faisant payer les frais de la guerre et ceux de la construction de deux temples où le traité devait être conservé. Giscon, fils d'Amilcar, de retour à Carthage, fut puni des malheurs de son père et envoyé en exil. La défaite des Carthaginois était arrivée le jour même du combat des Thermopyles (480).

A la prière des habitants de Ségeste, qui étaient en guerre avec ceux de Syracuse et de Sélinonte, les Carthaginois envoyèrent en Sicile une armée sous le commandement d'Annibal (412), petit-fils d'Amilcar, qui était alors suffète, et qu'il ne faut pas confondre avec le grand Annibal dont il sera parlé plus tard. Annibal vainqueur retourna à Carthage chargé des dépouilles de Sélinonte, qu'il avait pillée, et d'Himère, qu'il détruisit entièrement.

Les Carthaginois, à qui ce succès rendit l'espoir de conquérir la Sicile entière, préparèrent une nouvelle expédition qu'ils confièrent encore à Annibal; mais à cause du grand âge de ce général, ils lui donnèrent pour lieutenant Himilcon. Agrigente, l'une des villes les plus considérables de la Sicile, tomba au pouvoir des Carthaginois; Géla, inutilement secourue par Denys, roi ou tyran de Syracuse, eut bientôt le même sort. Cette guerre fut terminée par un traité entre Denys et Himilcon, qui assura aux Carthaginois, outre leurs anciennes conquêtes, la possession de Sélinonte, d'Agrigente et d'autres villes importantes. Après ce traité, Himilcon retourna à Carthage.

Nouveaux revers en Sicile. Conspiration d'Hannon. — Bientôt après, Denys, qui avait rassemblé des forces, fit massacrer tous les Carthaginois qui se trouvèrent dans les villes de la Sicile qui lui étaient soumises et tenta d'affranchir la Sicile du joug étranger. Himilcon, qui fut envoyé contre lui, assiégeait Syracuse, lorsque son armée fut affaiblie par la maladie et battue par Denys. Himilcon obtint avec peine du vainqueur la permission de se rembarquer avec le peu de Carthaginois qui restaient et abandonna les autres Africains à sa discrétion. De retour à Carthage, il s'enferma dans sa maison, sans vouloir admettre auprès de lui ni ses amis ni ses enfants, et se donna la mort, regardant sans doute comme une honte de survivre à sa défaite.

Cependant les Carthaginois furent bientôt en proie à de nouvelles alarmes. Les Africains, irrités de ce qu'on avait abandonné leurs compatriotes en Sicile, se rassemblèrent en grand nombre et marchèrent contre Carthage; mais le manque de chefs et de discipline, et bientôt la famine, les forcèrent à se disperser.

Les Carthaginois voulurent profiter des dissensions qui s'étaient élevées à Syracuse sous le gouvernement de Denys le Tyran, fils de Denys l'ancien (348). Ils furent vaincus par Timoléon, de Corinthe, qui était venu au secours de Syracuse, et Magon, leur général, à peine arrivé à Carthage, fut mis en accusation; mais il évita par une mort volontaire le supplice qui l'attendait. Timoléon vainquit aussi Amilcar et Annibal, qui avaient été envoyés pour venger la défaite de Magon, et n'accorda la paix aux Carthaginois qu'en leur enlevant la plus grande partie de leurs possessions en Sicile (340).

Quelque temps après, Hannon, l'un des plus puissants citoyens de Carthage, forma le projet de détruire la république et de s'emparer du pouvoir souverain. Il voulait empoisonner tous les sénateurs invités aux noces de sa fille, et lorsque ce complot eut échoué, il résolut d'employer la force ouverte. À la tête de vingt mille esclaves armés, il se retira dans une place forte, d'où il appela les Africains à la révolte. Mais ses efforts furent inutiles; il fut pris (330) et conduit à Carthage, où il périt dans les plus cruels supplices. Sa famille tout entière fut mise à mort.

Ce fut pendant que Carthage était occupée à comprimer cette révolte, que la ville de Tyr, assiégée par Alexandre le Grand, envoya demander du secours aux Carthaginois (332). Ceux-ci, à qui toutes leurs forces suffisaient à peine pour se défendre, ne purent que déplorer le malheur de leurs compatriotes; cependant ils reçurent à Carthage les femmes, les enfants et les vieillards que les Tyriens leur envoyèrent, et les traitèrent avec la plus grande affection.

Guerre entre Carthage et Syracuse. Agathocle. Amilcar.—Peu de temps après, Agathocle, Sicilien d'origine et d'une naissance obscure, s'étant emparé du souverain pouvoir à Syracuse, les Carthaginois lui firent la guerre sous la conduite d'Amilcar, le vainquirent en plusieurs rencontres et le forcèrent de se renfermer dans Syracuse, où ils l'assiégèrent. Agathocle, hors d'état de se défendre, résolut d'aller attaquer les Carthaginois en Afrique. Il laissa à son frère le soin de défendre Syracuse et s'embarqua avec quinze mille hommes (310). A peine débarqué en Afrique, il brûla ses vaisseaux, battit les Carthaginois, s'empara de plusieurs villes et fit révolter une partie du pays.

Les Carthaginois attribuaient leurs malheurs à la colère des dieux. Pensant que Saturne était irrité de ce qu'ils lui avaient offert en sacrifice des enfants achetés des étrangers, ils immolèrent à cette divinité deux cents enfants des principales familles; et de plus trois cents citoyens, qui se regardaient comme coupables de cette impiété, s'offrirent eux-mêmes en sacrifice. Ces abominables superstitions n'arrêtèrent pas les désastres auxquels Carthage fut en proie, soit au dehors, soit au dedans.

Amilcar, qui avait fait passer en Afrique cinq mille hommes de ses troupes pour secourir Carthage, ayant voulu surprendre Syracuse, fut fait prisonnier et périt au milieu des tourments.

Pendant ce temps, un citoyen ambitieux, Bomilcar, essaya d'asservir sa patrie (308), c'est-à-dire de se faire tyran dans Carthage et d'y exercer l'autorité souveraine. Les circonstances lui paraissant favorables pour l'exécution de son dessein, il entra dans la ville, et, soutenu par un petit nombre de citoyens complices de sa révolte et par une troupe de soldats étrangers, il se fit déclarer tyran, et commença en effet à montrer qu'il l'était véritablement en massacrant sans pitié les premiers citoyens qu'il rencontra dans les rues. Un grand tumulte s'étant élevé dans la ville, on crut d'abord que c'était l'ennemi qui y était entré par trahison : mais, lorsqu'on eut reconnu que c'était Bomilcar, la jeunesse s'arma pour repousser le tyran, et du haut des toits on accabla ses gens d'une grêle de traits et de pierres. Bomilcar, voyant bien qu'il n'avait pas des forces suffisantes pour résister à un soulèvement général, se retira avec sa troupe sur un lieu élevé, dans le dessein de s'y défendre et de vendre chèrement sa vie. Pour épargner le sang des citoyens, on promit aux révoltés une amnistie générale, s'ils quittaient leurs armes. Ils se rendirent à cette condition, et on leur tint parole, excepté à Bomilcar, leur chef, qui fut condamné à mort et puni du dernier supplice.

Cependant Agathocle était retourné en Sicile pour y étendre sa domination. Les Carthaginois, profitant de son absence, reprirent les places fortes dont il s'était emparé et firent rentrer dans l'obéissance les peuples qui s'étaient révoltés contre eux. Agathocle repassa en Afrique ; mais il fut vaincu, abandonna lâchement ses soldats et ses enfants et s'enfuit en Sicile. Ses troupes, irritées d'être ainsi exposées à la colère d'un ennemi vainqueur, massacrèrent les enfants d'Agathocle et se soumirent aux Carthaginois.

Nouveau traité de Rome avec Carthage. Conquêtes de Pyrrhus en Sicile. — Quelques années après, les succès de Pyrrhus, roi d'Epire, ayant alarmé les Romains (280), ils renouvelèrent leur traité avec les Carthaginois. Ceux-ci, qui craignaient que Pyrrhus ne passât en Sicile, envoyèrent une flotte, sous les ordres de Magon, au secours des Romains. Les Romains refusèrent ce secours et ne comptèrent que sur leurs propres forces.

Ce que les Carthaginois redoutaient ne manqua pas d'arriver. Les Syracusains, qu'ils assiégeaient, ayant réclamé la protection de Pyrrhus, ce prince passa en Sicile (273), et ses succès y furent si rapides, qu'il ne resta bientôt plus aux Carthaginois que la ville de Lilybée. Mais pendant qu'il faisait le siége de cette place, Pyrrhus reçut des nouvelles qui l'obligèrent de retourner en Italie. Au moment de son départ, étant déjà sur le vaisseau, il tourna ses regards vers la Sicile et dit à ceux qui étaient auprès de lui : « Oh! le beau champ de bataille que nous laissons là aux Carthaginois et aux Romains! » Sa prédiction devait bientôt se vérifier. A peine eut-il quitté la Sicile que les Carthaginois reprirent tout ce qu'ils avaient perdu. Mais ils ne tardèrent pas à avoir des ennemis plus redoutables dans les Romains, qui jusqu'alors avaient été leurs alliés.

Questionnaire.

Qui a fondé Carthage? — Racontez l'histoire de Didon. — Quelle fut, après sa mort, la forme du gouvernement de Carthage? — A qui était confiée l'autorité suprême? — Comment était composé le sénat? — Quelles étaient ses fonctions? — Quelles furent les premières conquêtes des Carthaginois? — Comment se termina la dispute qui s'éleva entre Carthage et Cyrène? — Donnez quelques détails sur le commerce et les forces militaires des Carthaginois. — A quelle époque fut conclu le premier traité entre Carthage et Rome? — Avec quel roi de Perse les Carthaginois firent-ils alliance? — Quelle expédition entreprirent-ils en exécution de ce traité? — Quel en fut le succès? — Annibal ne fut-il pas chargé d'une expédition nouvelle? — Comment se termina cette guerre? — Que fit Denys aux Carthaginois qui se trouvèrent en Sicile, dans ses États? — Quel revers Himilcon éprouva-t-il? — Comment se punit-il? — Les Carthaginois ne firent-ils pas une autre expédition en Sicile? — Par qui furent-ils vaincus? — A quelles conditions obtinrent-ils la paix? — Racontez la conspiration d'Hannon. — Quel peuple demanda du secours aux Carthaginois? — Comment traitèrent-ils les Tyriens? — Qu'était-ce qu'Agathocle? — Quel fut le résultat de la guerre que les Carthaginois lui firent en Sicile? — Quelle résolution forma Agathocle? — Que fit-il en arrivant en Afrique? — A quoi les Carthaginois attribuèrent-ils leurs revers? — Quels moyens employèrent-ils pour apaiser la colère des dieux? — Quel fut le sort d'Amilcar? — Quel projet avait formé Bomilcar? — Quelle fut sa fin? — Agathocle fut-il heureux dans sa nouvelle expédition en Afrique? — Racontez l'expédition de Pyrrhus en Sicile.

CHAPITRE XVII.

Depuis le commencement des guerres puniques jusqu'à la destruction de Carthage.

Guerres puniques. — Première guerre punique. Les Carthaginois vaincus sur mer. — Les Romains passent en Afrique. Victoires de Régulus. Il est fait prisonnier. Son supplice. — Nouvelle lutte entre Rome et Carthage. Les Carthaginois demandent la paix. Révolte des mercenaires en Afrique et en Sardaigne. — Deuxième guerre punique. Amilcar Barca et Asdrubal en Espagne. — Annibal en Italie. Ses victoires. — Scipion en Espagne et en Afrique. Bataille de Zama. Mort d'Annibal. — Les Carthaginois demandent la paix aux Romains. Conditions qui leur sont imposées. Troisième guerre punique. — Résistance des Carthaginois. Destruction de Carthage.

Guerres puniques. — Une longue et terrible lutte devait s'engager entre Carthage et Rome. Cette lutte, qui dura cent dix-huit ans (de l'année 264 à l'année 146), renferme trois périodes qui forment autant de guerres désignées sous le nom de guerres puniques. Il y eut entre chacune de ces guerres un intervalle plus ou moins considérable.

Première guerre punique. Les Carthaginois vaincus sur mer. — Voici quelle fut l'occasion de la première guerre entre les Carthaginois et les Romains.

Des soldats campaniens qui étaient à la solde d'Agathocle, tyran de Sicile, s'étaient emparés par surprise de la ville de Messine et en avaient égorgé les habitants. Maîtres de cette place, ils prirent le nom de Mamertins. Assiégés par les Syracusains, et craignant le juste châtiment de leur crime, ils résolurent d'appeler un secours étranger. Mais ils se divisèrent : les uns s'adressèrent aux Carthaginois et leur livrèrent la citadelle, les autres appelèrent les Romains et les introduisirent dans la ville. Bientôt les Romains chassèrent les Carthaginois de la citadelle, les battirent en plusieurs rencontres et leur enlevèrent la ville d'Agrigente.

Non contents d'avoir vaincu sur terre, les Romains voulurent combattre les Carthaginois sur mer et construisirent une flotte dont ils donnèrent le commandement au consul Duillius. Comme les vaisseaux romains, grossièrement construits, ne manœuvraient qu'avec difficulté, Duillius se servit d'une machine, appelée *corbeau*, pour accrocher les vaisseaux carthaginois. Par ce moyen les Romains, pouvant combattre comme sur terre, remportèrent la victoire (260) et enlevèrent aux Carthaginois quatre-vingts vaisseaux. Deux ans après, les consuls Régulus et Manlius livrèrent une autre bataille navale aux Carthaginois et furent également vainqueurs.

Les Romains passent en Afrique. Victoires de Régulus. Il est fait prisonnier. Son supplice. — Après cette victoire, les deux consuls débarquèrent en Afrique; mais Manlius ayant été rappelé, Régulus y resta seul à la tête de quinze mille hommes d'infanterie et de cinq cents chevaux. Malgré le petit nombre de ses troupes, il fut vainqueur dans tous les combats qu'il livra, s'empara de plus de deux cents villes et réduisit les Carthaginois à demander la paix; mais les conditions qu'il leur proposa furent si dures, que les Carthaginois, réduits au désespoir, se préparèrent au combat.

En ce moment, il leur arriva un secours conduit par Xantippe, célèbre général lacédémonien. Xantippe releva le courage des citoyens, rétablit la discipline parmi les soldats et remporta sur les Romains une victoire complète (255). Régulus et cinq cents Romains furent faits prisonniers. Les Carthaginois, après avoir dépouillé les morts, rentrèrent en triomphe à Carthage, traînant après eux leurs captifs. Leur joie fut d'autant plus grande que, quelques jours auparavant, ils s'étaient vus dans une position désespérée. Hommes et femmes, jeunes gens et vieillards, tous se répandirent dans les temples pour rendre aux dieux des actions de grâces.

Régulus fut envoyé à Rome pour proposer l'échange des prisonniers, après avoir donné sa parole de retourner à Carthage s'il ne réussissait pas. Régulus exposa au sénat le sujet de sa mission, et, comme on lui demandait son avis, il conseilla de ne pas racheter des soldats qui s'étaient rendus à l'ennemi. Son avis prévalut, et, malgré les larmes de ses amis et de ses parents, Régulus retourna à Carthage. Cependant il n'ignorait pas que les supplices les plus cruels l'y attendaient. En effet, les Carthaginois, irrités de la décision du sénat, firent souffrir à Régulus les plus affreuses tortures. Après l'avoir enfermé pendant quelque temps dans un cachot obscur et lui avoir coupé les paupières, ils l'exposèrent tout à coup au soleil le plus ardent. Ils l'enfermèrent ensuite dans un coffre tout hérissé de pointes, et, après l'avoir tourmenté par une cruelle insomnie, ils l'attachèrent à une croix où il termina sa vie.

Nouvelle lutte entre Rome et Carthage. Les Carthaginois demandent la paix. Révolte des mercenaires en Afrique et en Sardaigne. — Les Romains, pour réparer les pertes qu'ils avaient faites en Afrique, équipèrent une nouvelle flotte et battirent les Carthaginois. Quelque temps après, ceux-ci, sous la conduite d'Adherbal, vengèrent cette défaite par deux victoires successives. Enfin, le consul Lutatius ayant détruit la flotte carthaginoise (242), les Romains restèrent maîtres de la mer. Les Carthaginois, ne pouvant plus secourir leur armée de Sicile, ordonnèrent à Amilcar Barca, qui la commandait, de demander la paix. Les Romains la leur accordèrent, à condition que les Carthaginois sortiraient de la Sicile, ne feraient plus la guerre aux Syracusains ou à leurs alliés, et payeraient aux Romains, dans l'espace de vingt ans, deux mille deux cents talents euboïques d'argent (onze millions de francs). Ainsi fut terminée cette guerre, la première guerre punique, qui avait duré vingt-trois ans sans interruption (241).

Carthage fut bientôt menacée d'un nouveau danger. Les soldats mercenaires qui furent ramenés en Afrique, n'ayant pas été payés de leur solde, se révoltèrent et firent soulever toutes les villes d'Afrique, à l'exception d'Utique et d'Hippacra, dont ils firent le siége. Les factieux furent battus par Amilcar Barca, qui leur fit lever le siége d'Utique; mais ayant reçu de nouveaux renforts, ils assiégèrent Carthage elle-même. Enfin, après plus de trois ans d'efforts et de combats, Amilcar, à qui l'on avait donné pour collègue Hannon, son ennemi, dont l'intérêt public fit taire la rivalité, termina cette guerre par l'extermination des révoltés (237).

Les mercenaires qui étaient dans la Sardaigne suivirent l'exemple des mercenaires d'Afrique; ils égorgèrent tous les Carthaginois qui étaient dans cette île, et se rendirent maîtres du pays. Ils en furent bientôt chassés par les habitants et se retirèrent en Italie. Les Carthaginois firent de grands préparatifs pour reprendre la Sardaigne. Les Romains, prétendant que ces préparatifs étaient dirigés contre eux, déclarèrent la guerre à Carthage. Cette république, n'étant pas en état de soutenir une guerre contre Rome, fut obligée de demander la paix. On fit un nouveau traité (235), par lequel il fut convenu que toute la Sardaigne appartiendrait aux Romains, et que les Carthaginois payeraient une somme considérable pour éviter la guerre.

Deuxième guerre punique. Amilcar Barca et Asdrubal en Espagne. — Les Romains ayant commencé à faire des conquêtes en Espagne, les Carthaginois, qui craignaient pour leurs possessions dans ce pays, y envoyèrent Amilcar Barca, à la tête d'une armée (236). Annibal, fils d'Amilcar, alors âgé de neuf ans, obtint d'accompagner son père, après avoir juré sur les autels une haine éternelle aux Romains.

Amilcar ayant été tué dans une bataille (228), Asdrubal, son gendre, fut envoyé en Espagne, où il bâtit Carthage la Neuve, aujourd'hui Carthagène, et fit avec les Romains un traité par lequel les Carthaginois s'engagèrent à ne pas passer au delà de l'Ebre.

Annibal en Italie. Ses victoires. — Après avoir gouverné l'Espagne pendant huit ans, Asdrubal fut assassiné, et l'armée lui donna pour successeur Annibal, fils d'Amilcar Barca, que depuis trois ans Asdrubal avait rappelé en Espagne, et qui était alors âgé de vingt-cinq ans.

Annibal, décidé à attaquer les Romains jusque dans l'Italie, se hâta de soumettre l'Espagne. Il assiégea et prit la ville de Sagonte (219), qui implora inutilement le secours des Romains; ensuite il passa les Pyrénées, traversa le Rhône malgré la résistance des Gaulois et franchit les Alpes, obligé de lutter pendant quinze jours contre la neige, la glace, la difficulté des lieux et des ennemis qu'il fallait combattre à chaque pas. A peine arrivé dans les plaines fertiles de l'Italie, il vainquit Scipion sur les bords du Tésin et Sempronius aux environs de la Trébie. Après une marche de trois jours dans des marais où il perdit un œil, Annibal battit le consul Flaminius sur les bords du lac Trasimène.

Ses succès furent arrêtés quelque temps (217) par la prudence du dictateur Quintus Fabius Maximus, surnommé *Cunctator*, c'est-à-dire le Temporiseur. A force de prudence et d'habileté, Fabius parvint même à enfermer l'armée carthaginoise dans un défilé d'où elle paraissait ne pouvoir s'échapper. Dans un si grand péril, Annibal eut recours à la ruse. Il rassembla promptement deux mille bœufs, fit attacher à leurs cornes des faisceaux de sarments, et quand la nuit fut venue, il fit mettre le feu à ces faisceaux, en poussant à grands coups les bœufs vers les hauteurs occupées par les ennemis. Ces animaux, rendus furieux par la douleur, se dispersèrent de tous côtés, communiquant l'incendie aux buissons et aux arbrisseaux qu'ils rencontraient. Les Romains, effrayés de cette multitude de feux errants, et ne sachant à quelle cause les attribuer, abandonnèrent les hauteurs qu'ils gardaient, et Annibal profita de ce moment pour forcer le défilé et faire passer toute son armée.

Peu de temps après, la témérité du consul Térentius Varron et de Paul Émile, son collègue, qui commandaient l'armée romaine après Fabius, lui fournit l'occasion de remporter une grande victoire; il les vainquit auprès du village de Cannes (216), dans l'Apulie, et leur tua quarante mille hommes, dont deux mille sept cents chevaliers romains. Paul Émile, blessé dans la bataille, se fit tuer pour ne pas survivre à sa défaite, et Varron ramena à Rome les débris de son armée.

Cependant Annibal ne profita pas de la consternation où cette défaite avait jeté les Romains et laissa son armée s'amollir dans les délices de Capoue. Depuis ce moment, la fortune lui fut toujours contraire. Comme il ne recevait aucun secours de Carthage, et qu'il ne lui restait plus assez de troupes pour pouvoir en même temps tenir la campagne et conserver les places qu'il avait conquises, il reçut de fréquents échecs qui affaiblirent considérablement son armée.

Scipion en Espagne et en Afrique. Bataille de Zama. Mort d'Annibal. — Les deux Scipions, qui avaient souvent vaincu les Carthaginois en Espagne, ayant été vaincus à leur tour et tués, Publius Cornélius Scipion, fils de l'un de ces généraux et neveu de l'autre, fut chargé du commandement (211), battit les Carthaginois dans toutes les rencontres et conquit l'Espagne en quatre ans. Rappelé par les Romains qui voulaient l'opposer à Annibal, il proposa au sénat et obtint de porter la guerre en Afrique (204). Ses succès y furent aussi rapides qu'en Espagne, et Carthage alarmée se hâta de rappeler Annibal (203). Avant d'en venir aux mains, ces deux illustres généraux eurent une entrevue; mais n'ayant pu s'accorder sur les conditions de la paix, ils se livrèrent bataille auprès de la ville de Zama. La victoire, après avoir été longtemps et vivement disputée, resta aux Romains (201), et Carthage fut forcée de subir les conditions que lui imposa le vainqueur. Ainsi fut terminée la seconde guerre punique, qui avait duré seize ans.

Annibal, redoutant la haine de ses concitoyens, avait cherché un asile à la cour d'Antiochus, roi de Syrie, qu'il engagea à faire la guerre aux Romains; mais lorsque ce prince fit la paix avec Rome, Annibal, craignant d'être sacrifié, se rendit auprès de Prusias, roi de Bithynie. Les Romains, que le nom d'Annibal faisait encore trembler, quoiqu'il fût exilé, demandèrent à Prusias qu'il livrât cet ennemi redoutable, et ce prince, aussi lâche que perfide, y consentit; mais Annibal, pour ne pas tomber entre les mains des Romains, se donna la mort en prenant du poison qu'il portait toujours sur lui : il était alors âgé de soixante-dix ans (183).

Les Carthaginois demandent la paix aux Romains. Conditions qui leur sont imposées. Troisième guerre punique. — Massinissa, roi d'une partie de la Numidie et allié des Romains, avait enlevé à Syphax, qui régnait sur l'autre partie de la Numidie et qui était allié de Carthage, une de ses provinces les plus fertiles. Les Carthaginois, après avoir vainement réclamé auprès des Romains contre cette usurpation, prirent les armes en faveur de Syphax; mais ils furent vaincus par Massinissa, qui resta en possession de sa conquête.

Les Carthaginois, redoutant la colère des Romains, qui s'étaient irrités de cette guerre faite à un de leurs alliés, envoyèrent des députés à Rome pour offrir au sénat toutes les satisfactions qu'il exigerait. Avant leur arrivée, le sénat, entraîné par Caton, qui ne cessait de demander la destruction de Carthage, avait résolu la guerre. Cependant on promit aux députés de laisser aux Carthaginois leur liberté, leurs biens, leurs terres et toutes leurs propriétés soit publiques, soit particulières, si, dans l'espace de trente jours, ils envoyaient à Lilybée, comme otages, trois cents jeunes gens appartenant aux premières familles, et s'ils se soumettaient ensuite à tout ce que leur ordonneraient les consuls.

Les Carthaginois, manquant de troupes et de vaisseaux, se soumirent et donnèrent les otages demandés. Les consuls envoyèrent ces jeunes gens à Rome, et dirent aux députés qu'ils feraient connaître leurs intentions lorsqu'ils seraient arrivés à Utique. Aussitôt qu'ils y furent abordés, ils demandèrent aux Carthaginois de leur livrer sur-le-champ toutes leurs armes défensives et offensives. Après qu'ils eurent obéi, le consul Censorinus leur déclara que la volonté du peuple romain était que Carthage fût détruite et que les habitants allassent s'établir où il leur plairait, pourvu que ce fût à quatre-vingts stades (trois lieues) de la mer.

Résistance des Carthaginois. Destruction de Carthage. — Un ordre aussi cruel réduisit les Carthaginois au désespoir (149); ils résolurent de tout souffrir plutôt que de s'y soumettre. Les consuls, croyant n'avoir rien à redouter d'une ville désarmée, ne se hâtèrent pas de s'y rendre. Les Carthaginois profitèrent de ce retard pour se mettre en état de défense; ils envoyèrent une députation à Asdrubal, qui était à la tête de vingt mille hommes, pour le prier d'oublier l'injure qu'ils lui avaient faite et de ne songer qu'à sauver sa patrie. Les temples, les palais, les places publiques, furent changés en ateliers où les hommes et les femmes travaillaient jour et nuit à forger des armes. Comme on manquait de cordes pour les machines de guerre, les femmes coupèrent leurs cheveux, qui servirent à en fabriquer.

Lorsque les Romains se présentèrent devant Carthage, ils furent repoussés avec vigueur et obligés de commencer un siége régulier. Comme ce siége durait depuis deux ans, et que la guerre menaçait de devenir plus sérieuse qu'on n'avait pensé, les Romains donnèrent le commandement de leur armée à Publius Scipion Émilien. A peine arrivé en Afrique, Scipion établit son camp sur une langue de terre qui joignait au continent la presqu'île sur laquelle Carthage était située. Il ôta ainsi aux assiégés l'espérance de recevoir des vivres par terre; mais ils pouvaient encore en recevoir par mer, parce que les vaisseaux des Romains n'osaient s'approcher à la portée des machines placées sur les remparts de la ville.

Scipion enleva aux assiégés cette ressource en fermant l'entrée de leur port par une digue de pierre (147). Les Carthaginois firent un travail encore plus extraordinaire; ils creusèrent un nouveau port et, avec les débris de vieux vaisseaux, construisirent une nouvelle flotte. S'ils avaient attaqué les Romains dans le premier moment de surprise, ils auraient sans aucun doute remporté la victoire; mais ils ne livrèrent bataille que trois jours après, et ils furent vaincus.

Toutes les villes de l'Afrique se soumirent aux Romains, et il devint impossible aux Carthaginois de se procurer des vivres. Scipion, s'étant emparé de la muraille qui entourait le port, entra dans la grande place de la ville, d'où l'on montait à la citadelle par trois rues. Du haut des maisons qui bordaient ces rues, les Carthaginois faisaient pleuvoir sur les Romains une grêle de traits; mais, après six jours d'un combat acharné, les Romains s'emparèrent de ces maisons et assiégèrent la citadelle; le septième jour, ceux qui s'y étaient renfermés offrirent de se rendre, pourvu qu'on leur laissât la vie.

Scipion y consentit, mais il excepta les transfuges, qui étaient au nombre de neuf cents et auxquels il ne voulut point accorder la même grâce. Cinquante mille personnes, tant hommes que femmes et enfants, sortirent de la citadelle. Les transfuges, voyant qu'il n'y avait point de quartier à espérer pour eux, se retirèrent dans le temple d'Esculape avec Asdrubal. Le défaut de vivres ne leur permettant pas de tenir longtemps, ils se retirèrent dans le haut du temple, y mirent le feu et périrent au milieu des flammes. Asdrubal avait songé à conserver sa vie et s'était rendu à Scipion.

Scipion, maître de Carthage (146), en permit le pillage pendant quelques jours; il ne réserva que les dépouilles des temples, qu'il envoya à Rome. Ensuite il fit détruire ce qui restait de la ville, et il fut défendu, au nom du peuple romain, de jamais la rebâtir.

Cependant, malgré cette défense, trente ans après, et du vivant même de Scipion, Gracchus, tribun du peuple, entreprit de repeupler Carthage et y conduisit une colonie de six mille citoyens. Mais on n'y construisit aucun édifice considérable, puisque, quarante ans après, Marius, qui s'était réfugié en Afrique, vivait dans la pauvreté au milieu des ruines de Carthage. Dans la suite César rebâtit cette ville, qui devint une seconde fois la capitale de l'Afrique et resta florissante jusqu'à ce qu'elle fut détruite par les Sarrasins, au commencement du septième siècle.

Questionnaire.

Quelle fut l'occasion de la première guerre entre les Carthaginois et les Romains? — A qui la victoire resta-t-elle en Sicile? — A qui les Romains donnèrent-ils le commandement de leur flotte? — Par quel moyen Duillius remporta-t-il la victoire sur les Carthaginois? — Quels succès Régulus obtint-il en Afrique? — De qui les Carthaginois reçurent-ils du secours? — Quel fut le sort de Régulus? — Par qui fut détruite la flotte carthaginoise? — A quelles conditions la paix fut-elle accordée aux Carthaginois?— Combien de temps avait duré cette guerre? — Racontez la révolte des mercenaires. — Quels nouveaux traités les Carthaginois firent-ils avec les Romains? — Quel général les Carthaginois envoyèrent-ils en Espagne? — Quel âge avait Annibal quand il accompagna son père? — Quel serment fit-il? — Qui succéda à Amilcar en Espagne? — Quelle ville fut bâtie par Asdrubal? — Quel traité fit-il avec les Romains? — Comment mourut Asdrubal? — Quel fut son successeur dans le gouvernement de l'Espagne? — Quelle ville Annibal assiégea-t-il? — Quelle route prit-il pour aller attaquer les Romains en Italie? — Racontez ses victoires en Italie. — Que se passait-il en Espagne pendant ce temps-là? — Quels furent les succès de Scipion en Espagne? — Que proposa Scipion à son retour en Italie? — Racontez la bataille de Zama. — Combien de temps avait duré la seconde guerre punique? — Que devint Annibal? — Comment mourut-il? — A qui les Carthaginois firent-ils la guerre en Afrique? — Quelle fut l'issue de cette guerre? — Les satisfactions que les Carthaginois offraient aux Romains furent-elles acceptées? — Quelles promesses firent les Romains aux députés carthaginois?— Que firent les consuls après avoir reçu les otages? — Quel ordre signifièrent-ils aux Carthaginois de la part du peuple romain? — Quelle résolution prirent les Carthaginois? — **Racontez le siége, la prise et la destruction de Carthage.**

CHAPITRE XVIII.

Histoire des Grecs.

Depuis l'origine des Grecs jusqu'à Thésée (1856-1260).

Origine des Grecs. Religion primitive. Paganisme. Culte de Jupiter. — Ægialus. Inachus. Phoronée. Pélasgus. — Ogygès. Cécrops. Deucalion. Amphictyon. — Hellen. Æolus. Dorus. Ion. Achœus. Cadmus. Danaüs. — Lélex. Les premiers arts. — Persée. Pélops. — Expédition des Argonautes. — Hercule. Ses expéditions. — Thésée. Ses aventures.

Origine des Grecs. Religion primitive. Paganisme. Culte de Jupiter. — La Genèse, en faisant l'énumération de plusieurs peuples et de leurs migrations, dit que les descendants de Javan ou Ion, fils de Japhet, peuplèrent les îles des nations. Plusieurs passages de l'Écriture font voir que les Juifs ne connaissaient la Grèce que sous le nom de pays de Javan. Mais les plus anciens habitants de cette contrée, ayant perdu le souvenir de leur origine, prétendaient être autochthones, c'est-à-dire nés dans le pays même qu'ils habitaient. Ils étaient tombés dans la barbarie la plus complète, et vivaient dispersés dans les forêts, ne se nourrissant que de racines et de fruits sauvages.

Cependant les traditions de la religion primitive que Dieu avait révélée aux hommes s'étaient conservées parmi eux presque sans altération. Ils reconnaissaient des dieux auteurs de l'ordre qui règne dans l'univers; ils leur adressaient des prières et leur offraient des sacrifices; mais ils ne les distinguaient pas par des noms particuliers.

Les colonies étrangères qui dans la suite apportèrent dans ce pays les éléments de la civilisation y répandirent en même temps le culte de leurs différentes divinités, et la simplicité de la religion primitive fut bientôt altérée par le mélange de toutes les erreurs du paganisme. La première divinité dont le culte fut apporté en Grèce est Jupiter. Des navigateurs phéniciens ayant enlevé à Thèbes, en Égypte, deux femmes attachées au service du temple de ce dieu, vendirent l'une en Libye et l'autre dans la partie de la Grèce qui était habitée par les Thesprotiens, non loin de Dodone. Cette femme consacra sous un chêne une chapelle à Jupiter, et, à l'imitation de ce qui se pratiquait dans les temples d'Égypte, elle établit un oracle.

Ægialus. Inachus. Phoronée. Pélasgus. — A peu près vers le même temps fut fondée dans le Péloponèse, sur la côte septentrionale de l'Achaïe, une ville qui fut appelée Egialée, du nom de son fondateur Ægialus, et qui prit plus tard le nom de Sicyone.

Peu de temps après, une nouvelle colonie vint s'établir aussi dans le Péloponèse (1856); elle avait pour chef Inachus, Phénicien d'origine, mais qui avait habité l'Égypte, et qui fut suivi d'un assez grand nombre d'Égyptiens qui se mêlèrent aux pasteurs phéniciens et arabes dont la colonie était composée. Ces étrangers apprirent aux sauvages habitants du pays où ils s'établirent à faire usage du feu et leur enseignèrent les arts les plus nécessaires à la vie.

Phoronée, fils d'Inachus, bâtit le bourg de Phoronium, qui prit plus tard le nom d'Argos, d'où la contrée dont cette ville était la capitale fut appelée Argolide.

Pélasgus, l'un des descendants d'Inachus, donna son nom aux peuples qu'il gouvernait, et qui furent appelés Pélasges. Après avoir peuplé l'Argolide et l'Arcadie, les Pélasges, trop nombreux, sortirent du Péloponèse pour aller former de nouveaux établissements. En passant par l'Attique, ils y laissèrent quelques détachements assez nombreux; mais la plus grande partie de la colonie, poursuivant sa route, alla s'établir en Thessalie.

Ogygès. Cécrops. Deucalion. Amphictyon. — Vers la même époque, Ogygès, qui était, comme Inachus, parti de l'Égypte, s'établit, avec la colonie dont il était le chef, en Béotie et dans l'Attique, rassembla sur deux points principaux les peuplades sauvages de ces deux contrées et fonda en Béotie la ville de Thèbes, et dans l'Attique, celle d'Éleusis.

Sous le règne d'Ogygès (1796), un tremblement de terre ayant fermé les canaux souterrains par lesquels le lac Copaïs communique à la mer, les eaux de ce lac débordèrent et couvrirent la Béotie et une partie de l'Attique. Ces deux contrées furent presque entièrement dépeuplées par cette inondation, appelée déluge d'Ogygès. Le petit nombre de leurs habitants qui échappa au désastre en se réfugiant sur le sommet des montagnes retomba bientôt dans la barbarie.

Environ deux siècles après (1582), une nouvelle colonie égyptienne vint de nouveau peupler et civiliser l'Attique; elle avait pour chef Cécrops, originaire de la ville de Saïs. Cécrops apprit aux habitants de l'Attique à ensemencer la terre et à cultiver l'olivier, qu'il avait apporté de l'Égypte. Il institua le mariage, les sépultures, et établit le tribunal de l'aréopage, qui donna aux Grecs les premières notions de la justice. Pour défendre contre les attaques des peuplades sauvages de la Béotie les douze bourgades qu'il avait bâties, il construisit une forteresse appelée Cécropia, qui servit depuis de citadelle à la ville d'Athènes.

Sous le règne de Cranaüs (1529), successeur de Cécrops, une inondation, connue sous le nom de déluge de Deucalion, dépeupla la Grèce. Ceux de ses habitants qui survécurent à ce désastre se réfugièrent auprès de Deucalion, roi de Thessalie.

Amphictyon, fils de Deucalion, redoutant une invasion des peuples sauvages de la Thrace, rassembla aux Thermopyles les représentants des diverses peuplades de la Grèce et les engagea à se réunir pour la défense de la patrie commune. Telle fut l'origine du conseil des amphictyons. Amphictyon régna à la fois sur les peuples voisins des Thermopyles et sur les Athéniens.

Hellen. Æolus. Dorus. Ion. Achæus. Cadmus. Danaüs. — Hellen, autre fils de Deucalion, qui régna en Thessalie, donna son nom aux peuples qui lui obéissaient, et qui depuis furent appelés Hellènes. Hellen eut trois fils, Æolus, Dorus et Xuthus. A son tour, Xuthus eut deux fils, Ion et

Achæus. Or, du nom de ces quatre princes, Æolus, Dorus, Ion et Achæus, la race des Hellènes prit les dénominations particulières d'Éoliens, Doriens, Ioniens et Achéens.

Vers le même temps, deux nouvelles colonies égyptiennes abordèrent en Grèce (1519). La première avait pour chef Cadmus, qui s'établit en Béotie, où il bâtit la Cadmée, qui fut depuis la citadelle de la ville de Thèbes. Il introduisit l'usage d'un alphabet plus complet que celui des Pélasges. La seconde de ces colonies était conduite par Danaüs, qui s'établit dans l'Argolide, en détrônant Gélanor, descendant d'Inachus et onzième roi d'Argos.

Lélex. Les premiers arts. — Peu d'années avant l'arrivée de Danaüs dans le Péloponèse, Lélex avait rassemblé les Pélasges errants dans la Laconie et jeté les fondements de la ville de Sparte (1516).

Cependant la civilisation faisait des progrès rapides dans l'Attique. Sous le règne d'Érichthonius, successeur d'Amphictyon, la colonie de Cécrops accoutuma les chevaux, déjà dociles au frein, à traîner un chariot, et apprit à profiter du travail des abeilles, dont elle perpétua la race sur le mont Hymette. Sous Pandion, successeur d'Érichthonius, elle commença à pratiquer le commerce et apprit à travailler le fer, qui venait d'être découvert sur le mont Ida, dans l'île de Crète. Enfin, sous le règne d'Érechthée, elle apprit de Triptolème à perfectionner l'agriculture et institua les mystères d'Éleusis, dans lesquels on enseignait aux initiés le culte de Cérès, qui était la déesse Isis adorée en Égypte.

Persée. Pélops. — A cette époque (1348), parut un des plus fameux héros de la Grèce, dont les poëtes firent depuis un demi-dieu, Persée, fils de Danaé et petit-fils d'Acrisius, roi d'Argos. Persée, ayant tué par un fatal accident son grand-père Acrisius, et ne pouvant plus soutenir la vue d'Argos, où il avait commis ce meurtre involontaire, se retira à Mycènes, et y établit le siége de son royaume.

Quelques années après, Pélops, fils de Tantale, qui régnait en Asie Mineure sur la ville de Sipyle, entre la Lydie et la Phrygie, vaincu par Ilus, roi des Phrygiens, fut forcé de s'expatrier et passa avec une partie de ses sujets dans la Thessalie. Ses forces s'étant accrues d'un nombre considérable d'habitants de cette contrée qui se réunirent à lui, il envahit la partie occidentale du Péloponèse, s'empara de l'Élide en détrônant Œnomaüs, roi de Pise, dont il avait épousé la fille, et fonda plusieurs villes sur les confins de la Laconie et de la Messénie. Ses descendants établirent rapidement leur domination sur une grande partie du Péloponèse, et finirent par dépouiller de leurs possessions les successeurs de Danaüs.

Expédition des Argonautes. — La première entreprise que les Grecs exécutèrent en commun (1292) fut celle qui est connue sous le nom d'expédition des Argonautes. Suivant les poëtes, le but de cette expédition était la conquête de la toison d'or du bélier qui avait porté en Colchide Phryxus, fils d'Athamas, roi de Thèbes. Le but véritable était d'exterminer les pirates qui infestaient les mers de la Grèce et qui allaient chercher un asile dans le Pont-Euxin. Le commandement de la flotte grecque, d'abord confié à Hercule, fut remis ensuite à Jason, qui montait le vaisseau Argo : de là le nom d'Argonautes donné à tous ceux qui firent partie de cette expédition. Les Argonautes ravirent les trésors d'Éétès, roi de Colchide, enlevèrent sa fille Médée, qui épousa Jason, et retournèrent en Grèce, après un pénible voyage pendant lequel ils eurent à combattre la flotte colchidienne qui les poursuivait.

Hercule. Ses expéditions. — Abandonné par les Argonautes, Hercule était retourné en Grèce. Il en partit bientôt avec une flotte montée par des guerriers avides d'aventures et de butin. Il assiégea et prit la ville de Troie, tua Laomédon, qui en était roi, et revint en Grèce chargé de ses dépouilles. A son retour dans le Péloponèse, il attaqua successivement les divers États qui s'y étaient formés, détrôna et mit à mort les princes qui occupaient le trône, et donna leur couronne à ceux qui s'étaient déclarés en sa faveur et promettaient de rester sous sa dépendance. Il passa ensuite en Étolie, où il épousa la fille d'Œnée, roi de Calydon, et arrêta les débordements de l'Achéloüs, qui ravageait cette province, en resserrant ce fleuve dans un nouveau lit. Plusieurs autres expéditions, couronnées de succès, étendirent sur la Grèce septentrionale son influence, qui dominait sur une grande partie du Péloponèse. Les poëtes ont défiguré le récit des exploits d'Hercule en y mêlant des exploits merveilleux, dont les plus célèbres sont connus sous le nom des douze travaux d'Hercule. Dans la suite, on finit par le confondre avec le Soleil, dont le culte avait été apporté d'Égypte.

Thésée. Ses aventures. — Pendant qu'Hercule étendait au loin ses conquêtes, Thésée, fils d'Égée, roi d'Athènes, et d'Éthra, fille du sage Pitthée, qui régnait à Trézène, signala ses premières années en combattant les brigands et les monstres qui ravageaient la Grèce. Il réprima la révolte des Pallantides et affermit Égée son père sur le trône d'Athènes; enfin il affranchit les Athéniens de l'obligation qui leur avait été imposée par Minos, d'envoyer tous les ans en Crète sept jeunes garçons et sept jeunes filles.

Après la mort d'Égée (1260), Thésée, étant monté sur le trône d'Athènes, réunit les différentes peuplades qui habitaient l'Attique, et, pour en former un seul peuple, leur donna un gouvernement commun et institua un sacrifice commun qu'on appela pour cette raison Panathénées. Au lieu de jouir paisiblement à Athènes de la prospérité publique qui était son ouvrage, Thésée entreprit plusieurs expéditions qui souillèrent sa gloire et causèrent sa ruine.

Thésée et son ami Pirithoüs, fils d'Ixion, roi de Thessalie, résolurent d'enlever Hélène, fille de Tyndare, roi de Sparte, qui était encore jeune, mais déjà célèbre par sa beauté. L'ayant trouvée qui exécutait une danse dans le temple de Diane, ils l'arrachèrent du milieu de ses compagnes et se dérobèrent par la fuite au châtiment qui les attendait. Ce châtiment les atteignit en Épire, où ils s'étaient rendus pour enlever Proserpine, fille d'Aïdonée, roi des Molosses. Ce prince, instruit de leurs desseins, livra Pirithoüs à ses dogues, qui le dévorèrent, et précipita Thésée dans une prison dont il ne fut délivré que par Hercule. A son retour dans l'Attique, Thésée, abandonné par le peuple, fut dépouillé du pouvoir souverain par les Pallantides, et obligé de chercher un asile auprès du roi Lycomède, dans l'île de Scyros, où il mourut.

Dans la suite, Cimon, fils de Miltiade, obéissant à un oracle, transporta les ossements de Thésée dans les murs d'Athènes. Sur son tombeau on construisit un temple qui fut embelli par les arts et devint l'asile des malheureux.

Tentative des Héraclides. — Sous le règne de Thésée, les Héraclides ou fils d'Hercule, chassés du Péloponèse par Eurysthée, petit-fils de Pélops, cherchèrent un asile en Attique. Peu de temps après, ils essayèrent de reconquérir le Péloponèse; mais leur chef Hyllus ayant été tué dans un combat singulier par le chef des Péloponésiens, ils jurèrent, suivant ce qui avait été convenu, de ne faire aucune tentative contre les Pélopides pendant l'espace de cent ans.

Questionnaire.

Donnez quelques détails sur l'origine des Grecs. — Dans quelle partie de la Grèce fut fondée la première ville? — A quelle époque une nouvelle colonie s'établit-elle dans le Péloponèse? — Quel en était le chef? — Quelle ville fonda le fils d'Inachus? — Où s'établirent les Pélasges? — A quelle époque Ogygès vint-il en Grèce? — Quelles institutions établit-il? — Quel fut le successeur de Cécrops? — Quel événement désola la Grèce sous le règne de Cranaüs? — Comment appela-t-on ce déluge? — Où se réfugièrent les habitants de l'Attique qui n'avaient pas péri? — Quel était le fils de Deucalion? — Que fit Amphictyon pour la défense de la Grèce? — Quel fut l'autre fils de Deucalion? — A qui Hellen donna-t-il son nom? — Quels furent les fils d'Hellen? — Quels furent les fils de Xuthus? — A quelle époque Cadmus aborda-t-il en Grèce? — Quelle connaissance nouvelle apporta-t-il? — Où s'établit Danaüs? — Quel roi détrôna-t-il? — A quelle époque Sparte fut-elle fondée? — Par qui? — Qu'enseignait-on dans les mystères d'Éleusis? — A quelle époque parut Persée? — De qui était-il fils? — Quelle ville fonda-t-il? — Qu'était-ce que Pélops? — — Quelle partie du Péloponèse envahit-il? — Que firent ses descendants? — Quelle fut la première entreprise que les Grecs formèrent en commun? — Racontez l'expédition des Argonautes. — Racontez les diverses expéditions d'Hercule. — De qui Thésée était-il fils? — Comment signala-t-il ses premières années? — Que fit-il pour son père? — De quel tribut affranchit-il les Athéniens? — Que fit Thésée lorsqu'il fut monté sur le trône? — Quelle fête institua-t-il? — Thésée jouit-il paisiblement de sa gloire? — Qu'était-ce que Pirithoüs? — Quelle princesse Thésée et Pirithoüs enlevèrent-ils? — Qui essayèrent-ils d'enlever en Épire? — Quel fut le résultat de leur entreprise? — Que devint Thésée à son retour en Attique? — Que firent dans la suite les Athéniens pour ce héros? — Quelle tentative firent les Héraclides?

CHAPITRE XIX.

Depuis la guerre de Thèbes jusqu'à l'établissement des jeux Olympiques (1250-776).

Guerre de Thèbes. Les sept chefs. — Guerre de Troie. — Retour des Héraclides dans le Péloponèse. Codrus. Son dévouement. — Archontes. — Colonies grecques en Asie. — Homère. Ses poëmes. — Lycurgue. Ses lois. — Jeux Olympiques. Olympiades.

Guerre de Thèbes. Les sept chefs. — Pendant que Thésée régnait à Athènes, Œdipe, roi de Thèbes, fils de Laïus et de Jocaste, célèbre par ses crimes involontaires et ses malheurs, était chassé par ses enfants Étéocle et Polynice, qui devaient régner tour à tour. Étéocle, qui monta le premier sur le trône, ne voulut plus en descendre. Polynice, soutenu par Adraste, roi d'Argos, dont il avait épousé la fille, et par six autres princes voisins, vint mettre le siége devant Thèbes. Étéocle et Polynice périrent de la main l'un de l'autre, et Créon, leur oncle, s'empara de l'autorité, comme tuteur de Laodamas, fils d'Étéocle. Les sept chefs alliés de Polynice ayant tous péri, à l'exception d'Adraste, leurs fils, qu'on appelle les Épigones, recommencèrent la guerre, battirent l'armée thébaine commandée par Laodamas, s'emparèrent de Thèbes et placèrent sur le trône Thersandre, fils de Polynice.

Guerre de Troie[1]. — La guerre de Thèbes était à peine terminée, que tous les peuples de la Grèce, oubliant leurs rivalités, se réunirent pour entreprendre une expédition contre la ville de Troie, où régnait alors Priam. Voici quelle en fut l'occasion. Pâris, fils de Priam, qui avait reçu l'hospitalité de Ménélas, roi de Sparte, enleva Hélène, femme de ce prince, et la conduisit à Troie. Ménélas et Ulysse, roi d'Ithaque, se rendirent dans cette ville pour réclamer Hélène et demander satisfaction de cette insulte. Non-seulement ils ne purent l'obtenir, mais ils furent exposés aux plus grands dangers, et ne durent la vie qu'à la protection d'Anténor, parent de Priam.

A leur retour, la guerre fut résolue; tous les princes de la Grèce s'assemblèrent à Mycènes, jurèrent de venger Ménélas et de réduire Troie en cendres. Les plus célèbres de ces chefs étaient Nestor, roi de Pylos, renommé pour son éloquence; Ajax, fils d'Oïlée, roi de Locride; Achille, fils de Thétis et de Pélée, le plus vaillant des Grecs; Ulysse, fils de Laërte, roi d'Ithaque, fameux par sa sagesse; Ajax, fils de Télamon, roi de Salamine; Diomède, roi d'Étolie; Idoménée, qui régnait en Crète; enfin Podalire et Machaon, fils d'Esculape, qui possédaient tous les secrets de l'art de guérir. Après de longs préparatifs, l'armée, forte d'environ cent mille hommes, se rassembla dans le port d'Aulis, en Béotie, et onze cent quatre-vingt-six vaisseaux la transportèrent sur les côtes

---

1. D'après Hérodote, la prise de Troie aurait eu lieu l'an 1270, et selon Ératosthène, l'an 1184.

de la Troade. Le commandement suprême avait été confié à Agamemnon, frère de Ménélas, roi de Mycènes et d'Argos, et l'un des princes les plus puissants de la Grèce.

La ville de Troie, défendue par des remparts et des tours, était encore protégée par une armée nombreuse que commandait Hector, fils de Priam, et par une foule de princes alliés des Troyens, qui leur avaient amené des secours.

Les Grecs, étant débarqués malgré la résistance des Troyens, formèrent un camp retranché avec leurs vaisseaux qu'ils retirèrent sur le rivage. Comme ils ne connaissaient aucune des machines qui furent inventées dans la suite pour forcer les murailles des villes assiégées, ils étaient obligés, pour combattre les Troyens, d'attendre qu'il plût à ces derniers de sortir de leurs remparts et de descendre dans la plaine qui s'étendait entre la ville et le camp. Les assiégeants et les assiégés, tour à tour vainqueurs et vaincus, passèrent ainsi neuf années à s'épuiser dans des combats sans résultat.

Dans la dixième année du siége, Achille, irrité contre Agamemnon, qui l'avait outragé, se retira dans sa tente. Les Troyens, profitant de son inaction, battirent plusieurs fois les Grecs et les assiégèrent à leur tour dans leur camp, dont ils furent sur le point de forcer les retranchements. La mort de Patrocle, qui tomba sous les coups d'Hector, causa une telle douleur à Achille, qu'il oublia son ressentiment et reprit les armes. Il vengea la mort de son ami en tuant Hector, qu'il traîna autour de Troie, attaché à son char, et périt lui-même, par trahison, de la main de Pâris.

Cependant les Grecs, qui s'épuisaient en vains efforts, eurent recours à la ruse. Ils construisirent un énorme cheval de bois dans les flancs duquel s'enfermèrent leurs plus illustres guerriers, et après avoir répandu le bruit que c'était un don offert à Minerve pour obtenir un heureux retour, ils s'éloignèrent en laissant sur le rivage le colosse fatal. Les Troyens, malgré de sinistres prédictions, introduisirent eux-mêmes le cheval dans leurs murs. Pendant la nuit, les guerriers grecs sortent des flancs du colosse, ouvrent les portes à leurs compagnons revenus sur le rivage, et tous ils envahissent la ville ensevelie dans le sommeil, portant partout le fer et le feu. Troie est réduite en cendres. Priam est égorgé avec ses fils, au pied des autels, par Pyrrhus, fils d'Achille. Hécube, son épouse, Cassandre, sa fille, Andromaque, veuve d'Hector, et plusieurs autres princesses sont chargées de fers et traînées en esclavage. Énée, fils d'Anchise, emportant son vieux père sur ses épaules, échappa à la mort après avoir vainement combattu jusqu'au dernier moment pour le salut de sa patrie.

Les Grecs avaient assouvi leur fureur; mais ils ne jouirent pas de leur triomphe. Mnesthée, roi d'Athènes, ne revit pas sa patrie et mourut dans l'île de Mélos. Ajax, roi des Locriens, périt avec sa flotte. Ulysse eut souvent à craindre le même sort, pendant les dix ans qu'il erra sur les mers avant d'arriver à Ithaque, où l'attendaient d'autres dangers. Agamemnon périt de la main de Clytemnestre, son épouse. D'autres, comme Idoménée, Philoctète, Diomède, Teucer, trahis par leurs parents et repoussés par des usurpateurs, furent contraints d'aller chercher dans des pays lointains une nouvelle patrie.

Retour des Héraclides dans le Péloponèse (1104). Codrus. Son dévouement. — Quatre-vingts ans après la ruine de Troie, les Héraclides, ayant à leur tête Téménus, Aristodème et Cresphonte, soutenus par un corps nombreux de Doriens et d'Eoliens, s'emparèrent de la plus grande partie du Péloponèse. Les descendants d'Agamemnon, chassés d'Argos, et ceux de Nestor de la Messénie, se réfugièrent les premiers en Thrace, les seconds en Attique. Argos échut en partage à Téménus et la Messénie à Cresphonte. Eurysthène et Proclès, fils d'Aristodème, mort au commencement de l'expédition, régnèrent à Lacédémone.

Peu de temps après, les Héraclides attaquèrent Codrus, roi d'Athènes, qui avait donné un asile à leurs ennemis. Ce prince, ayant appris qu'un oracle promettait la victoire à celle des deux armées qui perdrait son général dans la bataille, s'exposa volontairement à la mort (1095), et ce sacrifice enflamma tellement l'ardeur de ses troupes, qu'elles mirent les Héraclides en fuite.

Les archontes à Athènes. — Après la mort de Codrus, les Athéniens abolirent la dignité royale. Ils confièrent le souverain pouvoir à Médon (1092), fils de ce prince, sous le titre d'archonte, et lui imposèrent l'obligation de rendre compte de son administration au peuple. Trois cent quarante ans après (852), la durée du pouvoir de l'archonte fut limitée à dix ans, et soixante-huit ans après cette première modification, au lieu d'un seul archonte, on en établit neuf qui ne conservaient l'autorité que pendant une année.

Colonies grecques en Asie. — La population de l'Attique, augmentée de la nation entière des Ioniens qui y avaient cherché un asile, se trouva bientôt trop nombreuse. Nélée, second fils de Codrus, se mit à la tête de ces étrangers et alla fonder une colonie sur les côtes de l'Asie Mineure. Une partie de cette contrée était déjà occupée par les Éoliens, que les Héraclides avaient autrefois chassés du Péloponèse. Enfin, vers le même temps, quelques Doriens d'Argos, d'Épidaure, de Trézène, et beaucoup d'anciens habitants de ces villes s'établirent dans la péninsule de Carie. Ainsi la côte occidentale de l'Asie Mineure fut occupée par les Éoliens au nord, au centre par les Ioniens, et par les Doriens au midi.

Homère. Ses poëmes. — Deux cent trente ans environ après la prise de Troie (975) parut Homère, le premier et le plus grand des poëtes de la Grèce, qui a mérité d'être appelé le père de la poésie. On ne connaît d'une manière certaine ni le lieu de sa naissance ni les événements de sa vie. D'après la tradition la plus généralement adoptée, il était né en Ionie, dans l'Asie Mineure; il fit de longs voyages, pendant lesquels il visita l'Espagne, l'Italie et l'île d'Ithaque; il vécut dans l'indigence et mourut aveugle, laissant deux poëmes qui ont fait l'admiration de tous les siècles. Dans le premier, qu'on appelle l'*Iliade*, Homère a chanté la colère d'Achille et les combats des Grecs sous les murs de Troie; dans le second, qu'on appelle l'*Odyssée*, il a raconté les voyages d'Ulysse et son retour à Ithaque. Après la mort d'Homère, sept villes se disputèrent l'honneur de l'avoir vu naître; on lui éleva des temples et on lui rendit les honneurs divins.

Les Spartiates. Lycurgue. Ses lois. — Après la conquête de la Laconie par les Héraclides et les Doriens, les vainqueurs retirèrent à la population laconienne l'égalité des droits et lui imposèrent un tribut. Les peuplades qui voulurent résister ou secouer le joug furent réduites à l'état d'esclaves. De là trois classes : 1º les Spartiates, c'est-à-dire les conquérants ou les maîtres, qui se concentrèrent dans la capitale, Sparte ou Lacédémone; 2º les Laconiens tributaires; 3º les esclaves ou Ilotes.

Au commencement du neuvième siècle (898-870), un célèbre législateur, Lycurgue, donna aux Lacédémoniens des lois auxquelles ils obéirent pendant cinq siècles. Lycurgue était de la race royale de Sparte. A la mort de son frère Polydecte qui occupait le trône, il aurait pu s'assurer le pouvoir par un crime. La reine, sa belle-sœur, lui offrit la couronne, s'engageant à faire périr son enfant s'il voulait l'épouser. Lycurgue repoussa ces offres coupables. Il ne voulut gouverner que comme tuteur de son neveu Charilaüs, et remit le pouvoir à ce prince dès qu'il eut atteint sa majorité. Poursuivi par la calomnie et accusé de conspirer contre son neveu, il quitta sa patrie et parcourut pendant dix ans la Crète, l'Ionie et l'Égypte, étudiant les mœurs et les lois des peuples qu'il visitait. A son retour, il trouva Sparte en proie à l'anarchie, et résolut de mettre un terme à ses malheurs en lui donnant de nouvelles institutions.

Le pouvoir souverain fut confié à deux rois qui étaient soumis à la surveillance d'un sénat composé de vingt-huit membres. Le peuple, assemblé par les rois ou les membres du sénat, décidait toutes les affaires importantes.

Lycurgue ayant principalement pour objet d'établir l'égalité entre tous, les terres furent partagées en un certain nombre de portions égales. Chacune de ces portions fut donnée à un citoyen. Nul ne pouvait agrandir ou diminuer sa propriété, ni l'aliéner.

Il fut défendu, sous peine de mort, de posséder de la monnaie d'or ou d'argent. La seule dont l'usage fût permis était une monnaie de fer très-pesante, dont il était difficile de transporter même une petite quantité. Les repas, où régnait la plus austère frugalité, étaient communs et obligatoires pour tous les citoyens, même pour les rois. L'éducation était publique. Tous les arts de luxe étaient proscrits, à l'exception de la musique. L'agriculture et les arts mécaniques étaient abandonnés aux ilotes : on désignait sous ce nom, comme on l'a déjà vu, une partie de l'ancienne population de la Laconie, qui avait été réduite à l'esclavage de la glèbe. Les Spartiates ne devaient s'occuper que de la discussion des affaires politiques et de la guerre.

Pour en faire des soldats vigoureux et intrépides, on commençait leur éducation dès leur plus tendre enfance. Ceux qui étaient nés contrefaits ou d'une constitution débile étaient mis à mort. Les autres étaient soumis à des exercices gymnastiques qui leur donnaient de la force et de l'agilité. On leur enseignait à souffrir la douleur, à braver le danger, à mépriser la mort, et à ne respirer que l'amour de la patrie et de la gloire.

Les jeunes filles, soumises aux mêmes épreuves, partageant les mêmes exercices gymnastiques que les jeunes gens, acquéraient la même force de corps et la même fermeté d'âme. Aussi étaient-elles toujours prêtes à soutenir et à exciter le courage de leurs époux ou de leurs fils.

Après avoir donné ces lois à Sparte, Lycurgue fit engager, par un serment solennel, les rois, les magistrats et le peuple à les observer jusqu'à son retour, et il quitta sa patrie pour n'y plus revenir. Suivant quelques auteurs, il se donna la mort à Delphes en ne prenant aucune nourriture; suivant d'autres, il se retira dans l'île de Crète, où il finit ses jours. Il ordonna qu'après sa mort ses os fussent jetés à la mer, de peur que les Lacédémoniens, en les rapportant à Sparte, ne se regardassent comme déliés de leur serment.

Établissement des jeux Olympiques. Première olympiade. — Pendant que Lycurgue donnait ses lois à Sparte, une institution célèbre, celle des jeux Olympiques, était rétablie dans le Péloponèse. Avant la conquête des Doriens, les bords fertiles de l'Alphée, dans l'Élide, étaient consacrés à Jupiter Olympien. Les cérémonies religieuses qu'on y célébrait avaient été interrompues pendant les guerres qui suivirent la conquête dorienne. Enfin Iphitus (884), descendant d'Oxylus, à qui l'Élide était échue dans le partage du Péloponèse, résolut, d'après le conseil de l'oracle de Delphes, de rétablir les solennités olympiques et de les rendre perpétuelles.

La fête se célébrait tous les quatre ans, vers le solstice d'été, et durait cinq jours. Elle commençait et finissait par un sacrifice à Jupiter Olympien. Dans l'intervalle avaient lieu les divers exercices gymnastiques, auxquels tous les hommes libres et d'origine grecque étaient invités à prendre part. Les vainqueurs recevaient une couronne d'olivier, d'ache et de laurier, et quand ils retournaient dans leur patrie, on abattait une partie des murs de la ville pour faire entrer le char de triomphe sur lequel ils étaient portés.

L'histoire n'a pas conservé le nom des vainqueurs aux jeux Olympiques pendant le siècle qui suivit leur rétablissement. Le premier dont le nom soit connu est Corœbus, qui remporta la victoire l'an sept cent soixante-seize avant J. C. Aussi cette année est-elle regardée comme le commencement de la première olympiade. On appelle olympiade la période de quatre années qui s'écoulait de la célébration d'une fête à l'autre.

A dater de cette époque, les Grecs supputèrent le temps par les olympiades, et leur chronologie cessa d'être obscure et incertaine.

Questionnaire.

Quelle fut l'occasion de la guerre de Thèbes? — Qu'était-ce qu'Œdipe? — Par qui fut-il détrôné? — Que fit Étéocle? — Que fit Polynice? — Comment périrent ces deux princes? — Que devinrent les sept chefs? — Quelle expédition les Grecs entreprirent-ils? — Qui régnait à

Troie? — Quel fut le sujet de la guerre? — Racontez les divers événements du siége de Troie. — Après combien d'années la ville fut-elle prise? — Les Grecs jouirent-ils de leur triomphe? — Quel fut le sort de la plupart de leurs chefs? — A quelle époque les Héraclides rentrèrent-ils dans le Péloponèse? — Que firent-ils? — Comment mourut Codrus? — Que firent les Athéniens après la mort de Codrus? — A qui confièrent-ils l'autorité? — Quel titre donnèrent-ils à Médon? — Combien établit-on d'archontes dans la suite? — Quelle fut la durée de leur magistrature? — Qu'arriva-t-il à la population de l'Attique? — Quelles colonies s'établirent sur la côte d'Asie? — A quelle époque parut Homère? — Sa vie est-elle connue? — Quels poëmes a-t-il laissés? — Quels honneurs furent rendus à Homère après sa mort? — Que firent les Héraclides après la conquête de la Laconie? — En combien de classes fut divisée la population de cette contrée? — Donnez quelques détails sur Lycurgue. — Que fit-il à la mort de son frère? — Ne fut-il pas obligé de quitter son pays? — Quelles contrées visita-t-il? — Comment trouva-t-il Sparte à son retour? — Que fit-il pour mettre un terme aux malheurs de sa patrie? — Dites ses diverses institutions. — Quelle était l'éducation donnée aux Spartiates? — Que fit Lycurgue après avoir donné ses lois? — Où et comment mourut-il? — Qu'ordonna-t-il avant sa mort? — Donnez quelques détails sur les jeux Olympiques. — Quel est le premier vainqueur dont le nom a été consacré par l'histoire? — En quelle année Corœbus remporta-t-il la victoire? — Qu'appelle-t-on olympiade?

CHAPITRE XX.

Depuis la première guerre de Messénie jusqu'à la dispersion des Messéniens (743-544).

Première guerre de Messénie. Prise d'Amphis. — Sacrifice d'Aristodème. Prise d'Ithôme. — Seconde guerre de Messénie. Aristomène. Ses succès. — Bataille de Stényclare. Le poëte Tyrtée. — Captivité et délivrance d'Aristomène. — Prise d'Ira. Retraite d'Aristomène. Dispersion des Messéniens. — Guerre entre les Spartiates et les Argiens.

Première guerre de Messénie. Prise d'Amphis. — La seconde année de la neuvième olympiade (743), il s'éleva une guerre cruelle entre les Lacédémoniens et les Messéniens, et voici quelle en fut la cause. Sparte, dans ses vues ambitieuses d'agrandissement, convoitait les fertiles campagnes de la Messénie, qui n'était séparée de la Laconie que par une montagne, le Taygète. Des injures fréquentes avaient envenimé la haine des deux peuples, bien qu'ils fussent de même race. Un Lacédémonien nommé Évènus avait enlevé les troupeaux et tué le fils de Polycharès, illustre Messénien. Le père infortuné courut à Sparte, accompagné de ses clients et de ses serviteurs, pour demander vengeance; ni le sénat, ni le peuple, ni les rois, ne voulurent écouter ses plaintes et ses prières. Polycharès, égaré par la douleur et rendu furieux par le désespoir, mit à mort tous les Lacédémoniens qu'il rencontra sur sa route en revenant dans sa patrie. Le sénat de Sparte exige que les Messéniens livrent le meurtrier; ceux-ci refusent d'abandonner leur compatriote, mais ils proposent de soumettre les différends des deux peuples au conseil des amphictyons. Les Lacédémoniens ne répondent point et se préparent à la guerre; ils jurent de ne pas rentrer dans leur patrie qu'ils n'aient renversé Messène, ou de périr tous.

Alors les Lacédémoniens, sans déclaration préalable, envahirent le territoire des Messéniens et surprirent la ville d'Amphis, dont ils massacrèrent les habitants. Les Messéniens combattirent avec courage pour repousser cette invasion; mais affaiblis par leurs victoires mêmes et décimés par une maladie cruelle, ils furent contraints de se réfugier dans la forteresse d'Ithôme, qui était située sur une montagne inaccessible, près des frontières de la Laconie. Dans l'espoir de trouver un remède à leurs maux, ils envoyèrent consulter l'oracle de Delphes, qui leur ordonna d'apaiser la colère des dieux en immolant une jeune fille du sang royal. Le sort désigna la fille de Lyciscus; mais Lyciscus, pour la dérober aux vengeances célestes, s'enfuit avec elle à Sparte. Alors Aristodème, guerrier illustre entre tous les Messéniens, offrit sa fille, et, voulant accomplir l'oracle, il la perça lui-même de son poignard. Cet événement ralentit l'ardeur des Lacédémoniens; ils crurent que ce sanglant sacrifice avait acquis à leurs ennemis la protection des dieux. Dans le même temps, les Messéniens, ayant reçu quelques secours des Argiens et des Arcadiens, combattirent avec une grande énergie et remportèrent des avantages marqués dans deux actions générales. Dans le premier de ces combats, leur roi Euphaès, se laissant emporter par son ardeur, succomba accablé par le nombre des ennemis. Aristodème fut élu à sa place par la voix unanime du peuple, et sa conduite glorieuse justifia le choix de ses concitoyens. Pendant cinq ans, ce chef intrépide se joua de tous les efforts de Sparte et vainquit les principales forces de cette république dans une bataille rangée qui se livra sous les murs d'Ithôme.

Sacrifice d'Aristodème. Prise d'Ithôme. — Cependant les deux peuples, également fatigués de cette longue lutte, se reposaient d'un commun accord, lorsqu'Aristodème, poursuivi par des visions funèbres, se tua sur le tombeau de sa fille. Celle-ci, dit-on, lui était apparue en songe, vêtue d'une robe noire et montrant sur sa poitrine une blessure sanglante; puis s'approchant de son père et lui arrachant ses armes, elle l'avait revêtu d'habits blancs et lui avait mis sur la tête une couronne d'or. Dans les idées superstitieuses du peuple, c'était là un présage funeste.

La mort d'Aristodème découragea les Messéniens, qui perdaient leur plus puissant défenseur. Les Lacédémoniens, au contraire, redoublèrent d'efforts. Enfin Ithôme, après avoir souffert toutes les horreurs de la famine pendant un siége de cinq mois, fut forcée de se rendre.

Un grand nombre de Messéniens cherchèrent un asile en Arcadie, à Argos et à Sicyone; ceux qui restèrent furent traités par les Lacédémoniens avec la plus grande rigueur. On exigea d'eux le serment de ne jamais se révolter; de plus, ils devaient apporter tous les ans à Sparte la moitié du produit de leurs terres. Enfin, pour comble d'ignominie, ils étaient obligés, hommes et femmes, de paraître en habits de deuil à la mort des rois et des principaux magistrats de Sparte. Ainsi se termina cette première guerre, qui avait duré vingt ans (723).

Seconde guerre de Messénie. Aristomène. Ses succès. — Un repos de quarante années succéda à cette guerre. Les Messéniens, quoique réduits à une dure servitude, avaient pu cependant cultiver leurs terres et rebâtir leurs villes. S'étant assuré l'alliance des Argiens et des Arcadiens, ils résolurent de reconquérir leur indépendance ou de mourir les armes à la main. Une jeunesse pleine d'ardeur et d'enthousiasme s'était élevée dans toute la Messénie; mais la plus nombreuse, comme la plus vaillante, habitait le bourg d'Andania et les environs. Parmi tous les autres se distinguait Aristomène, descendant des anciens rois, jeune et vertueux guerrier qui devint le héros de l'indépendance messénienne. L'issue de la première bataille livrée entre les Spartiates et les Messéniens resta indécise; mais Aristomène y fit de tels prodiges de valeur, que ses concitoyens, saisis d'admiration, le proclamèrent roi sur le champ de bataille; il refusa ce titre et se contenta du commandement de l'armée.

On raconte qu'Aristomène, voulant frapper les esprits des ennemis par quelque entreprise audacieuse, se rendit pendant la nuit à Sparte, entra secrètement dans le temple de Minerve et suspendit à la muraille un bouclier où on lisait ces mots : « Aristomène a consacré ce monument à la déesse avec les dépouilles des Lacédémoniens. » On raconte aussi que l'exemple d'Aristomène fut imité par l'intrépidité héroïque de deux jeunes Messéniens. Au moment où les Lacédémoniens célébraient dans leur camp la fête de Castor et de Pollux, les deux jeunes Messéniens, montés sur de magnifiques coursiers, la lance à la main, un manteau écarlate sur les épaules, parurent au milieu d'eux, et, profitant de la surprise où les jetait leur apparition, les attaquèrent, en tuèrent plusieurs et s'en retournèrent triomphants à Andania.

Bataille de Stényclare. Le poëte Tyrtée. — Aristomène, après avoir battu l'ennemi dans quelques rencontres, remporta une victoire éclatante sur les Lacédémoniens et leurs alliés dans la plaine de Stényclare. Il entra ensuite dans le territoire de Lacédémone, qu'il ravagea, détruisit plusieurs villes et emmena les habitants en esclavage. Les Lacédémoniens, abattus par leurs défaites, eurent recours à l'oracle de Delphes, qui leur ordonna de demander un général aux Athéniens. Ceux-ci, qui voyaient avec joie la ville de Sparte humiliée par ses défaites, lui envoyèrent par dérision un poëte obscur et boiteux, nommé Tyrtée. Mais Tyrtée sut ranimer par ses chants le courage abattu des Lacédémoniens; les vers du poëte respiraient le plus vif enthousiasme : « Mourir est beau, disait-il, mourir aux premiers rangs est beau pour le brave qui défend sa patrie; mais abandonner sa ville et ses belles campagnes, errer dans la misère avec sa mère, son vieux père et sa jeune épouse, c'est là le sort le plus affreux. Combattons avec courage pour ce pays, mourons pour nos enfants. Ne soyez pas avares de votre sang, jeunes guerriers, mais combattez en restant serrés les uns près des autres. »

Les Spartiates, enflammés par les accents du poëte, sentirent se réveiller leur antique valeur. Devenus indifférents pour la vie, ils ne songeaient qu'à s'assurer l'honneur de la sépulture. Ils attachèrent tous à leur bras droit des bandelettes où ils avaient inscrit leur nom et celui de leurs pères, afin que, s'ils périssaient dans le combat et que les traits de leurs visages fussent altérés par le temps, on pût les reconnaître à ces marques, et que la postérité dît un jour en les nommant : « Les voilà ceux qui sont morts pour la patrie. »

Captivité et délivrance d'Aristomène. — Les Lacédémoniens vinrent attaquer les Messéniens retranchés dans un lieu appelé le Grand-Fossé, d'où ce combat prit le nom de bataille des Tranchées. Abandonnés au commencement de la bataille par Aristocrate, roi des Arcadiens, les Messéniens furent vaincus. Après une défense désespérée, Aristomène, avec les débris de son armée, se renferma dans la forteresse d'Ira, au milieu des montagnes qui s'élèvent sur la côte méridionale de la Messénie. Dans une sortie, il fut fait prisonnier, conduit à Sparte, et précipité avec ses compagnons dans un gouffre infect réservé pour le supplice des malfaiteurs. Par estime pour sa valeur, les Lacédémoniens lui avaient permis de conserver son bouclier; il dut la vie à cette circonstance. Le bouclier, en frappant contre les parois du gouffre, amortit sa chute et le préserva d'une mort inévitable. Aristomène était là gisant depuis deux jours au milieu des cadavres de ses compagnons, lorsqu'il aperçut un renard que la pâture avait attiré en ces lieux; il le saisit et se traîna à sa suite vers l'ouverture par laquelle l'animal était entré. Il rejoignit ses compatriotes à Ira.

Prise d'Ira. Retraite d'Aristomène. Dispersion des Messéniens. — A peine rendu à la liberté, Aristomène, apprenant que les Corinthiens marchaient au secours des Spartiates, les attaque à l'improviste pendant la nuit et en fait un grand carnage; mais le moment était venu où l'indépendance messénienne allait succomber. Après onze ans d'une lutte acharnée, la trahison d'un esclave livra aux Lacédémoniens la forteresse d'Ira. Les Messéniens se défendirent avec cette énergie que donne le désespoir. Le combat dura deux jours et deux nuits; les femmes mêmes y prirent part, aimant mieux périr avec leur patrie que d'être emmenées esclaves à Lacédémone. Cependant Aristomène, jugeant qu'une plus longue résistance devenait inutile, fit sortir de la forteresse les habitants qui y restaient encore, les rallia autour de lui, et, plaçant au centre de son bataillon les enfants et les femmes, les conduisit à travers l'armée ennemie, qui n'osa s'opposer à son passage (668). N'ayant plus d'espoir de délivrer sa patrie, il se retira dans l'île de Rhodes, d'où il passa en Ionie, et ensuite à Sardes, où il mourut. Les Rhodiens lui élevèrent un monument pour perpétuer le souvenir de ses vertus et de ses exploits.

Les Messéniens, fuyant la tyrannie de Sparte, passèrent en Sicile, où il se réunirent à Anaxilas, roi de Rhégium, qui était originaire de Messénie, pour faire la guerre aux habitants de Zanclée. Cette ville ayant été prise, les Messéniens en épargnèrent les habitants, et Zanclée, par reconnaissance, changea son nom en celui de Messane. La seconde guerre de Messénie avait duré dix-huit ans.

Guerre entre les Spartiates et les Argiens. — Sparte n'avait pas oublié que les Argiens avaient prêté leur secours aux Messéniens, et elle gardait contre eux un profond ressentiment. Plus tard, la guerre éclata au sujet du territoire de Thyrée. Ce canton faisait partie de l'Argolide; mais les Lacédémoniens l'en avaient retranché et se l'étaient approprié. Les Argiens étant venus au secours du territoire qui leur avait été enlevé, on convint, dans un pourparler, qu'on ferait combattre trois cents hommes de chaque côté; que ce territoire demeurerait au vainqueur; que les deux armées n'assisteraient point au combat, de peur que le parti qui aurait le dessous ne fût secouru par les siens.

Les deux armées se retirèrent après cet accord, et il ne resta que les guerriers choisis de part et d'autre. Ils combattirent des deux côtés avec tant d'égalité, que de six cents hommes il n'en resta que trois : Alcénor et Chromius, du côté des Argiens, et Othryadès, de celui des Lacédémoniens; et encore fallût-il que la nuit les séparât. Les deux Argiens coururent à Argos annoncer leur victoire. Pendant ce temps-là, Othryadès, guerrier des Lacédémoniens, dépouilla les Argiens tués dans le combat, porta leurs armes à son camp et se tint dans son poste. Le lendemain, les deux armées arrivent; instruites de l'événement, elles s'attribuent quelque temps la victoire : les Argiens, parce qu'ils avaient l'avantage du nombre; les Lacédémoniens, parce que les combattants d'Argos avaient pris la fuite, tandis que leur guerrier était resté à son poste et qu'il avait dépouillé leurs morts. Enfin, la dispute s'étant échauffée, on en vint aux mains, et, après une perte considérable de part et d'autre, les Lacédémoniens furent vainqueurs (544).

Depuis ce temps-là, les Argiens se rasèrent la tête; et, par une loi accompagnée d'imprécations contre les infracteurs, ils défendirent aux hommes de laisser croître leurs cheveux, et aux femmes de porter des ornements d'or, avant qu'on eût recouvré Thyrée. Quant à Othryadès, resté seul des trois cents Lacédémoniens, on dit que, honteux de retourner à Sparte après la perte de ses compagnons, il se tua sur le champ de bataille, dans le territoire de Thyrée.

Par ces guerres heureuses, Sparte étendit en peu de temps son influence sur tout le reste du Péloponèse, qui se trouvait partagé en petits États faibles; elle fut alors au plus haut point de sa grandeur. Athènes seule devait bientôt lui disputer la prééminence parmi les peuples de la Grèce.

Questionnaire.

Quelle fut la cause de la première guerre entre les Lacédémoniens et les Messéniens? — Quel serment firent les Lacédémoniens? — Quelle ville surprirent-ils? — Où se réfugièrent les Messéniens? — Que firent-ils alors? — Quelle fut la réponse de l'oracle? — Que fit Aristodème? — De quels peuples reçurent-ils des secours? — Sous quel chef remportèrent-ils des victoires sur les Lacédémoniens? — Qu'arriva-t-il à Aristodème? — Quel fut le sort de la forteresse d'Ithôme? — Où se réfugia une partie des Messéniens? — Comment les autres furent-ils traités? — Combien de temps avait duré cette première guerre? — De quels alliés s'assurèrent les Messéniens? — Qui les encouragea à reconquérir leur indépendance? — Dites les succès d'Aristomène. — A qui les Lacédémoniens demandèrent-ils un général? — Qui leur envoya-t-on? — Comment Tyrtée ranima-t-il leur courage? — Que firent les Spartiates? — Quelle fut la cause de la défaite des Messéniens? — Où se retira Aristomène? — Que lui arriva-t-il dans une sortie? — Comment échappa-t-il à la mort? — Comment la ville d'Ira fut-elle prise? — Que fit Aristomène? — Dans quel pays les Messéniens cherchèrent-ils un asile? — A quel prince se réunirent-ils? — Quelle ville épargnèrent-ils après l'avoir prise? — Comment la ville de Zanclée leur témoigna-t-elle sa reconnaissance? — Combien de temps avait duré la seconde guerre de Messénie? — A quel peuple Sparte fit-elle ensuite la guerre? — Quelle en était la cause? — Quelle convention firent les deux peuples? — Quelle fut l'issue du combat? — Pourquoi les deux armées en vinrent-elles ensuite aux mains? — A qui resta la victoire? — Quelle était alors la puissance de Sparte?

CHAPITRE XXI.

Depuis l'archontat de Dracon jusqu'à l'établissement de l'ostracisme à Athènes (624-508).

Dracon, archonte d'Athènes. Ses lois. — Cylon. Épiménide. — Solon. Ses lois. Éducation des enfants. — Pisistrate s'empare de l'autorité. Conduite de Solon. Gouvernement de Pisistrate. — Hipparque et Hippias, fils de Pisistrate. Harmodius et Aristogiton. — Clisthène. Établissement de l'ostracisme. Puissance d'Athènes.

Dracon, archonte d'Athènes. Ses lois. — Pendant que Sparte étendait sa domination, la ville d'Athènes était en proie à l'anarchie. Trois factions, dont chacune avait à sa tête une famille ancienne et puissante, se disputaient le pouvoir. La fortune et la vie des citoyens étaient livrées à des magistrats qui ne suivaient d'autres lois que leur intérêt ou leur caprice.

Pour mettre un terme à ces désordres, le peuple confia à Dracon, qui était alors archonte (624), le pouvoir de faire des lois qui devaient régir Athènes. Les lois que donna Dracon étaient si sévères, que l'on disait qu'elles avaient été écrites avec du sang. En effet, elles punissaient de mort les fautes les plus légères aussi bien que les crimes les plus atroces, « de manière, dit Plutarque, que ceux qui étaient atteints et convaincus d'oisiveté étaient condamnés à la mort, et ceux qui dérobaient des fruits ou des herbes dans un jardin étaient tout aussi sévèrement punis que les sacriléges ou les meurtriers. » Aussi les lois de Dracon ne furent pas exécutées, et les désordres continuèrent.

Cylon. Épiménide. — Un des principaux citoyens d'Athènes, nommé Cylon, essaya de profiter de ces désordres pour usurper le pouvoir souverain (600). Assiégé dans la citadelle d'Athènes, dont il s'était emparé par surprise, il s'y défendit quelque temps; mais enfin, se voyant privé de toutes ressources, il évita par une prompte fuite le châtiment qui l'attendait. Ses partisans furent massacrés, malgré la promesse qu'on leur avait faite de leur accorder la vie : quelques-uns de ces malheureux furent égorgés sur l'autel même des Euménides. Une peste cruelle, qui désola la ville bientôt après, fut attribuée par les Athéniens à la colère des dieux, irrités de ce parjure. Pour les désarmer, ils firent venir de Crète Épiménide (598), qui jouissait d'une grande réputation de sagesse et de sainteté. Epiménide fit bâtir de nouveaux temples, de nouveaux autels, institua de nouvelles cérémonies religieuses; il purifia entièrement la ville, en bannit l'impiété et l'injustice, et la rendit plus soumise, plus disposée à l'union et à la paix. Lorsque la maladie eut cessé ses ravages, les Athéniens, pleins de reconnaissance et d'admiration pour Epiménide, voulurent le combler d'honneurs et de présents; mais il ne demanda qu'une branche de l'olivier sacré, qui lui fut accordée, et il s'en retourna en Crète.

Solon. Ses lois. Éducation des enfants. — Après le départ d'Épiménide, les dissensions recommencèrent. Pour y mettre un terme, les Athéniens d'une voix unanime nommèrent (594) premier magistrat et législateur Solon, qui descendait des anciens rois d'Athènes. Solon avait passé une partie de sa vie à voyager dans diverses contrées, étudiant les mœurs, les lois, la politique des peuples; et les grandes connaissances qu'il avait rapportées de ses voyages lui avaient assigné un rang distingué parmi les sept sages de la Grèce. Il avait aussi rendu des services importants à sa patrie, en excitant les Athéniens à recouvrer Salamine, que les Mégariens leur avaient enlevée, et en dirigeant lui-même l'expédition qui avait eu pour résultat la prise de cette île.

Soutenu par l'appui de tous les citoyens, Solon procéda à la réforme des institutions. Il commença par diminuer les dettes et par remédier aux abus de l'usure en abaissant le taux de l'intérêt; il décréta que les biens du débiteur, et non plus sa personne, répondraient de sa dette, et en conséquence tous les citoyens qui étaient devenus esclaves pour dettes furent rendus à la liberté. Il abrogea toutes les lois de Dracon, à l'exception de celles qui punissaient l'homicide. Il régla ensuite la forme du gouvernement. La puissance souveraine résida dans l'assemblée du peuple, à laquelle tous les citoyens avaient droit d'assister; mais aucune affaire ne pouvait être soumise à cette assemblée générale avant d'avoir été discutée dans le sénat, qui était composé de quatre cents personnes. C'était l'assemblée générale qui nommait les magistrats et qui se faisait rendre compte de leur administration.

Solon étendit les attributions de l'Aréopage, ce

tribunal suprême qui n'avait guère exercé jusqu'alors que des fonctions judiciaires; il lui confia le maintien de la religion, l'éducation de la jeunesse, la censure des mœurs, l'inspection des finances et des édifices publics. Les archontes sortant de charge faisaient partie de l'Aréopage, si leur conduite dans les fonctions qu'ils avaient exercées ne méritait que des éloges.

Solon distribua tous les citoyens en quatre classes, suivant la proportion de leurs revenus. Les pauvres formèrent la quatrième classe; ils furent exempts de tout impôt, mais aussi exclus des emplois publics. Les magistratures étaient annuelles; les principales restèrent électives, c'est-à-dire données par le libre choix du peuple; les autres furent tirées au sort. Les neuf archontes présidaient les tribunaux qui prononçaient sur les contestations entre les citoyens. On pouvait appeler de leur sentence à des tribunaux supérieurs, composés de citoyens désignés par le sort dans les quatre classes.

Le nouveau législateur des Athéniens donna aussi tous ses soins à l'éducation. Les enfants restaient entre les mains des femmes tant que l'exigeait la faiblesse de leur âge; ils étaient ensuite confiés à deux maîtres, dont l'un formait le corps et l'autre l'esprit : c'était, d'un côté, la natation et divers exercices gymnastiques ; de l'autre, l'étude de la poésie, de l'éloquence et de la philosophie. Parvenus à l'âge de vingt ans, les jeunes gens faisaient le serment d'obéir aux lois de leur pays, de contribuer à sa prospérité autant qu'il serait en eux, de suivre fidèlement l'étendard de leurs chefs et de combattre jusqu'au dernier soupir pour leur pays.

Parmi les lois de Solon, il y en avait une qui notait d'infamie tout citoyen qui, dans les dissensions publiques, ne se déclarait pour aucun parti. Le législateur ne voulait pas que les citoyens restassent indifférents aux dangers communs, et que, contents d'avoir mis en sûreté leurs personnes et leurs biens, ils se fissent un mérite de n'avoir pris aucune part aux malheurs de la patrie. Par une autre loi, Solon défendit de dire du mal des morts: en effet, la justice commande de respecter la mémoire de ceux qui ne sont plus; l'intérêt public même ne veut pas que les haines soient éternelles. Il était pareillement défendu, sous peine d'une amende, d'injurier personne dans les temples, dans les tribunaux, dans les assemblées, dans les jeux publics.

Solon, après avoir obligé par serment les Athéniens à observer ses lois pendant cent ans, s'éloigna de sa patrie et visita d'abord l'Egypte, ensuite la cour de Crésus, roi de Lydie. Ce prince, tout fier des richesses immenses qu'il possédait, commanda de montrer tous ses trésors au philosophe athénien, d'étaler à ses yeux toute la magnificence de ses palais. Quand Solon eut tout visité, et qu'on l'eut reconduit auprès de Crésus, le roi lui demanda s'il avait connu quelqu'un de plus heureux que lui : « Oui, lui répondit Solon, c'était un simple citoyen d'Athènes, nommé Tellus, qui, ayant vécu en homme de bien, laissa des enfants généralement estimés et mourut avec gloire en combattant pour sa patrie. »

Pisistrate s'empare de l'autorité. Conduite de Solon. — Lorsque Solon retourna en Grèce après dix ans d'absence, il trouva les Athéniens près de retomber dans l'anarchie. Bientôt Pisistrate, l'un des principaux citoyens d'Athènes, poussé par son ambition, songea à s'emparer du pouvoir souverain (566). Pour y parvenir, il usa de stratagème. Après s'être blessé lui-même et mis le corps en sang, il se fit porter sur la place publique et souleva la multitude en lui persuadant que c'étaient ses ennemis qui, ne pouvant souffrir son zèle pour la république, l'avaient mis dans cet état. On lui accorda cinquante gardes pour la sûreté de sa personne. Pisistrate, ayant élevé ce nombre jusqu'à six cents, mit garnison dans la citadelle et s'empara de l'autorité absolue. Solon essaya d'armer le peuple contre l'usurpateur; mais voyant que la frayeur avait saisi tous les esprits et que personne ne l'écoutait, il rentra chez lui, prit ses armes, et les posa dans la rue, devant sa porte, comme un appel permanent à la résistance. Ses amis lui demandant sur quoi il se fiait pour agir avec tant d'audace : « Sur ma vieillesse, » répondit-il. Au reste, Pisistrate, devenu entièrement le maître, donna à Solon tant de marques de considération et de bienveillance, que ce législateur finit par se rapprocher de lui et lui donna des conseils pour le gouvernement d'Athènes. Quelques années après, Solon mourut à l'âge de quatre-vingts ans (559).

Exil et retour de Pisistrate. Son gouvernement. — Pisistrate, contre lequel s'étaient réunies les deux factions, qui avaient pour chef Lycurgue et Mégaclès, fut une première fois chassé d'Athènes.

Rappelé bientôt après par Mégaclès même, il ne conserva le pouvoir que pendant une année, et fut obligé de se réfugier dans l'île d'Eubée. Après être resté onze ans en exil, il rentra triomphant dans Athènes (538) et fit mettre à mort ceux qui lui avaient disputé le pouvoir. Mais dès qu'il pensa que son autorité était suffisamment raffermie, il fit oublier ses cruautés par sa justice, sa libéralité et sa modération. Ami des lettres et de la poésie, il fit connaître aux Athéniens les poëmes d'Homère et fut le premier qui réunit en un seul corps d'ouvrage les fragments épars de ces poëmes. Il fonda une bibliothèque publique et il embellit la ville par des temples, des gymnases, des fontaines. Ses lois, en bannissant l'oisiveté, encouragèrent l'agriculture et l'industrie. Il ranima la valeur des troupes en promettant aux soldats invalides une subsistance assurée pour le reste de leurs jours. Aux champs, dans la place publique, dans ses jardins ouverts à tout le monde, Pisistrate paraissait comme un père au milieu de ses enfants, toujours prêt à écouter les plaintes des malheureux. Lorsqu'il mourut (528), il laissa le pouvoir souverain à ses deux fils, Hipparque et Hippias.

Hipparque et Hippias, fils de Pisistrate. Harmodius et Aristogiton. — Les fils de Pisistrate gouvernèrent d'abord avec la même sagesse que leur père. Hippias, ami des lettres comme lui, attira à Athènes les poëtes Simonide et Anacréon et les combla de richesses et d'honneurs.

Deux jeunes Athéniens, Harmodius et Aristogiton, d'une illustre naissance et unis de la plus étroite amitié, ayant été outragés par Hipparque, résolurent de venger cette injure en le tuant ainsi que son frère : ils attendirent, pour exécuter leur dessein, la fête des grandes Panathénées, jour où tous les citoyens se réunissaient en armes. Ils n'avaient mis dans le secret de leur conjuration qu'un petit nombre d'amis, comptant qu'au premier mouvement le peuple se joindrait à eux. Au jour désigné, ils se rendirent de bonne heure dans la place publique, armés de poignards qu'ils tenaient cachés sous des branches de myrte. Hippias, étant sorti du palais, alla dans le Céramique, qui est un lieu hors de la ville, et y donna ses ordres pour la cérémonie. Les deux amis l'y avaient suivi, mais en voyant un des conjurés qui s'entretenait familièrement avec lui, ils se crurent trahis ; ils rentrèrent dans la ville, et ayant rencontré Hipparque, ils le tuèrent. Harmodius fut massacré sur-le-champ par les gardes du prince; Aristogiton, qui était d'abord parvenu à s'échapper, fut bientôt pris et il périt dans les supplices (515).

Hippias, irrité du meurtre de son frère, appesantit sur les Athéniens un joug odieux. Cinq ans après, attaqué par Clisthène, fils de Mégaclès et chef des Alcméonides, famille puissante d'Athènes, il fut obligé d'abdiquer la tyrannie (510). Après avoir erré quelque temps avec sa famille, il se rendit auprès de Darius, roi de Perse, et périt ensuite à la bataille de Marathon en combattant contre sa patrie.

Clisthène. Établissement de l'ostracisme. Puissance d'Athènes. — Clisthène raffermit la constitution que Solon avait établie. Pour se concilier la faveur du peuple, il partagea en dix tribus les quatre qui, depuis Cécrops, comprenaient les habitants de l'Attique, et, tous les ans, on tirait de chacune cinquante sénateurs, ce qui porta le nombre de ceux-ci à cinq cents.

Afin de prévenir les dangers que l'ambition des citoyens pouvait faire courir à la liberté publique, Clisthène établit l'ostracisme. C'était une espèce de jugement, ainsi appelé parce que les citoyens donnaient leur suffrage en écrivant le nom de l'accusé sur une coquille enduite de cire. Il fallait six mille votes pour que la condamnation fût prononcée. Le citoyen condamné était exilé pour dix ans. Clisthène éprouva lui-même les effets de cette loi et fut exilé (508) par les intrigues d'Isagoras, chef d'une faction rivale; mais il fut bientôt rappelé, et revint en triomphe à la tête des Alcméonides.

Ce fut pendant l'administration de Clisthène que les Athéniens commencèrent à étendre leur puissance au dehors. Les Lacédémoniens, les Béotiens, les Eginètes et les Chalcidiens d'Eubée s'étant coalisés contre Athènes, leur armée s'avança jusqu'à Eleusis; mais avant d'avoir remporté aucun avantage, elle fut dissoute par la retraite des Corinthiens, et par la mésintelligence des deux rois Démarate et Cléomène. Alors les Athéniens, prenant l'offensive, battirent les Béotiens et se rendirent maîtres de Chalcis. Peu après, les Lacédémoniens, inquiets des succès et de l'agrandissement des Athéniens, formèrent le projet de rétablir Hippias dans la tyrannie; ce projet échoua, grâce à l'opposition des Corinthiens, et Athènes étendit encore sa puissance par la soumission de l'île de Lemnos.

Questionnaire.

Quelle était la situation d'Athènes pendant que Sparte étendait sa domination? — A qui les Athéniens confièrent-ils le pouvoir de leur donner des lois? — Quel était le caractère des lois de Dracon? — Ces lois furent-elles exécutées? — Quel citoyen essaya d'usurper le pouvoir souverain? — Quel fut le sort de Cylon? — Comment furent traités ses partisans? — Qu'arriva-t-il aux Athéniens? — Que firent-ils pour désarmer la colère des dieux? — Que fit Épiménide? — Que se passa-t-il après son départ? — A qui furent confiées les fonctions de magistrat et de législateur? — Quelle fut la première mesure que prit Solon? — Que fit-il à l'égard des lois de Dracon? — Comment régla-t-il la forme du gouvernement? — En combien de classes furent distribués les citoyens? — Solon s'occupa-t-il de l'éducation des enfants? — Citez quelques-unes de ses lois. — Que fit Solon après avoir donné ses lois? — Dans quel état trouva-t-il Athènes à son retour? — Quel citoyen s'empara du pouvoir? — Quelle fut la conduite de Solon? — A quel âge mourut-il? — Pisistrate conserva-t-il toujours le pouvoir? — Quelle fut sa conduite lorsque son autorité fut affermie? — A qui Pisistrate laissa-t-il le pouvoir? — Comment gouvernèrent ses fils? — Comment périt Hipparque? — Quel fut le sort d'Harmodius et d'Aristogiton? — Que fit Hippias? — Par qui fut-il dépouillé de l'autorité? — Que devint-il? — Que fit Clisthène? — Quelle institution établit-il? — Qu'était-ce que l'ostracisme? — Clisthène n'éprouva-t-il pas les effets de cette loi? — Quelle était la puissance d'Athènes?

CHAPITRE XXII.

Depuis le commencement des guerres médiques jusqu'à la bataille de Marathon (505-490).

Guerres médiques. — Révolte des Ioniens contre les Perses. — Première guerre médique. — Les Athéniens envoient des secours aux Ioniens. Incendie de Sardes. Soumission de l'Ionie. — Première expédition des Perses sous la conduite de Mardonius. Sa retraite. — Seconde expédition des Perses commandée par Datis et Artapherne. Destruction d'Érétrie. — Bataille de Marathon. Défaite des Perses. — Honneurs rendus à Miltiade. Sa mort.

Guerres médiques. — Vers cette époque commença la grande lutte de l'Asie contre l'Europe, de la Perse contre la Grèce. Cette lutte, dans laquelle les Grecs, n'ayant à opposer que de faibles ressources à la puissance formidable des Perses, semblaient devoir succomber, leur valut au contraire une gloire immortelle. L'amour de la patrie et de la liberté leur fit faire des prodiges d'héroïsme, et ils eurent pour les conduire à la victoire les chefs les plus illustres, Miltiade, Léonidas, Thémistocle, Aristide et Pausanias. L'origine des guerres médiques fut la révolte de l'Ionie contre le roi de Perse.

Révolte des Ioniens contre les Perses (501). Première guerre médique. — Les colonies grecques de l'Asie Mineure avaient été soumises par Cyrus lorsqu'il conquit la Lydie, et depuis son règne elles étaient sous la domination des Perses. Aristagoras, neveu d'Histiée, qui gouvernait Milet au nom de Darius, ayant encouru l'inimitié d'Artapherne, frère de ce prince, chercha à prévenir sa disgrâce, et peut-être le châtiment qui l'attendait, en soulevant l'Ionie. Histiée favorisait secrètement les projets de son neveu, et, lorsqu'il jugea le moment favorable, il lui envoya de Suse un courrier qui lui apportait l'ordre de prendre les armes. Cet ordre était empreint sur la tête du courrier. Histiée, voulant mander à Aristagoras que le moment de se soulever était venu, ne trouva pas d'autre moyen de le faire avec sûreté, parce que les chemins étaient soigneusement gardés. Il fit raser la tête au plus fidèle de ses esclaves, y imprima des caractères et attendit que ses cheveux fussent revenus. Alors il l'envoya à Milet, avec ordre seulement de dire, à son arrivée, à Aristagoras de lui raser la tête et de l'examiner ensuite. Or ces caractères, comme nous venons de le dire, lui ordonnaient de se révolter.

Aristagoras, voyant que tout concourait dans le même temps à favoriser son projet, le communiqua à ceux de son parti, ainsi que les ordres d'Histiée, et en délibéra avec eux; ils l'exhortèrent tous unanimement à secouer le joug. Pour s'assurer le secours des Grecs d'Europe, Aristagoras se rendit d'abord à Sparte (505), où il chercha à séduire le roi Cléomène par des promesses et des présents. Il lui montra, sur une planche d'airain gravée, les riches contrées dont la guerre devait le mettre en possession. Cléomène demanda trois jours pour rendre sa réponse. Ce délai expiré, il demanda à Aristagoras combien il y avait de chemin entre la mer et la capitale des Perses; Aristagoras répliqua inconsidérément qu'il fallait trois mois de marche pour arriver à Suse. Cléomène, l'interrompant sur-le-champ, lui dit avec indignation : « Étranger, vous avez fait une proposition dangereuse en voulant engager les Lacédémoniens à entreprendre un voyage de trois mois au delà des mers de la Grèce. Sortez de Sparte avant le coucher du soleil. » Aristagoras, sans se décourager, revêtit la robe des suppliants, et, tenant une branche d'olivier à la main, il suivit Cléomène dans sa maison, essayant d'ébranler sa résolution par l'offre d'une grande somme d'argent; mais Cléomène resta inaccessible à la corruption, et Aristagoras quitta Sparte pour se rendre à Athènes où il réussit mieux.

Les Athéniens envoient des secours aux Ioniens. Incendie de Sardes. Soumission de l'Ionie. — Les Athéniens, irrités de la faveur que Darius accordait à Hippias, fils de Pisistrate, accueillirent la demande d'Aristagoras. Ils équipèrent vingt vaisseaux, qui, réunis aux cinq vaisseaux fournis par Érétrie, ville de l'Eubée, allèrent débarquer des troupes à Éphèse (504). Trois jours après, la ville de Sardes fut prise et brûlée; mais les Perses, supérieurs en force, repoussèrent les confédérés, et les Athéniens se rembarquèrent.

Lorsque Darius reçut la nouvelle de l'incendie de Sardes, il s'informa quel était ce peuple athénien dont il n'avait jamais entendu parler : alors il demanda son arc et lança une flèche vers le ciel, en s'écriant : « O Jupiter, puissé-je me venger des Athéniens! » Il ordonna ensuite à un de ses officiers de lui répéter à trois reprises, toutes les fois qu'on lui servirait à dîner : « Seigneur, souvenez-vous des Athéniens. »

Les Grecs d'Asie, abandonnés de leurs alliés, continuèrent quelque temps la guerre avec un courage et une persévérance dignes d'un meilleur sort. Leurs vaisseaux, attaqués par les forces supérieures des Perses, se défendirent avec vigueur, et ne cédèrent qu'à la dernière extrémité (498). Les Perses assiégèrent ensuite Milet par terre et par mer; ils battirent cette place avec toutes sortes de machines de guerre, et, ayant poussé des mines sous ses murs, ils la prirent d'assaut la sixième année après la révolte d'Aristagoras et réduisirent les habitants en esclavage. Au printemps suivant, la flotte persane subjugua les îles de Chio, de Lesbos et de Ténédos.

Première expédition des Perses sous la conduite de Mardonius. Sa retraite. — Lorsque la révolte d'Ionie eut été ainsi étouffée, Darius résolut de se venger d'Athènes et d'Érétrie, qui l'avaient soutenue, et confia l'exécution de ce dessein à Mardonius, son gendre (496). La flotte de Mardonius, après avoir soumis l'île de Thasos, fut assaillie, en doublant le promontoire du mont Athos, par une tempête qui y fit périr trois cents vaisseaux et vingt mille hommes. L'armée de terre, qui avait subjugué une partie de la Macédoine, fut surprise et taillée en pièces par les Thraces. Après ce double désastre, Mardonius n'osa rien entreprendre contre la Grèce et retourna en Perse.

Darius, malgré le mauvais succès de cette première expédition, ne renonça pas à ses projets; mais, avant d'entreprendre une nouvelle expédition, il envoya en Grèce des hérauts pour exiger en son nom la terre et l'eau : c'était la formule que les Perses employaient pour demander l'hommage des nations (495). La plus grande partie des îles et des peuples du continent consentirent à rendre cet hommage. Les Athéniens et les Lacédémoniens le refusèrent, et, sans respect pour le droit des gens, ils firent périr ces hérauts ; ils les jetèrent dans des puits ou des fosses profondes, leur disant, par dérision, de prendre eux-mêmes ce qu'ils étaient venus chercher.

Seconde expédition des Perses commandée par Datis et Artapherne. Destruction d'Érétrie. — Pour venger ce nouvel outrage, Darius rassembla une armée de cinq cent mille hommes et une flotte de six cents vaisseaux, dont il confia le commandement à Datis et à Artapherne. Il ordonna à ces deux généraux de soumettre les républiques de la Grèce, et plus particulièrement de châtier les Érétriens et les Athéniens. Ne doutant pas du succès de cette expédition, il fit joindre aux bagages de l'armée et aux approvisionnements des navires un grand nombre de chaînes pour attacher les prisonniers, lorsque ces peuples auraient été réduits à l'obéissance. Après avoir soumis ou ravagé plusieurs îles, la flotte des Perses aborda à Caryste, en Eubée. Les Érétriens, bien qu'attaqués par des forces supérieures, opposèrent une résistance opiniâtre. Mais ils furent trahis par quelques citoyens que les Perses avaient gagnés ; leur ville fut prise et détruite, et ils furent envoyés en Asie, chargés de chaînes. Après cette victoire, les généraux perses partirent de l'Eubée avec cent mille hommes d'infanterie et dix mille hommes de cavalerie, et, guidés par Hippias, ils débarquèrent en Attique, sur le rivage de Marathon.

Bataille de Marathon (490). Défaite des Perses. — Les Athéniens ne pouvaient opposer à cette armée formidable que dix mille citoyens et des esclaves armés. Les Spartiates, qui avaient promis de les secourir, retenus par une ancienne superstition qui ne leur permettait pas d'entrer en campagne avant la pleine lune, n'arrivèrent qu'après la bataille. Les Platéens seuls fournirent un corps de mille hommes.

Cette petite armée était sous les ordres de dix généraux qui devaient commander chacun à leur tour, et au nombre desquels se trouvaient Miltiade, Aristide et Thémistocle. Suivant l'exemple donné par Aristide, tous ces généraux cédèrent le commandement à Miltiade, qui fit de sages dispositions pour rendre inutile à l'ennemi la supériorité du nombre de ses soldats, et surtout de sa cavalerie. Miltiade plaça son camp sur le penchant d'une colline, à huit stades[1] de celui des Perses, et fit remplir l'espace intermédiaire de branches et de troncs d'arbres, afin de briser le choc de la cavalerie persane. A l'aile droite étaient rangés les Athéniens, les tribus se suivant, chacune d'après le rang qu'elle tenait dans l'Etat; au centre se trouvaient les esclaves qu'on avait admis, dans cette occasion, à l'honneur de porter les armes. Les Platéens occupaient le dernier rang à l'aile gau-

---

1. Le stade, mesure itinéraire, valait cent quatre-vingt-cinq de nos mètres.

che. Au premier signal, les Grecs franchirent en courant l'espace qui les séparait de l'ennemi. Les Perses, étonnés d'un genre d'attaque si nouveau, restèrent un moment immobiles; mais bientôt ils opposèrent à la fureur impétueuse des ennemis une fureur plus tranquille et non moins redoutable. Après quelques heures d'un combat opiniâtre, les deux ailes de l'armée grecque commencent à fixer la victoire. L'aile droite disperse les ennemis dans la plaine; l'aile gauche les refoule dans un marais qui offre l'aspect d'une prairie, et dans lequel ils s'engagent et restent ensevelis. Toutes deux volent au secours d'Aristide et de Thémistocle, qui étaient près de succomber sous les meilleures troupes que Datis avait placées dans son corps de bataille. Dès ce moment, la déroute devient générale. Les Perses, repoussés de tous côtés, cherchent un asile sur leur flotte, qui s'était rapprochée du rivage, et sont poursuivis par les vainqueurs, qui en font un grand carnage. Sept vaisseaux tombèrent au pouvoir des Athéniens, et le reste de la flotte, après une tentative inutile pour surprendre le port d'Athènes, fit voile pour l'Asie.

Cette mémorable bataille se livra l'an 490 avant J. C., le jour et le mois qui correspondent au 29 septembre. L'armée persane y perdit environ six mille quatre cents hommes, celle des Athéniens cent quatre-vingt-douze héros; car il n'y en eut pas un qui, dans cette occasion, ne méritât ce titre. Miltiade y fut blessé; Hippias y périt, ainsi que Stésilée et Callimaque, deux des généraux d'Athènes. Au nombre des Athéniens qui se distinguèrent à la bataille de Marathon, se trouvait le poëte Eschyle, qui plus tard célébra, dans une tragédie intitulée les *Perses,* le triomphe des Grecs sur les barbares.

Cependant un soldat avait été dépêché par l'armée grecque pour porter au sénat l'heureuse nouvelle de la victoire. Il arriva à Athènes, épuisé par la fatigue et les émotions qui l'agitaient; il n'eut que le temps de s'écrier : « Réjouissez-vous avec les vainqueurs! » et il expira aussitôt. Une partie des dépouilles des Perses fut consacrée aux dieux, le reste fut partagé entre les plus braves guerriers. Suivant un usage ancien, les obsèques des morts furent célébrées avec une pompeuse solennité, et on institua des fêtes annuelles pour rappeler leur mémoire. Les Platéens furent associés à ces honneurs, et, depuis cette époque, dans les sacrifices solennels offerts par les Athéniens, le héraut, en faisant des vœux pour la prospérité d'Athènes, priait aussi pour les Platéens. Dix colonnes, une pour chaque tribu, furent élevées dans la plaine de Marathon, et sur chacune de ces colonnes furent gravés les noms des cent quatre-vingt-douze héros.

Le surlendemain du combat arrivèrent deux mille Spartiates : ils n'avaient mis que trois jours à faire le chemin. Quoique instruits de la fuite des Perses, ils continuèrent leur route jusqu'à Marathon, et ne craignirent pas d'affronter l'aspect des lieux où une nation rivale s'était signalée par de si grands exploits : ils y virent les tentes des Perses encore dressées, la plaine jonchée de morts et couverte de riches dépouilles. Ils y trouvèrent Aristide qui veillait, avec sa tribu, à la garde des prisonniers et du butin, et ne se retirèrent qu'après avoir donné de justes éloges aux vainqueurs.

Honneurs rendus à Miltiade. Sa disgrâce et sa mort. — Pour honorer Miltiade, on le représenta, au milieu d'un groupe de héros, peint sur le mur d'un portique nommé Pœcile. La gloire dont il s'était couvert à la journée de Marathon lui donna la prééminence dans Athènes; mais ses services ne le mirent pas à l'abri de l'ingratitude du peuple. On lui avait confié la mission de réduire les petites îles qui avaient accepté le joug des barbares, et les commencements de cette expédition furent heureux. Mais, ayant échoué contre l'île de Paros, il fut accusé de trahison et condamné à être jeté dans la fosse où l'on faisait périr les malfaiteurs. Le magistrat s'étant opposé à l'exécution de cet infâme décret, la peine fut commuée en une amende de cinquante talents[1]. Miltiade ne put point payer une somme aussi considérable; il fut jeté dans une prison, où il mourut des blessures qu'il avait reçues en combattant pour sa patrie. Plus tard on lui éleva un tombeau dans la plaine de Marathon, témoin de son glorieux triomphe.

Questionnaire.

Quelle fut l'origine des guerres médiques? — Par qui avaient été soumises les colonies grecques de l'Asie Mineure? — Par qui furent-elles poussées à la révolte? — Quel moyen prit Histiée pour faire savoir à son neveu

[1]. Le talent attique, d'argent, valait, comme monnaie, environ 5,500 fr.

que le moment de se soulever était arrivé? — De qui Aristagoras sollicita-t-il le secours? — Comment fut-il reçu par le roi de Sparte? — Quel motif engagea les Athéniens à accueillir sa demande? — Combien de vaisseaux envoyèrent-ils aux Ioniens? — Quelle autre ville leur fournit des secours? — Où débarquèrent les troupes athéniennes? — Quelle ville les confédérés brûlèrent-ils? — A qui resta la victoire? — Que firent les Athéniens? — Que dit Darius en apprenant l'incendie de Sardes? — Que devinrent les Grecs d'Asie? — Quel projet forma Darius? — A qui en confia-t-il l'exécution? — Que devint la flotte de Mardonius? — Quel fut le sort de son armée de terre? — Que fit Mardonius après ce double désastre? — Que fit Darius avant d'entreprendre une nouvelle expédition? — Comment ses envoyés furent-ils traités à Athènes et à Sparte? — Quelles forces rassembla Darius? — Où débarquèrent les généraux perses? — Quelles forces les Athéniens pouvaient-ils opposer aux Perses? — Décrivez la bataille de Marathon. — Que fit la flotte des Perses? — Comment la nouvelle de la victoire fut-elle annoncée à Athènes? — Les Spartiates ne vinrent-ils pas après la bataille? — Quels honneurs furent rendus à Miltiade? — Ne fut-il pas ensuite victime de l'ingratitude de ses concitoyens?

CHAPITRE XXIII.

Depuis la bataille de Marathon jusqu'à la fin des guerres médiques (490-430).

Rivalité d'Aristide et de Thémistocle. Exil d'Aristide. Prévoyance de Thémistocle. — Seconde guerre médique. Expédition de Xerxès en Grèce. Dénombrement de son armée. — Léonidas aux Thermopyles. Dévouement des Spartiates. — Combat d'Artémisium. Conseil de Thémistocle. Ruine d'Athènes. — Bataille de Salamine. Fuite de Xerxès. — Bataille de Platée. Combat de Mycale.

Rivalité d'Aristide et de Thémistocle. Exil d'Aristide. Prévoyance de Thémistocle. — Après la mort de Miltiade, Aristide et Thémistocle, également distingués par leur naissance et leurs grandes qualités, se partagèrent la faveur des Athéniens. Aristide, ferme et constant dans ses mœurs, inébranlable dans ses principes de justice, ne se permettait jamais ni mensonge, ni flatterie, ni déguisement. Il ne se proposait pour but de son administration ni la faveur du peuple ni sa propre gloire; mais, toujours porté à ce qu'il croyait le meilleur dans l'intérêt commun, il était souvent obligé de résister à Thémistocle et de s'opposer à l'élévation d'un homme qui voulait introduire de grands changements dans la république. Thémistocle était si passionné pour la gloire, qu'entendant vanter partout les exploits de Miltiade, il restait pensif et rêveur et ne fréquentait plus les festins publics. Lorsque ses amis, surpris de ce changement de vie, lui en demandèrent la raison, il leur répondit que les trophées de Miltiade l'empêchaient de dormir.

Irrité de voir sans cesse Aristide s'opposer à ses projets et contrarier ses vues, Thémistocle parvint à rendre son rival suspect au peuple et lui fit appliquer la peine de l'ostracisme. C'était, comme nous l'avons vu, un exil de dix ans. Le jour qu'Aristide fut banni, un paysan grossier qui ne savait pas écrire, pendant qu'on écrivait les noms sur les coquilles, donna la sienne à Aristide, qu'il prit pour un homme du peuple, et le pria d'écrire le nom d'Aristide. Celui-ci, fort surpris, demanda à cet homme si Aristide lui avait fait quelque tort. « Aucun, répondit le paysan; je ne le connais même pas; mais je suis fatigué de l'entendre partout appeler le Juste. » Aristide écrivit son nom sans lui dire un seul mot et lui rendit sa coquille. En sortant de la ville pour aller à l'exil, il leva les mains vers le ciel et demanda aux dieux que les Athéniens ne se trouvassent jamais dans une situation assez fâcheuse pour se souvenir d'Aristide.

Thémistocle, débarrassé de ce rival redoutable, et pouvant disposer d'une autorité presque sans bornes, n'usa heureusement du pouvoir que pour augmenter au dehors la grandeur de sa patrie. Par ses conseils, les Athéniens employèrent à la construction d'une flotte le produit des mines d'argent du mont Laurium. Ce fut ainsi qu'ils équipèrent en peu de temps cent galères, et ces forces navales leur donnèrent bientôt l'empire de la mer. Thémistocle pensait avec raison que la bataille de

Marathon n'était que le prélude de plus grands combats; prévoyant de loin les événements, il se préparait à cet avenir pour assurer dès lors le salut de la Grèce, et il y disposait ses concitoyens.

Seconde guerre médique. Expédition de Xerxès en Grèce. Dénombrement de son armée. — En effet, peu de temps après, la Grèce fut menacée par une nouvelle invasion des Perses. Xerxès, qui avait succédé à Darius, reprit ses projets de vengeance contre les Grecs, et se rendit sur les bords de l'Hellespont avec la plus nombreuse armée qui ait jamais dévasté la terre. Sa flotte, composée de douze cents galères à trois rangs de rames et de trois mille vaisseaux de transport, portait cinq cent mille hommes. Son armée de terre réunissait un million sept cent mille hommes d'infanterie, quatre cent mille de cavalerie, et une multitude d'esclaves et de valets d'armée qui surpassaient peut-être encore le nombre des soldats. On eût dit que l'Asie entière s'était donné rendez-vous dans les plaines de Suse. On y voyait, outre les Perses et les Mèdes, des Assyriens, des Bactriens, des Scythes, des Indiens, des Parthes, des Arabes, des Phrygiens, des Arméniens, des Lydiens, des Thraces, sans compter encore une foule d'autres peuples venus de différentes contrées. Xerxès fit construire un pont de bateaux sur l'Hellespont, et la plus grande partie de l'armée passa en sept jours et sept nuits de la côte asiatique d'Abydos à celle de Sestos en Europe.

Lorsque Xerxès eut passé l'Hellespont, la plupart des contrées de la Grèce septentrionale, la Thrace, la Macédoine, la Thessalie, la Doride et la

Béotie, à l'exception de Thèbes et de Platée, se soumirent au roi de Perse et lui fournirent de nouveaux soldats. Cependant les Athéniens et les Spartiates, quoique n'ayant pu obtenir aucun secours des îles de la mer Egée ni des colonies grecques de Sicile et d'Italie, résolurent de se défendre. Les Locriens, les Phocéens, les Thespiens, les Corinthiens, les Tégéates, les Mantinéens, les Orchoméniens et quelques autres Etats moins considérables se réunirent à eux pour repousser les barbares.

Léonidas aux Thermopyles. Dévouement des Spartiates. — Léonidas, roi de Sparte, fut envoyé avec une petite armée d'environ quatre mille hommes pour garder le défilé des Thermopyles, entre la Thessalie et la Locride, qui était le seul passage par où les Perses pouvaient pénétrer dans la Grèce méridionale; et une flotte de trois cents vaisseaux, sous les ordres du Lacédémonien Eurybiade, occupa le détroit d'Artémisium entre les côtes de la Thessalie et celles de l'Eubée. Dans la petite armée commandée par Léonidas, on comptait trois cents Spartiates, sept cents Thespiens, quatre cents Thébains, et le reste se composait de troupes venues du Péloponèse.

Xerxès était persuadé que les Grecs prendraient la fuite dès qu'ils le verraient paraître. Aussi il fut étrangement surpris en apprenant qu'ils se préparaient à lui disputer le passage. Démarate, un des rois de Sparte, qui avait été banni de sa patrie, avertit ce prince de la valeur des Lacédémoniens, à qui la défense des Thermopyles avait été confiée, et déclara qu'ils périraient jusqu'au dernier plutôt que de se rendre. Cependant Xerxès attendit quelques jours, dans l'espérance que les Grecs se retireraient. Le cinquième jour, il écrivit à Léonidas : « Si tu veux te soumettre, je te donnerai l'empire de la Grèce. » Léonidas répondit : « J'aime mieux mourir pour ma patrie que de l'asservir. » Une seconde lettre du roi ne contenait que ces mots : « Rends-moi tes armes. » Léonidas écrivit au-dessous : « Viens les prendre. »

Xerxès, voyant que les Grecs étaient déterminés à se défendre, fit marcher contre eux les Mèdes et les Cissiens. Les Mèdes furent bientôt mis en déroute, et dix mille Perses qui les relevèrent n'eurent pas un meilleur succès. Une nouvelle attaque, tentée le lendemain, fut également malheureuse. Xerxès avait perdu ses meilleurs soldats; et il désespérait de forcer le passage, lorsqu'un habitant du pays, nommé Ephialte, lui indiqua un sentier détourné par lequel on pouvait gagner les hauteurs et envelopper les Lacédémoniens.

Xerxès envoya aussitôt un corps choisi de dix mille Perses qui partirent au commencement de la nuit, guidés par le traître Ephialte. Léonidas, instruit de la marche des Perses par un déserteur, assembla les Grecs et les conjura de se réserver pour des temps meilleurs, ajoutant que, quant à lui et à ses trois cents Spartiates, ils ne pouvaient point abandonner un poste confié à leur honneur. Les Thespiens, qui étaient au nombre de sept cents, protestèrent qu'ils voulaient partager le sort des Spartiates. Les quatre cents Thébains restèrent malgré eux et contre leur gré; ils furent gardés comme otages par Léonidas. Le reste des troupes alliées eut le temps de sortir du défilé.

Au milieu de la nuit, Léonidas, à la tête de sa petite troupe, surprit le camp des Perses et, renversant tout sur son passage, pénétra jusqu'à la tente de Xerxès, qui n'échappa à la mort que par la fuite. Les barbares, surpris par cette attaque imprévue, ne sachant où porter leurs pas, où diriger leurs coups, se jetaient au hasard au milieu de la mêlée et, dans leur terreur, s'égorgeaient les uns les autres. Les Grecs en firent aussi un grand carnage. Mais le jour ayant montré aux Perses le petit nombre de leurs ennemis, ils se rallièrent et attaquèrent les Grecs de toutes parts. Léonidas tomba sous une grêle de traits. Les Grecs, quoique épuisés de fatigue et réduits à un petit nombre, enlevèrent le corps de leur général, et repoussèrent quatre fois l'ennemi dans leur retraite. Mais enfin, enveloppés par les Perses qui les poursuivaient et par le détachement que le sentier avait conduit à l'extrémité du défilé, ils périrent jusqu'au dernier en vendant chèrement leur vie. Les Thébains s'étaient rendus aux Perses avant la fin du combat.

Les Spartiates et les Thespiens furent tous ensevelis à l'endroit où ils avaient été tués. On voyait sur leur tombeau cette inscription, ainsi que sur le monument de ceux qui avaient péri avant que Léonidas eût renvoyé les alliés : « Quatre mille Péloponésiens combattirent autrefois dans ces lieux contre trois millions d'hommes. » Cette inscription regardait tous ceux qui avaient eu part à l'action des Thermopyles ; mais celle-ci était pour les Spartiates en particulier : « Passant, va dire à Sparte que nous reposons ici pour avoir obéi à ses lois. » Les amphictyons firent graver ces inscriptions sur des colonnes, afin d'honorer la mémoire de ces braves guerriers.

Combat d'Artémisium. Conseil de Thémistocle. Ruine d'Athènes. — Pendant que Xerxès était arrêté aux Thermopyles, sa flotte, après avoir essuyé sur les côtes de la Magnésie une tempête qui y fit périr quatre cents galères et un grand nombre de vaisseaux de transport, se présenta devant la flotte grecque qui occupait le détroit d'Artémisium. Deux cents vaisseaux persans tournèrent l'île d'Eubée, et allaient envelopper les Grecs, lorsqu'une nouvelle tempête les brisa contre les écueils. Pendant trois jours il se donna plusieurs combats, dans lesquels les Grecs eurent presque toujours l'avantage. Ils apprirent enfin que le passage des Thermopyles était forcé, et se retirèrent à l'île de Salamine.

Les Athéniens, suivant les conseils de Thémistocle, et obéissant à l'oracle qui leur avait dit de se renfermer dans des murs de bois, prirent une résolution héroïque. Ils abandonnèrent à la fureur des barbares leur territoire, leur ville, leurs temples, les tombeaux de leurs ancêtres, et firent transporter les femmes, les enfants et les vieillards dans les îles de Salamine et d'Egine, et dans la ville de Trézène, sur la côte de l'Argolide. Alors tous ceux qui pouvaient porter les armes ou manier la rame, passèrent sur la flotte, qui était stationnée à Salamine. Après avoir dévasté l'Attique, Xerxès entra dans Athènes, qu'il trouva abandonnée par le plus grand nombre des habitants. Ceux qui y étaient restés se battirent avec une valeur incroyable et se firent tuer plutôt que de se rendre. Enfin Xerxès, maître de la ville, la livra d'abord au pillage, ensuite aux flammes, signalant surtout sa fureur contre les temples des dieux.

Bataille de Salamine (480). Fuite de Xerxès.—La flotte perse avait reçu des renforts qui réparèrent ses pertes, et se composait de douze cents vaisseaux; celle des Grecs en comptait trois cent quatre-vingts. La plupart des chefs des troupes confédérées étaient d'avis de se retirer devant les forces supérieures des Perses. Thémistocle seul osa soutenir qu'il fallait résister et combattre. Son éloquence avait déjà ramené à son avis ceux qui s'y étaient montrés d'abord le plus opposés, lorsque le commandant en chef de la flotte, le Spartiate Eurybiade, dans un mouvement d'impatience et de colère, alla jusqu'à lever le bâton sur lui. « Frappe, lui dit Thémistocle, mais écoute. » Aristide, qui avait été tout récemment rappelé de son exil, vint prêter l'appui de son éloquence et de sa raison à son ancien rival, à qui il adressa ces belles paroles : « Remettons à un autre temps nos querelles, et disputons, dans les circonstances présentes, à qui rendra de plus grands services à la patrie. » Enfin l'avis de Thémistocle l'emporta, et, dès que le jour parut, le combat s'engagea dans le détroit de Salamine. Xerxès, pour animer ses troupes par sa présence, s'était placé sur une hauteur voisine. Aussi les Perses attaquèrent-ils leurs ennemis avec ardeur. Mais combattant avec confusion, sans règle, sans jugement, contre des soldats aguerris et parfaitement disciplinés, ils furent bientôt mis en déroute. Les Grecs remportèrent une victoire complète : ils détruisirent deux cents vaisseaux perses, en prirent un grand nombre et ne perdirent que quarante galères. Au milieu de l'action, Artémise, reine d'Halicarnasse, alliée de Xerxès, se voyant entourée d'ennemis et sur le point de tomber au pouvoir d'une trirème athénienne qui la suivait de près, n'hésita point à couler à fond un vaisseau de l'armée persane. Le commandant de la trirème athénienne, convaincu par cette manœuvre que la reine avait quitté le parti des Perses, cessa de la poursuivre, et Xerxès, persuadé que le vaisseau submergé faisait partie de la flotte grecque, ne put s'empêcher de dire que, dans cette journée, les hommes s'étaient conduits comme des femmes et les femmes comme des hommes.

Ce fut l'an 480 avant J. C., le jour et le mois correspondant au 2 octobre, que se livra la célèbre bataille de Salamine, et ce glorieux succès fut dû autant à la valeur des soldats qu'à la prudence et à l'habileté de Thémistocle. Cet illustre guerrier reçut pour récompense une couronne d'olivier, un char magnifique et des éloges publics; lorsqu'il partit, trois cents jeunes Spartiates le reconduisirent par honneur jusqu'aux frontières de la Laconie. Aux premiers jeux Olympiques qui suivirent cette bataille, quand Thémistocle parut, tous les spectateurs eurent uniquement les yeux fixés sur lui; ils le montraient aux étrangers, ils battaient des mains, et ne pouvaient assez lui témoigner toute leur admiration.

Cependant Xerxès, abattu par les désastres qu'il avait essuyés, et craignant que la flotte grecque ne lui fermât le chemin de l'Asie, se hâta de gagner l'Hellespont, qu'il passa en fugitif sur une barque de pêcheur. Il laissa Mardonius en Thessalie avec une armée de trois cent mille hommes pour continuer la guerre.

Bataille de Platée. Combat de Mycale. — Mardonius, ayant fait offrir la paix aux Athéniens, dans l'espoir de les détacher de la confédération, en reçut cette fière réponse : « Tant que le soleil fournira sa carrière accoutumée, les Athéniens ne feront jamais d'alliance avec Xerxès; mais pleins de confiance dans la protection des dieux et des héros, dont, sans aucun respect, il a brûlé les temples et les statues, ils combattront courageusement contre lui. » Alors Mardonius entra dans l'Attique, que les habitants avaient abandonnée une seconde fois, et ravagea cette province; ensuite il se retira dans la Béotie, dont les vastes plaines lui permettaient de développer toutes ses forces et surtout sa nombreuse cavalerie. Outre les trois cent mille Asiatiques que lui avait laissés Xerxès, il avait sous ses ordres cinquante mille Béotiens, Thébains et autres Grecs auxiliaires. L'armée grecque était forte d'environ cent dix mille hommes; elle était commandée par Pausanias, général lacédémonien.

Après être restées quelques jours en présence, les deux armées en vinrent aux mains dans les environs de Platée. Mardonius périt après avoir fait des prodiges de valeur qui lui méritèrent l'admiration des Grecs eux-mêmes. Sa mort fut le signal de la déroute des Perses. Ils se retirèrent en désordre derrière un retranchement qu'ils avaient élevé sur les rives de l'Asopus; mais ce retranchement fut bientôt forcé, et ceux qui s'y étaient réfugiés furent tués. De cette armée si nombreuse, il n'échappa que quarante mille hommes, qui, sous la conduite d'Artabaze, traversèrent en fuyant la Phocide et passèrent la mer à Byzance. Les richesses recueillies dans le camp des Perses étaient immenses. La dixième partie de ce riche butin fut réservée pour les temples des dieux; le reste fut distribué aux vainqueurs, à chacun selon son mérite. Pour honorer les guerriers morts, on leur éleva des monuments funèbres, et les Platéens auxquels on avait décerné le prix de la valeur, furent institués gardiens de ces tombeaux.

Le même jour, la flotte grecque, commandée par Xantippe, Athénien, et Léotychidas, roi de Lacédémone, remporta une victoire signalée sur la flotte des Perses auprès du promontoire de Mycale, en Ionie. Un grand nombre de Perses périt dans la bataille; le reste se sauva en désordre, et ne se crut en sûreté que dans les murs de la ville de Sardes. Les Grecs, vainqueurs, rendirent la liberté à l'Ionie. Ainsi l'expédition de Xerxès, qui devait asservir l'Europe, eut pour résultat l'affranchissement des côtes de l'Asie. La seconde guerre médique n'avait duré que deux ans.

Questionnaire.

Qui gouverna Athènes après Miltiade? — Donnez quelques détails sur le caractère d'Aristide et de Thémistocle. — Comment Aristide fut-il traité par Thémistocle? — Quel conseil Thémistocle donna-t-il aux Athéniens?

— Par qui la Grèce fut-elle menacée d'une nouvelle invasion? — De combien d'hommes se composait l'armée de Xerxès? — De combien de vaisseaux était composée sa flotte? — Quels pays se soumirent à Xerxès? — Quelle résolution prirent les Athéniens et les Spartiates? — Quels peuples se réunirent à eux? — Qui fut chargé de défendre le passage des Thermopyles? — Quel fut le résultat des premières tentatives de Xerxès pour forcer ce passage? — Racontez le combat des Grecs et des Perses. — Comment fut honorée la mémoire des Grecs morts aux Thermopyles? — Qu'arriva-t-il à la flotte des Perses au détroit d'Artémisium? — Où se retira ensuite la flotte grecque? — Quelle résolution Thémistocle fit-il prendre aux Athéniens? — Quelle était la force de la flotte des Perses et de celle des Grecs? — Où se livra la bataille? — A qui resta la victoire? — Quelles récompenses reçut Thémistocle? — Que fit Xerxès après sa défaite? — Qui laissa-t-il en Grèce? — Quel était le nombre des troupes conduites par Mardonius? — Quelle était la force de l'armée grecque? — Par qui était-elle commandée? — Où se livra la bataille? — Quel fut le sort de Mardonius? — Que devint l'armée des Perses? — Que fit-on du butin trouvé dans le camp des Perses? — Le jour de la bataille de Platée, les Grecs ne remportèrent-ils pas une autre victoire? — Que firent les Grecs vainqueurs? — Quel était le but de l'expédition de Xerxès? — Quel en fut le résultat? — Combien de temps dura la guerre médique?

Hist. Ancienne.

CHAPITRE XXIV.

Depuis la reconstruction d'Athènes jusqu'au commencement de la guerre du Péloponèse (480-436).

dministration de Thémistocle. Athènes rebâtie et fortifiée. — Orgueil et ambition de Pausanias. Sa mort. — Exil de Thémistocle. Sa mort en Perse. — Administration d'Aristide. Sa pauvreté. — Administration de Cimon. Ses victoires. — Pouvoir de Périclès. Son administration. Ses ennemis.

Administration de Thémistocle. Athènes rebâtie et fortifiée. — Après la retraite des Perses, les Athéniens ramenèrent dans l'Attique leurs femmes et leurs enfants qu'ils avaient envoyés pendant la guerre à Trézène et dans les îles d'Égine et de Salamine, et ils commencèrent à rebâtir la ville. Thémistocle leur conseilla d'entourer Athènes de hautes et solides murailles pour la mettre désormais à l'abri de toute attaque extérieure. Les Lacédémoniens, informés de ce dessein, envoyèrent aussitôt des députés aux Athéniens, pour leur représenter combien il était dangereux d'avoir hors du Péloponèse une ville fortifiée, qui pourrait servir de place d'armes aux barbares, si jamais ils envahissaient encore la Grèce. Mais Thémistocle, voyant bien que la jalousie seule les guidait dans une pareille démarche, fit congédier les députés et répondre que les Athéniens enverraient de leur côté une députation à Lacédémone pour traiter cette affaire. Il partit lui-même sans délai, après avoir recommandé de retenir ses collègues jusqu'à ce que le mur fût assez élevé pour être en état de défense. Alors tous ceux qui étaient dans la ville, sans exception, riches et pauvres, magistrats et artisans, femmes, enfants, vieillards, se mirent à l'œuvre : les édifices publics, les maisons particulières, les débris des tombeaux et des temples, fournirent des matériaux abondants. Pendant ce temps, Thémistocle endormait la vigilance des Spartiates, les amusait par des délais ; mais lorsqu'il sut que les travaux touchaient à leur fin, il déclara hardiment à l'assemblée lacédémonienne que c'était par ses conseils que les Athéniens avaient mis leur ville en état de défense. Sparte garda contre Thémistocle un profond ressentiment, et plus tard elle n'oublia pas de se venger.

L'ancien port d'Athènes était petit et peu convenable. Thémistocle, qui voulait assurer à sa patrie l'empire de la mer, persuada aux Athéniens de continuer les ouvrages du Pirée, situé à six kilomètres de la citadelle, et qui, étant garni de trois bassins creusés par la nature, devait offrir à la marine athénienne un abri aussi vaste que sûr. Les fortifications qu'on y éleva avaient assez d'épaisseur pour laisser passer deux chars de front, et cependant cet immense travail fut achevé en moins d'un an. Le Pirée devint bientôt une ville considérable, et plus tard il fut joint à la ville d'Athènes par des murailles commencées sous Cimon et achevées sous Périclès. Thémistocle conseilla aux Athéniens de construire chaque année vingt nouvelles trirèmes.

Orgueil et ambition de Pausanias. Sa mort. — Cependant les Grecs, encouragés par leurs succès, ne se contentèrent pas d'avoir repoussé les Perses; ils les attaquèrent à leur tour (477). Une flotte nombreuse, commandée par Pausanias et Aristide, obligea l'ennemi d'abandonner l'île de Chypre et la ville de Byzance. On avait fait un grand nombre de prisonniers; mais Pausanias les laissa échapper afin de se faciliter les moyens de nouer de secrètes relations avec Artabaze, satrape de Bithynie. Égaré par son orgueil et son ambition, il conçut de coupables desseins contre sa patrie; quittant l'habit et la vie frugale des Grecs pour prendre le costume et les mœurs des Perses, il étala un luxe asiatique et s'entoura d'une garde de Mèdes et d'Égyptiens. Il traitait les alliés avec une hauteur et une insolence que des hommes libres ne pouvaient supporter : ils refusèrent de lui obéir plus longtemps, et, malgré les réclamations des Spartiates, ils déférèrent aux Athéniens le commandement des troupes confédérées. Bientôt Pausanias, oubliant tous ses devoirs, fit offrir à Xerxès, roi de Perse, d'épouser sa fille et de l'aider à conquérir la Grèce, dont il voulait devenir le souverain. Mis en jugement et deux fois absous, Pausanias fut enfin convaincu de trahison et condamné. Il se réfugia dans le temple de Minerve, qui était un asile inviolable; mais on mit des gardes autour de l'édifice, on en mura toutes les issues, et Pausanias y mourut de faim.

Exil de Thémistocle. Sa mort en Perse. — D'un autre côté, Thémistocle, que ses exactions avaient rendu odieux aux alliés, et dont l'ambition immodérée était suspecte aux Athéniens, fut banni de sa patrie et se retira dans le Péloponèse (471). Mais la haine des Spartiates l'y poursuivit. Ils l'accusèrent d'avoir trempé dans les projets criminels de Pausanias, et ils exigèrent qu'il comparût devant le grand conseil de la Grèce pour y rendre compte de sa conduite. Thémistocle, informé que les Athéniens envoyaient des gens pour le saisir, et sachant bien que ses ennemis le feraient condamner, s'enfuit d'abord chez les Corcyréens, puis en Épire, chez Admète, roi des Molosses, et enfin à la cour d'Artaxerxès. Quand l'illustre exilé parut devant le grand roi, qui lui demanda son nom : « Je suis Thémistocle, dit-il; banni et persécuté par les Grecs, je viens chercher un asile auprès de vous. A la vérité, j'ai fait bien du mal aux Perses; mais je leur ai fait encore plus de bien en empêchant les Grecs de les poursuivre lorsque la sûreté de la Grèce et de ma patrie, qui me devaient leur salut, me permettait de vous rendre quelque service. C'est un suppliant qui vient se livrer à vous; que mon malheur vous serve plutôt à faire éclater votre vertu qu'à satisfaire votre vengeance. » Le roi de Perse accueillit Thémistocle avec les plus grands égards et lui donna pour son entretien les revenus de trois villes. Mais lorsque plus tard Artaxerxès lui proposa de se mettre à la tête d'une armée qu'il destinait contre la Grèce, Thémistocle, ne voulant pas flétrir la gloire de ses premiers exploits, prit la résolution d'éviter ce déshonneur par une mort volontaire. Il était alors âgé de soixante-cinq ans.

Administration d'Aristide. Sa pauvreté. — Athènes, quoique privée des services de Thémistocle, déchut pas du haut rang qu'elle avait conquis parmi les peuples de la Grèce. Aristide, surnommé le Juste, maintint et confirma la suprématie de sa patrie par la sagesse de son administration. Ses concitoyens avaient une telle confiance dans son intégrité que, Thémistocle ayant un jour annoncé qu'il avait conçu un projet qui serait utile à la Grèce, mais qui devait être tenu secret, le peuple lui ordonna d'en faire part à Aristide seul et d'en délibérer avec lui. Il s'agissait de brûler tous les vaisseaux des alliés : ce qui eût fait d'Athènes la seule puissance maritime et l'eût rendue maîtresse de la Grèce. Aristide déclara à l'assemblée du peuple que le projet de Thémistocle était très-utile, mais aussi très-injuste, et le peuple sans demander d'autres explications, rejeta le projet.

Lorsque les alliés eurent déféré aux Athéniens le commandement des troupes confédérées, ils demandèrent que la taxe qu'ils payaient pour la guerre fût répartie également entre toutes les villes. Ils choisirent Aristide pour visiter le territoire de chaque ville, examiner ses revenus, et fixer ce que chacune devait payer, à proportion de ses ressources. Aristide, investi d'un si grand pouvoir qui le rendait en quelque sorte seul arbitre des intérêts de toute la Grèce, imposa cette taxe avec autant de désintéressement que d'intégrité. Il mourut à Athènes dans un âge avancé, universellement regretté et admiré de ses concitoyens. Cet homme, qui avait si longtemps administré les finances de sa patrie et des alliés, ne laissa pas de quoi fournir aux frais de ses funérailles. La république pourvut à l'éducation de son fils, et ses filles furent dotées aux dépens du trésor public.

Administration de Cimon. Ses victoires.—Cimon, fils de Miltiade, fut mis ensuite à la tête des affaires d'Athènes, et il était digne par ses grandes qualités de remplacer Aristide. Il continua avec vigueur la guerre contre les Perses, et, suivi partout de la victoire, il soumit plusieurs îles, toute la côte de la Thrace, et chassa les garnisons persanes de toutes les villes de la Carie. Artaxerxès, pour s'opposer aux progrès de Cimon, rassembla une nombreuse armée sur les bords de l'Eurymédon, et une flotte de quatre cents vaisseaux vint stationner à l'embouchure du fleuve. Cimon n'avait que deux cent cinquante galères; cependant, malgré l'infériorité de ses forces, il n'hésita point à livrer la bataille, et il remporta une victoire éclatante. Il coula à fond plusieurs vaisseaux ennemis, en prit cent, et fit vingt mille prisonniers.

Le soir même de cette journée, Cimon, voulant tirer de sa victoire tout le fruit possible, usa d'un stratagème qui eut un plein succès. Il fit revêtir à ses soldats les habillements des Perses prisonniers, et, montant avec eux sur les vaisseaux persans, il se dirigea, poussé par un vent favorable, vers le rivage où était campée l'armée ennemie. Les barbares, ne se doutant de rien, reçurent les Grecs comme des amis; mais à peine ceux-ci eurent-ils été admis dans l'intérieur du camp, qu'à un signal donné, tirant tous ensemble leurs épées, ils tombèrent sur les Perses et en firent un grand carnage. Ils trouvèrent dans le camp un immense et riche butin que Cimon employa en grande partie à l'embellissement d'Athènes.

Pendant que Cimon abaissait en Asie la puissance du grand roi, d'autres généraux athéniens faisaient la conquête de la Phocide, de la Béotie, et ravageaient les côtes du Péloponèse. Pour détourner les Athéniens de faire la guerre à des Grecs, Cimon les engagea dans des expéditions lointaines. Les Egyptiens venaient de se révolter contre les Perses (460). Les Athéniens leur envoyèrent deux cents galères chargées de troupes, qui remontèrent le Nil jusqu'à Memphis. Les Perses, battus d'abord par les Egyptiens et leurs alliés, reprirent ensuite l'avantage, et les Grecs, qui avaient brûlé leurs vaisseaux, se réfugièrent dans l'île de Prosopitis, où ils se défendirent pendant dix-huit mois. Après ce temps, ils traitèrent avec les Perses, qui leur accordèrent des conditions honorables et s'engagèrent à ne point les inquiéter dans leur retraite. Mais en voulant pénétrer par la Libye jusqu'à la Cyrénaïque, la plupart des Athéniens périrent de maladie ou de fatigue dans le désert.

Cimon avait à Athènes des ennemis puissants qui s'emparèrent de la faveur du peuple et le firent bannir de sa patrie; mais les Athéniens, ayant été battus par les Lacédémoniens, que leurs injustes agressions avaient forcés de prendre les armes, rappelèrent bientôt ce grand homme (450). Cimon fit signer aux deux nations rivales une trêve de cinq ans, et pour occuper les Athéniens, qui ne pouvaient plus supporter le repos, il conduisit une nouvelle expédition dans l'île de Chypre. Il remporta de si grands avantages sur les Perses, qu'Artaxerxès se vit contraint de reconnaître l'indépendance des villes grecques de l'Ionie et de signer une paix honteuse (449). Ce traité mit fin aux guerres médiques. Cimon mourut dans l'île de Chypre, au milieu de ses triomphes.

Pouvoir de Périclès. Son administration. Ses ennemis. — Après la mort de Cimon, Périclès, profond philosophe, politique consommé et grand orateur, s'empara à Athènes d'un pouvoir absolu (443). Pour séduire le peuple et le gouverner à son gré, il flattait toutes ses passions. Il satisfaisait son ambition en étendant au loin sa puissance, et son amour pour les arts en lui prodiguant les fêtes, les spectacles, et en embellissant Athènes de magnifiques monuments. Ses ennemis murmuraient et ne cessaient de répéter qu'il dilapidait les finances de la république. Périclès demanda un jour au peuple assemblé s'il croyait qu'il eût beaucoup dépensé. « Oui, répondit le peuple, et beaucoup trop. — Eh bien, reprit Périclès, cette dépense ne sera pas à votre charge; je m'engage à la supporter seul; mais mon nom seul aussi sera placé dans les inscriptions des monuments. » A ces mots, le peuple, plein d'admiration pour la grandeur d'âme de Périclès, s'écria tout d'une voix qu'il pouvait prendre dans le trésor public toutes les sommes qui lui seraient nécessaires.

Les alliés n'étaient pas disposés, comme le peuple athénien, à donner leur entier assentiment à cette partie de l'administration de Périclès. Irrités de voir l'argent qu'ils fournissaient pour l'entretien de la flotte commune employé aux plaisirs et à la décoration d'une seule ville, ils se soulevèrent contre les Athéniens. Bientôt Périclès les eut fait rentrer dans l'obéissance, et ils payèrent le tribut qui leur était imposé.

Cependant l'autorité de Périclès commençait à s'affaiblir. Ses ennemis, n'osant encore l'attaquer ouvertement, attaquèrent les personnes qui lui étaient le plus chères. Phidias, qu'il avait chargé de la direction des monuments d'Athènes et qui dota sa patrie d'admirables chefs-d'œuvre, fut accusé d'avoir soustrait une partie de l'or qui devait décorer la statue de Minerve; il se justifia vainement et périt dans les fers. Le philosophe Anaxagore, qui avait été le maître et qui était l'ami de Périclès, fut accusé d'impiété et obligé de prendre la fuite. Enfin Aspasie, célèbre par sa beauté et son éloquence, ne dut la vie qu'aux larmes de Périclès, son époux.

Questionnaire.

De quel soin s'occupèrent les Athéniens après la retraite des Perses? — Quel conseil leur donna Thémistocle? — Les Lacédémoniens ne voulurent-ils pas s'y opposer? — Quelle conduite tint alors Thémistocle? — Quels travaux furent exécutés au Pirée? — Dans quel but furent-ils entrepris? — Les Grecs se contentèrent-ils d'avoir repoussé les Perses? — A qui fut donné le commandement de la flotte? — Quelle fut la conduite de Pausanias? — Comment fut-il puni? — Pourquoi Thémistocle fut-il exilé? — Où se réfugia-t-il? — Comment fut-il accueilli par le roi de Perse? — Pourquoi se donna-t-il la mort? — Quelle fut l'administration d'Aristide? — Dans quelles circonstances montra-t-il sa justice et son intégrité? — Quelle était sa pauvreté? — Qui continua la guerre contre les Perses?—Racontez les exploits de Cimon. — Quel fut le sort des Grecs envoyés au secours des Egyptiens? — Cimon ne fut-il pas banni? — Pourquoi les Athéniens le rappelèrent-ils? — Où conduisit-il une nouvelle expédition? — Qui gouverna Athènes après la mort de Cimon? — Quels talents possédait Périclès? — Comment se concilia-t-il la faveur du peuple? — Les alliés ne voulurent-ils pas s'affranchir du joug d'Athènes? — L'autorité de Périclès ne fut-elle pas ébranlée? — Quels moyens employèrent ses ennemis?

CHAPITRE XXV.

Depuis le commencement de la guerre du Péloponèse jusqu'à la destruction de Mitylène (436-427).

Origine de la guerre du Péloponèse. Premières années de cette guerre. — Peste d'Athènes. Le médecin Hippocrate. — Disgrâce et mort de Périclès. Ses grandes qualités. — Siècle de Périclès. — Successeurs de Périclès dans le gouvernement d'Athènes. Siéges de Potidée, de Platée et de Mitylène.

Origine de la guerre du Péloponèse. Premières années de cette guerre. — Au moment où Périclès voyait son crédit s'affaiblir, la rivalité de Sparte et d'Athènes, les deux puissances dominantes de la Grèce, donna naissance à une lutte terrible, connue sous le nom de guerre du Péloponèse. Cette guerre, qui devait durer vingt-sept ans et à laquelle prirent part tous les peuples de la Grèce, eut pour occasion et origine un différend qui s'était élevé entre Corcyre et Corinthe.

Dans l'année 456, les Athéniens ayant fourni quelques secours à Corcyre qui faisait la guerre à Corinthe, sa métropole, les Corinthiens portèrent leurs plaintes aux Spartiates, qui saisirent cette occasion pour réclamer contre la domination que les Athéniens exerçaient sur une partie de la Grèce. Les Athéniens ayant refusé de se soumettre aux conditions qu'on voulait leur imposer, les peuples du Péloponèse formèrent une ligue, à la tête de laquelle étaient les Spartiates, et ils résolurent de faire la guerre à Athènes.

Cette ligue était composée des Béotiens, excepté ceux de Platée, des Phocéens, des Mégariens, des habitants d'Ambracie, de Leucade, d'Anactorium, et de tous les peuples du Péloponèse, à l'exception des Achéens et des Argiens.

Du côté des Athéniens étaient les villes grecques situées sur les côtes de l'Asie, celles de la Thrace et de l'Hellespont, presque toute l'Acarnanie, quelques autres petits peuples, et tous les insulaires, excepté ceux de Mélos et de Théra. Supérieurs aux Péloponésiens par leur marine, ils ne pouvaient leur opposer sur terre que des forces inférieures.

La guerre ayant commencé en 431, Archidamus, roi de Sparte, entra dans l'Attique, qu'il ravagea, et ramena dans le Péloponèse ses soldats chargés de butin. Pendant ce temps, la flotte athénienne portait la désolation sur la côte du Péloponèse et prenait à son retour l'île d'Egine. Périclès fit des obsèques magnifiques aux citoyens morts dans le cours de cette première campagne et prononça lui-même leur oraison funèbre; il parla avec une éloquence si noble et si touchante, que, lorsqu'il descendit de la tribune, toutes les femmes allèrent au-devant de lui et lui mirent à l'envi des couronnes de fleurs sur la tête.

Les premiers événements de cette guerre ne furent marqués par aucuns résultats décisifs pour l'un ou l'autre des partis. Les Péloponésiens chassaient facilement devant eux l'armée athénienne, trop faible pour leur résister; mais leurs incursions n'étaient que passagères. Ils ravageaient le pays, ils ne l'occupaient pas. De même, les Athéniens, dans leurs descentes sur les côtes du Péloponèse, se bornaient à dévaster un canton, à s'emparer d'une ville sans défense; mais ils n'osaient pénétrer dans l'intérieur des terres ni essayer de s'y établir.

Peste d'Athènes. Le médecin Hippocrate. — Au commencement de la seconde année de la guerre (430), la peste se déclara dans Athènes. Partie de l'Ethiopie, elle avait parcouru et dépeuplé l'Egypte, la Libye, une partie de la Perse, l'île de Lemnos et plusieurs autres contrées. Elle éclata avec fureur à Athènes, où étaient entassés une foule d'habitants de la campagne qui y avaient cherché un asile.

Pendant deux ans elle continua ses ravages, malgré les secours du célèbre médecin Hippocrate, de Cos, qui avait refusé les offres brillantes du roi Artaxerxès, pour prodiguer aux Grecs ses compatriotes des soins désintéressés. Au bout de deux ans, la maladie parut se calmer; mais elle se ranima dix-huit mois après et recommença ses ravages. Elle enleva un grand nombre de personnes, parmi lesquelles se trouvaient cinq mille hommes en état de porter les armes.

Disgrâce et mort de Périclès. Ses grandes qualités. — Le peuple, aigri par ses malheurs, et en même temps excité par les ennemis de Périclès, osa accuser ce grand homme, qui fut condamné à une amende considérable et exclu du gouvernement. D'autres coups plus sensibles vinrent encore le frapper; la plupart de ses parents et de ses amis lui furent enlevés par la contagion. Il ne se laissa point abattre par tant d'infortunes et ne perdit rien de cette fermeté, de cette grandeur d'âme qui lui était naturelle. Même quand il vit mourir Paralus, le dernier de ses fils, il voulut d'abord conserver tout son courage; mais en s'approchant de son fils pour lui mettre la couronne de fleurs sur la tête, il ne put supporter cette vue, et, succombant à sa douleur, il poussa des cris et des sanglots et versa un torrent de larmes.

Cependant Athènes, ayant essayé des autres généraux et des autres orateurs pour conduire la guerre, voyant qu'aucun d'eux n'avait ni assez de poids ni assez d'autorité pour un commandement de cette importance, commença à désirer Périclès et le rappela à la tribune et au gouvernement. Mais peu après, c'est-à-dire dans la troisième année de la guerre, Périclès fut attaqué de la peste (429). Comme il était sur le point de mourir, les principaux citoyens, assis autour de son lit, s'entretenaient de ses grandes qualités et racontaient ses belles actions et le grand nombre de ses victoires.

« Vous oubliez, leur dit Périclès, la seule chose qui mérite d'être louée dans ma vie, c'est que jamais je n'ai fait prendre le deuil à aucun de mes concitoyens. » Ainsi, au moment suprême, Périclès trouvait plus de consolation dans le souvenir d'une vie sans tache que dans sa longue et heureuse administration, dans ses glorieux trophées et dans la renommée immortelle de son éloquence.

Siècle de Périclès. — Les lettres et les arts brillèrent d'un si vif éclat pendant l'administration de Périclès, que cette époque mémorable a été justement appelée le siècle de Périclès. Alors parurent Sophocle et Euripide, deux grands poëtes tragiques; Hérodote, surnommé le Père de l'Histoire; Aristophane, le plus célèbre des poëtes comiques de l'antiquité; Socrate et Anaxagore, illustres philosophes. En même temps, Phidias exécutait ou dirigeait les admirables travaux qui firent la gloire d'Athènes : il suffit de citer la statue de Jupiter Olympien, celle de Minerve, le Parthénon, monument d'une beauté incomparable, dont les ruines attestent encore aujourd'hui toute la magnificence. Enfin la peinture ne fut pas moins en honneur que la sculpture et l'architecture; elle produisit des chefs-d'œuvre dans les ouvrages de Zeuxis, de Parrhasius et de Polygnote.

Successeurs de Périclès dans le gouvernement d'Athènes. Siéges de Potidée, de Platée et de Mitylène. — Les Athéniens ne tardèrent pas à sentir la perte irréparable qu'ils avaient faite dans la personne de Périclès. Après lui, le pouvoir passa dans les mains d'hommes ambitieux et pour la plupart incapables, qui administrèrent les affaires d'une manière funeste à l'Etat et aux alliés. Puissant par sa dignité personnelle, Périclès contenait la multitude par le noble ascendant qu'il prenait sur elle; ce n'était pas elle qui le menait, mais lui qui savait la conduire. Ceux qui lui succédèrent dans l'exercice du pouvoir, voulant tous avoir la principale autorité, furent réduits à flatter le peuple, à satisfaire ses passions et ses caprices, en un mot, à lui abandonner les affaires.

Quelque temps avant la mort de Périclès, la guerre se poursuivant toujours, les Athéniens avaient repris le siége de Potidée, qui avait jusqu'alors opposé une vive résistance. Mais enfin les habitants, réduits à la plus affreuse disette, résolurent de se rendre et entrèrent en conférence avec les généraux ennemis. Ceux-ci les reçurent à composition; la capitulation portait que les habitants, leurs femmes, leurs enfants et leurs alliés sortiraient de la ville, les hommes avec un seul manteau et les femmes avec deux, n'emportant qu'une somme fixée pour le voyage. Ces malheureux se retirèrent dans la Chalcédoine et partout où chacun put chercher un asile. Les Athéniens envoyèrent dans la ville une colonie tirée de leur sein et la repeuplèrent.

Au commencement de la campagne suivante, les Péloponésiens ne firent pas d'incursion dans l'Attique; mais ils allèrent attaquer Platée, la fidèle alliée d'Athènes. Repoussés dans toutes leurs attaques, ils investirent la ville d'une muraille et changèrent le siége en blocus. Les Platéens avaient eu soin de faire passer à Athènes leurs enfants, leurs femmes, les vieillards, toutes les bouches inutiles : quatre cents hommes restaient pour soutenir le siége; quatre-vingts Athéniens étaient avec eux, et cent dix femmes pour faire le pain. Tous les autres, hommes libres ou esclaves, étaient sortis de la ville. La disette ne tarda pas à se faire sentir. Deux cents Platéens, profitant d'une nuit obscure et orageuse, escaladèrent le mur d'enceinte, et, étant parvenus à tromper l'ennemi, ils s'échappèrent et se réfugièrent à Athènes. Les autres se rendirent, à la condition qu'ils seraient jugés selon les lois de la justice; mais leurs ennemis furent impitoyables. Des commissaires venus de Lacédémone demandèrent aux Platéens si, dans le cours de la guerre, ils avaient rendu quelque service aux Lacédémoniens et aux alliés. Ces malheureux invoquèrent en leur faveur les services glorieux qu'ils avaient rendus à la Grèce dans la guerre contre les Perses; mais les juges, répétant leur première demande, les firent tous mettre à mort l'un après l'autre. Il n'y eut pas moins de deux cents Platéens égorgés; vingt-cinq Athéniens, qui avaient soutenu le siége avec eux, subirent le même sort; les femmes furent réduites en servitude (427), et, l'année suivante, les Thébains, pour assouvir leur haine, rasèrent entièrement la ville.

Les Athéniens traitèrent presque avec la même rigueur Lesbos, qui avait abandonné leur cause pour entrer dans la confédération péloponésienne. Ils vinrent avec des forces imposantes assiéger par terre et par mer Mitylène, la principale ville des Lesbiens. Mitylène, vainement secourue par les

Lacédémoniens, fut obligée de capituler; les principaux auteurs de la révolte, redoutant la colère des vainqueurs, s'étaient réfugiés dans les temples; saisis et transportés à Athènes, ils furent mis à mort. Les murs de Mitylène furent démolis, ses vaisseaux envoyés à Athènes; on divisa son territoire en trois mille portions, dont trois cents furent consacrées aux dieux, et le reste fut distribué aux Athéniens. Ceux des Lesbiens à qui on laissa la permission de cultiver leurs champs devaient payer une rente annuelle.

Le général athénien Pactès, qui avait dirigé cette expédition, et qui avait montré des sentiments d'humanité, éprouva l'ingratitude de ses concitoyens à son retour; il fut accusé d'incapacité, et, se voyant sur le point d'être condamné, il se frappa de son épée en présence de ses juges.

Questionnaire.

Quelle fut l'occasion de la guerre du Péloponèse? — De quels peuples était composée la ligue péloponésienne? — Quels étaient les alliés des Athéniens? — Que fit Archidamus, dès que la guerre eut éclaté? — Que firent les Athéniens? — Quels honneurs furent rendus aux Athéniens morts dans la première campagne? — Quel fut le résultat des campagnes suivantes? — Quel fléau frappa Athènes dans la seconde année de la guerre? — De quel médecin les Athéniens reçurent-ils des secours? — Comment Périclès supporta-t-il ses malheurs? — Ne fut-il pas rappelé au pouvoir après en avoir été privé? — Racontez ses derniers moments. — A qui fut confié le pouvoir après la mort de Périclès? — Ses successeurs en usèrent-ils comme lui? — De quelle ville les Athéniens s'emparèrent-ils? — Comment les habitants furent-ils traités? — Quelle ville les Péloponésiens attaquèrent-ils? — Quel était le nombre des défenseurs de Platée? — Combien d'assiégés parvinrent à s'échapper? — Comment furent traités les autres, quand la ville eut été prise? — Quel peuple abandonna la cause des Athéniens? — Comment s'en vengèrent-ils? — Quel fut le sort de Mitylène?

CHAPITRE XXVI.

Depuis la paix de Nicias jusqu'à la fin de la guerre du Péloponèse (426-405).

Cléon. — Paix de Nicias. Trêve de cinquante ans. — Alcibiade. Son caractère. — Expédition de Sicile. Alcibiade accusé. Sa fuite. — Les généraux Nicias et Démosthène. Fin malheureuse de l'expédition de Sicile. — Rappel d'Alcibiade. — Ses succès. Sa nouvelle disgrâce. — Bataille d'Ægos Potamos. Prise d'Athènes. — Fin de la guerre du Péloponèse.

Cléon. Paix de Nicias. Trêve de cinquante ans. — Parmi les hommes qui avaient hérité du pouvoir de Périclès se trouvait Cléon, citoyen d'une naissance obscure, mais plein d'audace et de vanité, et que ses défauts mêmes rendaient agréable au peuple, dont il flattait les passions.

Les Athéniens s'étant emparés de Pylos (426), sur la côte de Messénie, les Lacédémoniens voulurent reprendre ce poste important; mais ayant échoué dans cette entreprise, ils laissèrent quatre cents guerriers dans l'île de Sphactérie, qui touchait presque à Pylos. Les quatre cents Spartiates, bloqués dans cette île par la flotte athénienne, ne pouvaient que difficilement recevoir des secours : cependant ils résistaient bravement, et comme les hostilités traînaient en longueur, Cléon, avec sa jactance accoutumée, rejeta la faute sur les généraux qui commandaient la flotte, et dit dans l'assemblée du peuple que s'il avait été chargé de l'expédition les choses auraient tourné autrement. Le peuple le prit au mot et lui ordonna de partir. Cléon aurait bien voulu se dédire, mais il fut forcé d'obéir, et alors il promit que dans vingt jours tout serait terminé. La fortune le servit mieux qu'il ne le méritait. Une nuit, les Athéniens étant descendus dans l'île avec toutes leurs forces, les Spartiates, surpris et enveloppés de toutes parts, furent tués ou contraints de se rendre. Ce succès inespéré, en augmentant le crédit de Cléon, le rendit plus arrogant et plus audacieux.

Cléon avait pour rival Nicias, un des plus illustres et des plus riches citoyens d'Athènes, qui était aussi prudent qu'habile. Cléon ayant péri en Thrace dans un combat qu'il avait témérairement engagé contre Brasidas, général des Lacédémoniens, Nicias commença des négociations pour la paix et fit conclure (422) entre Athènes et Sparte une ligue offensive et défensive qui devait durer cinquante ans. Les conditions du traité replaçaient chacun des deux peuples dans la position où il se trouvait avant la guerre.

Cette paix ne fut qu'une trêve souvent interrompue par les hostilités auxquelles se livraient les deux partis, s'accusant mutuellement d'avoir violé les conditions du traité. Cependant ce ne fut qu'après six ans et dix mois que la guerre recommença sérieusement.

Alcibiade. Son caractère. — Alcibiade, jeune Athénien d'une naissance illustre, doué par la nature de toutes les grâces du corps, auxquelles les peuples de la Grèce, et les Athéniens en particulier, attachaient tant de prix, et des plus brillantes facultés de l'esprit, avait l'ambition de se saisir du pouvoir qu'avait exercé Périclès, dont il était parent. Les libéralités que lui permettaient ses grandes richesses, et son éloquence, qui le mettait au premier rang des orateurs, lui avaient attiré la faveur du peuple.

Au reste, il connaissait bien ce peuple inconstant et capricieux qu'il aspirait à gouverner. Alcibiade avait un chien remarquable par sa taille et par sa beauté, et qui lui avait coûté sept mille drachmes. Il lui fit couper la queue, qui était son plus bel ornement. Ses amis lui en firent des reproches, et lui rapportèrent que cette action était généralement blâmée et faisait mal parler de lui. « Voilà précisément ce que je demandais, dit Alcibiade en riant. Tant que les Athéniens s'entretiendront de cela, ils ne diront rien de pis sur mon compte. » Dès qu'Alcibiade fut entré dans la carrière de l'administration, il eut bientôt effacé tous ses rivaux. Mais il ne bornait pas son ambition à charmer le peuple par son éloquence et à le séduire par ses largesses ; entouré d'une jeunesse pleine d'ardeur, il désirait une guerre qui devait lui assurer à la fois la puissance et la gloire.

Expédition de Sicile. Alcibiade accusé. Sa fuite.
— Athènes n'était que trop disposée à s'associer aux vues ambitieuses d'Alcibiade. Fière de sa puissance maritime, elle voulait l'étendre encore, et elle trouva bientôt l'occasion qu'elle cherchait. Sur ces entrefaites, la ville d'Égeste, en Sicile, qui se disait opprimée par ceux de Sélinonte et de Syracuse, implora l'assistance des Athéniens, dont elle était l'alliée. Malgré les conseils de Nicias, qui représentait les dangers de cette entreprise, le peuple, séduit par l'éloquence d'Alcibiade, décréta (416) qu'une expédition serait envoyée en Sicile, et en confia le commandement à trois généraux, Alcibiade, Nicias et Lamachus, auxquels on donna plein pouvoir de disposer de toutes les forces de la république.

Au moment où ils allaient partir, Alcibiade fut accusé d'avoir, avec quelques compagnons de débauche, mutilé pendant la nuit les statues de Mercure placées dans les différents quartiers de la ville et tourné en ridicule les mystères vénérés d'Eleusis. La nouvelle de ce sacrilége souleva contre lui la fureur du peuple. Alcibiade demanda un jugement qui devait prouver son innocence; mais ses ennemis le firent ajourner après son retour.

Dès le matin du jour fixé pour le départ, tous les citoyens et les étrangers descendirent au Pirée. Chacun voulait voir l'imposant appareil de forces qu'on avait déployé pour une si grande expédition. Quand les troupes furent montées sur les vaisseaux, le signal du silence fut donné au son de la trompette. Les prières accoutumées se firent sur la flotte entière, à la voix d'un héraut. On mêla le vin dans les coupes, et toute l'armée, chefs et soldats, fit les libations dans des vases d'or et d'argent. La multitude qui couvrait le rivage accompagna ces prières, tant les citoyens que tous ceux qui désiraient le succès de l'entreprise. Alors la flotte commença à s'éloigner et fit voile vers Corcyre, rendez-vous du reste des alliés.

Arrivés en Sicile, les trois généraux athéniens ne s'accordèrent pas sur la manière de conduire les opérations. Lamachus s'étant enfin rangé à l'avis d'Alcibiade, ce dernier surprit la ville de Catane, occupa Naxos, qui lui ouvrit ses portes, et se ménagea des intelligences dans Messine. Au milieu de ses succès, il reçut l'ordre d'aller à Athènes se justifier de l'accusation portée contre lui et s'embarqua pour aller confondre ses ennemis. Mais bientôt, pensant à la légèreté du peuple et craignant sa vengeance, il trompa la vigilance de ses gardes et se réfugia dans le Péloponèse (415).

Les généraux Nicias et Démosthène. Fin malheureuse de l'expédition de Sicile. — Le départ d'Alcibiade jeta le découragement dans l'armée. Cependant Nicias avait poussé avec tant de vigueur et d'habileté le siége de Syracuse, que cette ville songeait à se rendre, et que plusieurs peuples de Sicile et d'Italie se déclaraient en faveur des Athéniens, lorsque Gylippe, général lacédémonien, entra dans la ville assiégée avec quelques troupes qu'il avait amenées du Péloponèse ou rassemblées en Sicile. Gylippe releva le courage des Syracusains, battit les Athéniens et les assiégea à son tour dans leurs retranchements.

Les Athéniens, ayant appris la position fâcheuse dans laquelle se trouvait Nicias, envoyèrent à son secours une flotte de soixante-treize galères, qui portait cinq mille hommes pesamment armés, et quelques troupes légères, sous les ordres de deux généraux, Eurymédon et Démosthène.

Démosthène perdit deux mille hommes à l'attaque d'un poste important; et bientôt les Athéniens, battus sur mer et sur terre, ne pouvant rester sous les murs de Syracuse faute de vivres, ni sortir du port, dont les Syracusains avaient fermé l'issue, abandonnèrent leur camp, leurs malades et leurs vaisseaux, et se retirèrent par terre au nombre de quarante mille. Ils furent poursuivis dans leur retraite par les ennemis, qui leur tuèrent beaucoup de monde. Démosthène, qui commandait l'arrière-garde, forte de six mille hommes, s'étant égaré et engagé dans un défilé, fut obligé de se rendre, après avoir fait des prodiges de valeur. Nicias, qui avait inutilement tenté de négocier avec l'ennemi, perdit huit mille hommes dans un combat et fut pris avec le reste de ses troupes.

Les vainqueurs (413) ramenèrent à Syracuse sept mille prisonniers, qui furent jetés dans l'infecte prison des Carrières, où ils restèrent plusieurs mois : beaucoup d'entre eux y périrent; les autres furent vendus comme esclaves. Nicias et Démosthène furent mis à mort, malgré les efforts que fit Gylippe pour leur sauver la vie. Dans la suite, quelques-uns de ces prisonniers obtinrent la liberté, parce qu'ils récitaient à leurs maîtres les plus beaux morceaux des tragédies d'Euripide, dont les ouvrages étaient encore peu connus en Sicile.

Rappel d'Alcibiade. — Les Lacédémoniens résolurent de profiter du désastre qui venait de frapper Athènes pour recommencer la guerre. Alcibiade, qui les guidait de ses conseils, se chargea de leur procurer une marine capable de lutter avec celle des Athéniens; il parcourut l'Asie Mineure, assura aux Lacédémoniens l'alliance des villes les plus puissantes et obtint du roi de Perse la promesse de payer la flotte du Péloponèse.

Bientôt, redoutant la vengeance d'Agis, roi de Lacédémone, qu'il avait indignement outragé, il fit suspendre les secours que les Perses fournissaient aux Péloponésiens, et peu après Athènes révoqua le décret de son bannissement. Mais Alcibiade ne voulut rentrer dans sa patrie qu'après avoir vaincu les ennemis dans plusieurs rencontres. Son retour fut un véritable triomphe. A peine fut-il débarqué, que le peuple, sans regarder seulement les autres généraux, courut en foule à lui, en poussant des cris de joie. Ils le saluaient tous, ils suivaient ses pas et lui offraient à l'envi des couronnes. Ceux qui ne pouvaient l'approcher le regardaient de loin; les vieillards le montraient aux jeunes gens. Les Athéniens le déclarèrent généralissime sur terre et sur mer, le rétablirent dans tous ses biens et ordonnèrent aux hérauts de rétracter les malédictions qu'ils avaient prononcées contre lui par ordre du peuple (412).

Succès d'Alcibiade. Sa nouvelle disgrâce. Bataille d'Ægos-Potamos. — Pour relever la confiance et le courage de ses concitoyens, il partit à la tête d'une flotte, soumit les places de l'Hellespont, conclut avec un des gouverneurs du roi de Perse un traité avantageux aux Athéniens et força les Lacédémoniens à demander la paix. Les Athéniens, comptant sur une victoire facile, la refusèrent, et une flotte de cent vaisseaux sortit du Pirée sous les ordres d'Alcibiade.

Quinze galères athéniennes étant tombées au pouvoir des Lacédémoniens, le peuple, irrité contre Alcibiade, quoique le combat où elles furent prises eût été livré en son absence et malgré ses ordres, le dépouilla du commandement. La guerre continua pendant quelques années, et finit par la bataille d'Ægos-Potamos (405). Lysandre, général spartiate, surprit la flotte athénienne, composée de cent quatre-vingts vaisseaux, s'en rendit maître et fit trois mille prisonniers.

Prise d'Athènes. Fin de la guerre du Péloponèse. — Athènes, après un siége de quelques mois, fut obligée de se rendre faute de vivres (404). Les vainqueurs obligèrent les Athéniens à démolir les fortifications du Pirée et la muraille qui joignait ce port à la ville, à livrer tous leurs vaisseaux, à l'exception de douze, à rappeler leurs bannis, à retirer leurs garnisons des villes dont ils s'étaient emparés, et à promettre de suivre les Lacédémoniens par terre et par mer dès qu'ils en auraient reçu l'ordre. Ainsi finit la guerre du Péloponèse, qui avait duré vingt-sept ans. Elle eut pour résultat le triomphe de Sparte et l'asservissement d'Athènes.

Questionnaire.

Qu'était-ce que Cléon ? — Racontez l'expédition de Sphactérie. — Qui était rival de Cléon ? — Comment ce dernier périt-il ? — Quelle trêve Nicias fit-il conclure ? — Cette paix fut-elle exactement observée ? — De quels avantages était doué Alcibiade ? — Quel était son caractère ? — Comment se concilia-t-il la faveur du peuple ? — Dans quelle expédition engagea-t-il les Athéniens ? — De quoi fut accusé Alcibiade ? — Que demanda-t-il ? — Qu'obtinrent ses ennemis ? — Les généraux athéniens s'accordèrent-ils sur la manière de diriger les opérations de la guerre ? — De quelle ville s'empara Alcibiade ? — Quel ordre reçut-il ? — Quelle fut sa conduite ? — Par quels événements fut marquée l'expédition de Sicile après le départ d'Alcibiade ? — Quelle résolution prirent les Lacédémoniens ? — Alcibiade n'abandonna-t-il pas la cause des Lacédémoniens pour retourner dans sa patrie ? — Comment fut-il reçu à Athènes ? — Que fit-il à la tête de la flotte athénienne ? — Quelle fut la cause de sa nouvelle disgrâce ? — Quelle bataille termina la guerre ? — Qui la gagna ? — Quel fut le sort d'Athènes ? — Quelles conditions furent imposées aux Athéniens ?

CHAPITRE XXVII.

Depuis le gouvernement des trente tyrans à Athènes jusqu'à l'affranchissement de Thèbes (405-379).

Les trente tyrans à Athènes. Leurs cruautés. Mort d'Alcibiade. — Thrasybule. Athènes délivrée. — Socrate. Sa philosophie. Ses accusateurs. Sa mort. — Expédition de Cyrus le jeune. Retraite des Dix mille. Xénophon. — Lutte de Sparte et de Thèbes. Agésilas. Bataille de Coronée. — Conon relève les murs d'Athènes. Traité d'Antalcidas. — Pélopidas délivre Thèbes du joug des Lacédémoniens.

Les trente tyrans à Athènes. Leurs cruautés. Mort d'Alcibiade. — Les Spartiates abusèrent cruellement de la victoire. La citadelle d'Athènes fut occupée par une garnison lacédémonienne, et le gouvernement de cette ville confié à trente magistrats que leur cruauté a fait désigner sous le nom des Trente tyrans. L'histoire les a justement flétris. Sous prétexte de délivrer la république de la méchanceté des délateurs et de la turbulence des séditieux, ils frappèrent les hommes les plus vertueux, les citoyens les plus distingués. Ceux qui passaient pour avoir du crédit étaient regardés comme dangereux; ceux qui étaient supposés riches étaient accusés comme criminels. Étrangers, citoyens, tous étaient également enveloppés dans la ruine commune.

Dans l'espace de huit mois les tyrans d'Athènes firent périr plus de quinze cents personnes et en forcèrent un grand nombre à s'expatrier. Une foule de citoyens, dépouillés de leurs biens, furent proscrits, et un décret défendit à toutes les cités de la Grèce de recevoir les fugitifs. Mais presque partout les lois sacrées de l'hospitalité parlèrent plus haut que les menaces de Sparte, et les villes de Thèbes, d'Argos et de Mégare accueillirent avec empressement les malheureux exilés.

Au milieu de tant de maux, les Athéniens attendaient un vengeur; ils espéraient le trouver dans Alcibiade, dont les talents et le courage inspiraient toujours tant de crainte aux ennemis d'Athènes. Cet illustre banni, chassé de la Thrace par les Lacédémoniens, alors maîtres du littoral de l'Hellespont, s'était retiré dans une bourgade de la Phrygie, dans le gouvernement du satrape Pharnabaze, qui l'avait reçu avec distinction et lui avait donné des marques d'amitié. Les Lacédémoniens, craignant qu'il n'obtînt du roi de Perse des secours pour relever sa patrie de son abaissement, parvinrent à mettre dans leurs intérêts le satrape, qui envoya des soldats chargés de tuer Alcibiade. Ceux-ci, n'osant l'attaquer ouvertement, environnèrent sa maison et y mirent le feu. Alcibiade s'élança l'épée à la main à travers les flammes, écarta les barbares, et tomba bientôt sous une grêle de traits et de flèches qu'ils lui tirèrent de loin; il était alors âgé de quarante ans (404).

Thrasybule. Athènes délivrée. — Athènes, que la tyrannie des Trente avait déjà privée de ses meilleurs citoyens, trouva enfin un libérateur. Thrasybule, à la tête de soixante-dix proscrits animés comme lui d'un courage intrépide, s'empara de la forteresse de Phylé, située sur les frontières de la Béotie et de l'Attique, et repoussa les satellites que les tyrans envoyèrent contre lui. Sa troupe s'étant grossie d'un nombre considérable de proscrits, il s'empara du Pirée après un combat qui coûta la vie à deux des tyrans (403).

Les Trente, découragés, cédèrent le pouvoir à dix magistrats, dont le gouvernement ne fut pas moins tyrannique. Effrayés des progrès que faisait Thrasybule, ils envoyèrent demander du secours à Sparte, et Lysandre accourut pour les soutenir. Mais les Athéniens trouvèrent un protecteur dans Pausanias II, roi des Lacédémoniens. Par son conseil, ils envoyèrent à Sparte des députés, qui obtinrent l'abolition de la tyrannie et le rétablissement du gouvernement démocratique. Thrasybule fit rendre au peuple un décret qui accorda une amnistie générale.

Socrate. Sa philosophie. Ses accusateurs. Sa mort. — Peu de temps après avoir recouvré leur indépendance (400), les Athéniens souillèrent leur gloire par la condamnation de Socrate. Fils du sculpteur Sophronisque et d'une sage-femme, Socrate exerça quelque temps la profession de son père, et la quitta pour se livrer à l'étude de la philosophie. Il ne cherchait ni à acquérir de la gloire par l'ostentation d'une science inaccessible au vulgaire, ni à amasser des richesses en faisant payer ses leçons comme les sophistes célèbres de son temps. C'était sur la place publique que, dans des conversations familières, il donnait, chaque jour, à tous ceux qui voulaient l'entendre les leçons de la plus pure morale. Autour de lui se pressaient une foule de disciples, dont quelques-uns furent des philosophes illustres. Les plus célèbres, sans parler de Xénophon et d'Alcibiade, étaient Antisthène et Platon.

Il ne se contentait pas d'enseigner la sagesse; il la pratiquait. Pendant la paix, il se faisait remarquer par sa soumission aux lois et son exactitude à remplir ses devoirs de citoyen; à la guerre, il se distinguait par son courage. Au siége de Potidée, il arracha des mains de l'ennemi Alcibiade couvert de blessures, et à la bataille de Délion, il sauva Xénophon de la mort.

Le poëte Aristophane avait, vingt ans auparavant, traduit Socrate sur la scène et, dans sa comédie des Nuées, livré à la risée du peuple sa personne et sa philosophie travestie d'une manière bouffonne. Dans la nouvelle attaque dirigée contre lui, ce ne fut pas l'arme de la plaisanterie que ses ennemis employèrent. Anytus et Mélitus le dénoncèrent comme impie et corrupteur de la jeunesse et demandèrent qu'il fût condamné à mort.

Malgré sa défense, qu'il présenta lui-même, et qui répondait à toutes les calomnies de ses accusateurs, Socrate fut déclaré coupable. Comme on le laissait maître de fixer lui-même sa peine, et de choisir entre l'amende, le bannissement et la prison perpétuelle, il déclara que, pour les services qu'il avait rendus à sa patrie, il méritait d'être nourri dans le Prytanée, aux frais de l'État. Ses juges, irrités de cette noble fierté, le condamnèrent à périr par le poison. Une circonstance particulière ayant suspendu la sentence de l'exécution pendant un mois, Socrate passa ce temps à s'entretenir dans sa prison avec ses disciples, leur parlant de l'immortalité de l'âme, de la brièveté et des misères de cette vie, des devoirs d'un bon citoyen. « Quelque injustement que nous soyons traités, leur disait-il, nous ne devons pas être injustes. La première vertu d'un citoyen est l'obéissance aux lois de sa patrie. » Apollodore, l'un de ses disciples, lui disant que ce qui le chagrinait le plus, c'était de le voir périr injustement, Socrate lui répondit : « Seriez-vous moins affligé, Apollodore, si j'avais mérité mon supplice? » Lorsque l'esclave chargé d'administrer le poison se présenta, Socrate prit la coupe d'une main ferme et la vida.

Expédition de Cyrus le jeune. Retraite des Dix mille. Xénophon. — Cyrus le jeune (401), voulant disputer le trône de Perse à son frère Artaxerxès Mnémon, qui y était monté après la mort de Darius Nothus, leva en Asie une armée de cent mille soldats et obtint des Grecs un secours de treize mille hommes, commandés par le Lacédémonien Cléarque. Ce prince ayant été tué à la bataille de Cunaxa, auprès de Babylone, son armée fut mise en déroute, à l'exception des Grecs, qui se retirèrent en bon ordre. Xénophon, le disciple de Socrate, qui prit le commandement de ce corps, dont les chefs avaient été assassinés par le satrape Tissapherne, ramena à Parthénium six mille hommes des dix mille qui avaient survécu à la bataille de Cunaxa. Il a écrit l'histoire de cette retraite mémorable, connue sous le nom de *retraite des Dix mille*. Les Grecs avaient parcouru en quinze mois, tant à l'aller qu'au retour, environ trente mille stades (cinq cent quatre-vingts myriamètres), à travers des déserts, des fleuves, des montagnes, ayant toujours à combattre, dans cette longue et pénible retraite, des armées supérieures en nombre et des peuples ennemis.

Lutte de Sparte et de Thèbes. Agésilas. Bataille de Coronée. — Les Lacédémoniens, maîtres de la Grèce, méditaient la conquête de l'Asie. Agésilas, roi de Sparte, après avoir ravagé la Phrygie, la Carie, et vaincu les Perses dans plusieurs combats (397), marcha vers le centre de leur empire. Il fut obligé de s'arrêter dans le cours de ses victoires pour aller défendre sa patrie, attaquée par une ligue qu'avaient formée Thèbes, Argos, Corinthe, les Thessaliens et les Athéniens. Pendant que ce prince revenait en Grèce par l'Hellespont, la Thrace et la Macédoine, la flotte des Perses, sous les ordres de l'Athénien Conon et du satrape Pharnabaze, détruisit la flotte des Lacédémoniens auprès du promontoire de Cnide (394).

Agésilas, à peine arrivé en Béotie, apprit la défaite des Lacédémoniens; craignant que cette nouvelle ne décourageât ses troupes au moment du combat, il ordonna à ceux qui venaient du côté de la mer de publier le contraire et de dire que les Spartiates avaient remporté une victoire navale. Il parut lui-même en public, couronné de fleurs, et fit un sacrifice d'actions de grâces. Bientôt les deux armées se trouvèrent en présence auprès de Coronée, et, le signal du combat ayant été donné, elles s'attaquèrent avec fureur. Après l'action la plus acharnée et la plus sanglante de cette époque, les Lacédémoniens restèrent maîtres du champ de bataille; mais les Thébains effectuèrent leur retraite vers l'Hélicon, en bon ordre, sans se laisser entamer, et avec une contenance si fière qu'on n'osa les poursuivre. Les Spartiates élevèrent un trophée, et ce fut là tout le prix qu'ils retirèrent de cette victoire si chèrement achetée. Lorsqu'Agésilas parcourut le champ de bataille, il put répéter avec douleur les paroles qu'il avait prononcées dans une circonstance semblable : « Malheureuse Grèce, qui viens de faire périr de tes propres mains plus de guerriers qu'il n'en faudrait pour vaincre tout ce qu'il y a de barbares! »

Conon relève les murs d'Athènes. Traité d'Antalcidas. — Cependant Conon avait conduit la flotte victorieuse des Perses sur les côtes de l'Attique, et il songea alors à user, dans l'intérêt de sa patrie, du crédit qu'il avait auprès du roi de Perse. Il représenta à Artaxerxès que, pour abaisser l'orgueil et la puissance de Sparte, il serait utile de rendre à Athènes son ancienne splendeur en relevant les murs et les fortifications de cette ville. Artaxerxès goûta cette proposition et fournit l'argent nécessaire pour cette entreprise. Soldats de la flotte, habitants de la campagne, citoyens, tous se mirent à l'œuvre avec une généreuse émulation, et les murs du Pirée et de la ville furent reconstruits avec une incroyable rapidité.

Les Lacédémoniens, craignant de voir Athènes étendre de nouveau sa domination sur la Grèce, cherchèrent à regagner la faveur d'Artaxerxès et signèrent avec lui le honteux traité d'Antalcidas, par lequel ils abandonnèrent la souveraineté des villes grecques de l'Asie et des îles de Clazomène et de Chypre. Ce traité porta le nom du Spartiate Antalcidas, qui fut le négociateur de cette paix, si toutefois, dit Plutarque, on peut appeler de ce nom un traité qui fut l'opprobre de la Grèce, et dont l'issue fut plus ignominieuse que n'aurait pu l'être la guerre la plus funeste. L'ancienne confédération des peuples était dissoute, la Grèce désormais restait désunie, et Sparte, oubliant sa gloire, sacrifiait les intérêts de tous les Grecs à son égoïsme et à son ambitieuse politique.

Pour se venger des villes qui, dans la dernière guerre, avaient favorisé leurs ennemis, les Lacédémoniens commencèrent par attaquer Mantinée, dont ils détruisirent les murailles ; puis ils assiégèrent Olynthe, qui, pressée par la famine, fut obligée de capituler. Un nouvel attentat souleva contre eux l'indignation de la Grèce entière : ils s'emparèrent par trahison de la Cadmée, forteresse de Thèbes, et pendant cinq ans ils firent peser un joug odieux sur les Thébains, qui n'attendaient qu'une occasion pour briser leurs chaînes : cette occasion se présenta.

Pélopidas délivre Thèbes du joug des Lacédémoniens. — Parmi les Thébains qui s'étaient réfugiés à Athènes se trouvait Pélopidas, aussi distingué par ses talents et son courage que par sa naissance et ses richesses. Tandis qu'Epaminondas, son ami, qui était resté à Thèbes, cherchait à enflammer le courage de la jeunesse thébaine et à entretenir son patriotisme, Pélopidas préparait avec ses compagnons d'infortune les moyens de délivrer sa patrie. Après s'être ménagé des intelligences et des appuis dans Thèbes, il partit avec douze jeunes gens déterminés comme lui, et comme lui vêtus de simples manteaux, menant des chiens de chasse et portant des pieux à tendre des filets, pour ne donner aucun soupçon aux personnes qu'ils rencontreraient. Ils s'introduisirent ainsi dans la ville au commencement de la nuit, surprirent la plupart des tyrans au milieu d'un festin, et, après les avoir massacrés, ils appelèrent les citoyens aux armes. Epaminondas, qui n'avait pas voulu se mêler à la conjuration, de peur de tremper ses mains dans le sang de ses concitoyens, sortit alors de sa maison et vint se joindre avec un grand nombre de jeunes Thébains aux libérateurs de la république. On expédia des courriers aux autres bannis, qui accoururent à Thèbes. La garnison lacédémonienne, vivement assiégée dans la Cadmée par les vainqueurs, qui avaient reçu un puissant secours d'Athènes, demanda à capituler après une courte résistance et obtint la permission de sortir de la citadelle avec armes et bagages (479). Pélopidas fut proclamé par tous ses concitoyens le sauveur de la patrie.

Questionnaire.

Quelles cruautés les trente tyrans exercèrent-ils à Athènes? — Quel décret fut publié contre les proscrits? — Dans quelles villes furent reçus les exilés? — Où s'était réfugié Alcibiade? — Comment périt-il? — Quel fut le libérateur d'Athènes? — Quel est le décret que Thrasybule fit rendre? — Comment les Athéniens souillèrent-ils leur gloire? — Qu'était-ce que Socrate? — En quoi consistait son enseignement? — Quels furent les plus célèbres de ses disciples? — Racontez son jugement et sa mort. — Quelle entreprise Cyrus le jeune fit-il? — Combien de

Grecs avait-il à son service? — Quel fut le sort de Cyrus? — Que devinrent les Grecs qui l'avaient suivi? — Qui les commanda? — Comment appelle-t-on cette retraite? — Qui en a écrit l'histoire? — Quel était le projet des Lacédémoniens? — Que fit Agésilas? — Pourquoi interrompit-il le cours de ses victoires? — De quels peuples était composée la ligue formée contre Sparte? — Quelle victoire remporta la flotte des Perses? — Par qui était-elle commandée? — Que fit Agésilas, lorsqu'il apprit la nouvelle de cette défaite? — Décrivez la bataille de Coronée. — Comment Conon parvint-il à relever les murs d'Athènes? — De quel prince les Lacédémoniens recherchèrent-ils l'appui? — Quel traité signèrent-ils? — Quelle était la principale condition de ce traité? — Contre quelles villes les Lacédémoniens exercèrent-ils leur vengeance? — Racontez de quelle manière Pélopidas délivra Thèbes du joug des Lacédémoniens.

CHAPITRE XXVIII.

Depuis la délivrance de Thèbes jusqu'à la fin de la guerre sociale (379-356).

Puissance de Thèbes. Pélopidas et Épaminondas. — Combat de Tégyre. Le bataillon sacré. — Bataille de Leuctres. — Épaminondas et Pélopidas envahissent le Péloponèse. Ils sont accusés à leur retour. — Nouvelles expéditions d'Épaminondas dans le Péloponèse. — Mort de Pélopidas en Thessalie. Siége et ruine de la ville d'Orchomène. — Bataille de Mantinée. Mort d'Épaminondas. — Guerre sociale.

Puissance de Thèbes. Pélopidas et Épaminondas. — La délivrance de Thèbes fut comme le prélude d'une lutte de plusieurs années, dont le résultat fut de donner aux Thébains cet empire de la Grèce que les Spartiates et les Athéniens s'étaient seuls disputé jusqu'alors. Ce résultat glorieux fut dû surtout à deux hommes éminents par leurs qualités, Pélopidas et Epaminondas. Le premier possédait une grande fortune, mais il faisait le plus noble usage de ses richesses, en secourant les hommes vertueux et indigents. La pauvreté était familière à Epaminondas; il l'avait reçue en héritage de ses pères, et il se l'était rendue plus légère et plus douce en s'appliquant de bonne heure à la philosophie et en adoptant un genre de vie simple et modeste. Mais dans tout ce qu'ils ont fait de grand et de glorieux, rien n'a paru plus beau aux justes appréciateurs des choses, que l'union et l'amitié parfaite que ces deux illustres citoyens conservèrent sans altération jusqu'à la fin de leur vie; et cela, au milieu de tant de combats, de tant de charges qu'ils exercèrent, soit dans les camps, soit dans les conseils. La véritable cause de cette affection si constante, c'était la vertu qui les guidait dans toutes leurs actions, et qui les porta de bonne heure à augmenter par leurs travaux la puissance et la gloire de leur patrie, en y faisant servir réciproquement les succès l'un de l'autre.

Combat de Tégyre. Le bataillon sacré. — Le combat de Tégyre fut la première action dans laquelle les Thébains remportèrent un avantage signalé sur les Lacédémoniens. Pélopidas, étant parti avec un petit corps de troupes pour surprendre la ville d'Orchomène, rencontra près de Tégyre les Lacédémoniens, dont les forces étaient bien supérieures aux siennes. Un Thébain, accourant à lui: « Nous avons donné, lui dit-il, dans les ennemis. — Pourquoi, lui répondit Pélopidas, n'est-ce pas plutôt eux qui ont donné dans notre troupe? » Aussitôt il fit commencer l'attaque, et ses soldats combattirent avec tant de courage et d'ardeur que les Lacédémoniens furent complétement battus et prirent la fuite. « Ce combat, dit Plutarque, apprit pour la première fois aux Grecs que ce n'étaient pas seulement les bords de l'Eurotas qui produisaient des hommes belliqueux et intrépides; mais que partout où les jeunes gens savent rougir de ce qui déshonore et se porter avec ardeur à tout ce qui est glorieux, partout où ils craignent plus le blâme que le danger, là sont les hommes les plus redoutables à leurs ennemis. »

Le bataillon sacré se couvrit de gloire au combat

de Tégyre. Il était composé de trois cents jeunes Thébains, unis entre eux par la plus étroite amitié et engagés par serment à ne jamais fuir devant l'ennemi et à défendre leurs amis jusqu'au dernier soupir. Les hommes d'élite dont se composait le bataillon sacré combattaient ordinairement dispersés dans les premiers rangs de l'infanterie ; Pélopidas qui, à la bataille de Tégyre, les avait vus, réunis autour de lui, montrer une valeur sans égale, n'en forma qu'un seul corps qui devait agir isolément. Il pensait que les hommes braves, quand ils sont ensemble, s'inspirant les uns aux autres l'émulation et le désir des grands exploits, sont bien plus utiles et combattent avec plus d'ardeur.

Bataille de Leuctres (371). — Les Thébains envoyèrent à Sparte Epaminondas, pour assister à une assemblée où devait se régler la pacification de la Grèce. Epaminondas refusa de se soumettre aux conditions que les Lacédémoniens prétendaient lui imposer, et revint à Thèbes préparer tout pour la guerre. Les Lacédémoniens étant entrés en Béotie, sous la conduite de leur roi Cléombrote, au nombre de vingt-quatre mille hommes d'infanterie et de seize cents de cavalerie, Epaminondas marcha à leur rencontre avec douze mille fantassins et une cavalerie à peu près égale en force à celle de l'ennemi, mais supérieure par la valeur et la discipline. Pélopidas était à la tête du bataillon sacré. La bataille se livra auprès de Leuctres, sur la frontière de la Béotie (371). Avant que l'action fût engagée, des présages sinistres avaient porté le découragement dans l'armée thébaine. Epaminondas, pour ranimer la confiance de ses soldats, leur dit ce vers d'Homère : « Il n'y a pas de meilleur présage que de défendre sa patrie. » L'ordre de bataille qu'il adopta était nouveau. Au lieu de ranger son armée en phalange d'égale profondeur, il porta toute l'élite de ses forces à l'aile gauche, qu'il disposa en colonne serrée ; laissant son aile droite éloignée de l'ennemi, il attaqua lui-même l'aile droite des Lacédémoniens où Cléombrote se trouvait. Les Lacédémoniens, ne pouvant soutenir le choc des Thébains, furent enfoncés, et Cléombrote ayant été tué, la mort du roi décida la déroute. Les Thébains perdirent trois cents hommes, les Lacédémoniens quatre mille, parmi lesquels quatre cents Spartiates sur sept cents qui étaient à l'armée. Pélopidas, en chargeant à propos les ennemis à la tête du bataillon sacré, avait efficacement secondé les habiles manœuvres du général en chef, et il partagea avec Épaminondas la gloire de cette mémorable journée.

Epaminondas et Pélopidas envahissent le Péloponèse. Ils sont accusés à leur retour. — A la nouvelle de la défaite des Lacédémoniens, les peuples du Péloponèse se révoltèrent contre eux. Pendant qu'Agésilas essayait de les faire rentrer dans la soumission, Epaminondas et Pélopidas envahirent le Péloponèse et ravagèrent la Laconie. Ils firent plus : après avoir traversé l'Eurotas, grossi par la fonte des neiges, ils s'approchèrent de Sparte et vinrent camper sur les hauteurs voisines. La ville était dans la consternation : jamais les femmes lacédémoniennes n'avaient vu les feux d'un camp ennemi. Au milieu de ce pressant danger, Agésilas pourvut à tout; il arma les paysans et six mille ilotes. Cependant Epaminondas se serait peut-être emparé de Sparte, si les Péloponésiens, effrayés des progrès de la puissance des Thébains, ne s'étaient détachés de leur alliance. Les Athéniens envoyèrent Iphicrate au secours des Lacédémoniens; Epaminondas évita sa rencontre et rentra en Béotie couvert de gloire.

Mais à peine revenus dans leur patrie, Epaminondas et Pélopidas furent accusés et cités devant l'assemblée thébaine pour avoir gardé le commandement des troupes au delà du terme fixé par la loi. Pélopidas, si intrépide sur le champ de bataille, ne sut se défendre que par ses prières. Epaminondas montra une héroïque fermeté. « Je con-« sens, dit-il, à subir la mort, pourvu qu'on écrive « ces mots dans l'acte de condamnation : Epami-« nondas et Pélopidas ont été condamnés à mort « pour avoir forcé les Thébains de vaincre à la « journée de Leuctres. » Le peuple rougit de son ingratitude, et les deux accusés, absous par acclamation, furent ramenés en triomphe dans leur maison.

Nouvelles expéditions d'Épaminondas dans le Péloponèse. — Rappelé par les Arcadiens, les Argiens et les Eléens, qui redoutaient la vengeance des Spartiates, Epaminondas entra une seconde fois dans le Péloponèse (369), prit plusieurs villes et assiégea Corinthe, qui ne fut sauvée que par l'arrivée du général athénien Chabrias. Ne pouvant plus rien entreprendre contre les Lacédémoniens, qui avaient reçu des secours d'Athènes et de Denys de Syracuse, Epaminondas regagna la Béotie.

Les Thébains étendirent leur influence sur la Thessalie et la Macédoine, et envoyèrent Pélopidas solliciter l'alliance du roi de Perse, qui conclut un traité avec eux. Epaminondas, après avoir envahi pour la troisième fois le Péloponèse et y avoir livré beaucoup de combats sans résultat, équipa une flotte de cent galères à trois rangs de rames et défit la flotte athénienne, commandée par Lachès.

Mort de Pélopidas en Thessalie. Siége et ruine de la ville d'Orchomène. — Peu de temps après, les Thessaliens, opprimés par Alexandre, tyran de Phères, implorèrent le secours de Thèbes, qui leur envoya Pélopidas avec une armée. Mais, au moment du départ, une éclipse de soleil frappa les soldats d'une si grande épouvante, que la plupart d'entre eux refusèrent de faire partie de l'expédition. Trois cents cavaliers seulement consentirent à suivre Pélopidas, qui s'avança hardiment vers Pharsale; après avoir reçu en route quelques renforts, il vint camper au pied des montagnes des Cynocéphales. Alexandre avait avec lui une armée de vingt mille hommes; cependant Pélopidas accepta la bataille, et, ne pouvant modérer son ardeur, il s'élança pour attaquer le tyran, qu'il voyait combattre à l'aile droite. Celui-ci prit la fuite et alla se cacher au milieu de ses gardes; Pélopidas, enveloppé d'ennemis, tomba percé de coups, après avoir fait des prodiges de valeur. Sa mort excita des regrets universels; tous les Thébains le pleurèrent, et les Thessaliens réclamèrent l'honneur de fournir aux frais de ses funérailles, qui furent célébrées avec une grande magnificence.

Tandis qu'Épaminondas combattait sur la flotte et Pélopidas en Thessalie, le gouvernement de Thèbes fut sur le point d'être renversé par une faction aristocratique. Les habitants d'Orchomène, la seconde ville de Béotie et l'ancienne rivale de Thèbes, entrèrent dans cette conspiration, qui devait éclater à la revue annuelle des troupes orchoméniennes; mais le complot fut découvert, et trois cents cavaliers d'Orchomène furent enfermés et tués dans la place publique de Thèbes. Cette vengeance ne satisfit pas la colère des Thébains, qui marchèrent sur Orchomène, assiégèrent et prirent la ville, et, après l'avoir ruinée de fond en comble, mirent à mort les hommes en état de porter les armes et emmenèrent en captivité les femmes et les enfants.

Bataille de Mantinée (363). Mort d'Épaminondas. — La guerre qui éclata peu de temps après entre les Arcadiens et les Éléens fournit à Épaminondas l'occasion d'entrer pour la quatrième fois dans le Péloponèse. Après avoir vainement essayé de surprendre Sparte et Tégée, il livra bataille aux Lacédémoniens auprès de Mantinée (363), et, comme à Leuctres, il fit des dispositions qui devaient lui assurer la victoire. En effet, le désordre se mit bientôt dans les rangs ennemis, et déjà leur déroute commençait, lorsqu'Épaminondas fut atteint d'un coup mortel. On le rapporta dans sa tente; le fer de la lance qui l'avait frappé était resté dans la blessure, et le héros devait mourir aussitôt qu'on l'en retirerait. Épaminondas demanda si son bouclier était sauvé; on le lui présenta, et il le contempla avec joie, comme le compagnon de ses travaux et de ses succès. Ses amis se plaignaient qu'il mourût sans laisser de postérité. « Rassurez-vous, leur dit-il, je laisse deux filles immortelles, les victoires de Leuctres et de Mantinée. Je meurs sans regret, ajouta-t-il, puisque je laisse ma patrie triomphante. » En disant ces mots, il arracha le fer de sa blessure, et au même instant il expira. Avec ce grand homme périt la puissance de Thèbes, qu'il avait élevée si haut par ses talents et son courage.

Guerre sociale. — Après la mort d'Épaminondas, les Athéniens ressaisirent l'empire de la mer. Dans l'espace de quelques années, Timothée, Chabrias et Iphicrate s'emparèrent d'un grand nombre d'îles de la mer Égée et de plusieurs villes sur les côtes de la Thrace et de l'Asie. La dureté de leur gouvernement et les exactions auxquelles ils se livraient amenèrent la révolte de ces peuples et la guerre sociale.

Le commandement de la première expédition, qui était dirigée contre l'île de Chio (358), foyer de l'insurrection, fut confié à Chabrias et à Charès, homme de mœurs dissolues et qui ne rachetait ses vices par aucun talent. Chio résista à tous les efforts des Athéniens, et Chabrias périt plutôt que de fuir devant l'ennemi. Dans une seconde expédition, Iphicrate et Timothée ayant refusé de livrer bataille lorsque la flotte athénienne venait d'être dispersée par une violente tempête, Charès les accusa de trahison et les fit condamner à l'exil.

Chargé seul de la conduite de la guerre, il se mit avec son armée à la solde d'Artabaze, satrape d'Ionie, révolté contre le roi de Perse (356); mais Artaxerxès força les Athéniens à rompre avec Artabaze et à reconnaître l'indépendance des peuples insurgés.

État de la Grèce. — La Grèce, au milieu de ses funestes dissensions et de ses guerres continuelles, avait bien déchu de son ancienne grandeur. Athènes, qui avait d'abord exercé sur la plupart des peuples une suprématie incontestée, vaincue et humiliée par Sparte, avait abdiqué la prééminence au profit de sa rivale. Sparte, à son tour, dont l'orgueil et la domination oppressive avaient soulevé les alliés, vit sa gloire s'éclipser à la journée de Leuctres, et la prépondérance qui lui échappait passa aux Thébains. Mais Thèbes, élevée un moment au faîte de la puissance par les talents de Pélopidas et d'Épaminondas, retomba dans sa faiblesse quand elle eut perdu ces deux grands hommes. Au milieu de cet épuisement général, alors qu'il n'y avait plus un seul peuple assez fort pour imposer son autorité aux autres, une nouvelle puissance commençait à s'élever : c'était la Macédoine, qui devait bientôt, sous son roi Philippe et sous Alexandre le Grand, fils de Philippe, exercer une domination générale sur les États de la Grèce; plus tard cette contrée deviendra une **province romaine**.

Questionnaire.

Donnez quelques détails sur Pélopidas et Épaminondas. — Racontez le combat de Tégyre. — Qu'était-ce que le bataillon sacré? — Pourquoi Épaminondas fut-il envoyé à Sparte? — Que fit-il? — Avec quelles forces les Lacédémoniens entrèrent-ils en Béotie? — Quelles étaient les forces des Thébains? — Où se livra la bataille? — A qui demeura la victoire? — Qu'arriva-t-il après la défaite des Lacédémoniens? — Par qui le Péloponèse fut-il envahi? — Qu'est-ce qui empêcha les Thébains de s'emparer de Sparte? — Épaminondas et Pélopidas ne furent-ils pas accusés à leur retour? — Comment se défendit Épaminondas? — Par qui fut-il rappelé dans le Péloponèse? — Que fit-il? — Pourquoi les Thessaliens implorèrent-ils le secours de Thèbes? — Que fit Pélopidas? — Comment mourut-il? — De quel danger fut menacé le gouvernement de Thèbes? — Quelle occasion se présenta pour Épaminondas d'envahir de nouveau le Péloponèse? — Où livra-t-il bataille aux Lacédémoniens? — Qui remporta la victoire? — Racontez les derniers moments d'Épaminondas. — Quelle fut la cause de la révolte des peuples que les Athéniens avaient soumis? — Comment appelle-t-on la guerre qu'ils firent? — Quels furent les principaux événements et le résultat de cette guerre? — Quel était alors l'état de la Grèce? — Quelle nouvelle puissance commençait à s'élever?

CHAPITRE XXIX.

Depuis le commencement jusqu'à la fin du règne de Philippe, roi de Macédoine (359-336).

La Macédoine. Ses premiers rois. — Philippe, roi de Macédoine. Ses premiers soins. La phalange macédonienne. — Premières conquêtes de Philippe. — Guerre sacrée. Philippe intervient dans les affaires de la Grèce. — Démosthène. Ses efforts pour s'opposer aux desseins ambitieux de Philippe. — Philippe nommé membre du conseil des amphictyons. Ses expéditions contre l'Hellespont et en Scythie. — Bataille de Chéronée. Anéantissement de l'indépendance de la Grèce. — Philippe nommé généralissime des Grecs contre les Perses. Sa mort.

La Macédoine. Ses premiers rois. — La Macédoine comprenait la partie la plus septentrionale de la presqu'île orientale de l'Europe, entre la mer Égée et la mer Ionienne. C'était une contrée montagneuse et boisée. Vers l'an 799 avant J. C., une colonie d'Argos s'établit dans l'Émathie et y jeta les fondements du royaume de Macédoine. Le chef de cette colonie, Caranus, descendant d'Hercule, fut le premier roi de cette monarchie si faible encore et à laquelle étaient réservées de si grandes destinées. Les successeurs de Caranus soutinrent des guerres mêlées de succès et de revers contre les peuples dont ils étaient environnés. Soumis par les Perses lorsque ces derniers envahirent la Grèce, ils furent obligés de leur payer un tribut, dont ils ne furent affranchis que par la bataille de Platée, qui rendit à la Macédoine sa complète indépendance.

Philippe, roi de Macédoine. Ses premiers soins. La phalange macédonienne. — Perdiccas, roi de Macédoine, étant mort, Philippe, son frère, que les Thébains avaient pris pour otage plusieurs années auparavant, et qui avait été élevé dans la maison d'Épaminondas, s'échappa de Thèbes et arriva en Macédoine (359). Il gouverna d'abord comme tuteur de son neveu Amyntas; mais bientôt il fut proclamé roi par les Macédoniens : il était alors âgé de vingt-trois ans.

Philippe commença par apaiser les troubles qui désolaient le royaume en ramenant à l'obéissance les grands, qui jusque-là avaient méconnu l'autorité royale. Deux compétiteurs, Pausanias et Argée, lui disputaient la couronne : Pausanias était soutenu par les Péoniens, les Illyriens et les Thraces, qui faisaient des incursions en Macédoine. Dans la position difficile où Philippe se trouvait encore, l'adresse pouvait plus que la force : il acheta la paix de ces peuples, et se débarrassa ainsi de Pausanias. Ensuite, ayant attiré Argée vers Édesse par de belles promesses, il lui livra bataille et en eut bon marché : Argée fut tué. Trois mille Athéniens, qui accompagnaient ce compétiteur, avaient été faits prisonniers : Philippe s'en servit pour se préparer des négociations avec Athènes en les comblant de bons traitements. Alors il envoya des ambassadeurs en Attique (358), et un traité fut bientôt conclu, qui, en délivrant la Macédoine de toute crainte extérieure, permit à Philippe de s'occuper de diverses réformes, dont la plus importante était l'organisation de son armée. Ce fut alors qu'il créa, ou plutôt qu'il perfectionna la fameuse phalange qui devait préparer les succès des armes macédoniennes. La phalange était un corps d'infanterie, composé de quatre mille quatre-vingt-seize hommes, rangés sur seize de profondeur, et armés de *sarisses*, c'est-à-dire de lances longues de plus de quatre mètres, de telle sorte que les lances des cinq premiers rangs formaient, en avant de la phalange, comme un mur tout hérissé de fer. Plus tard même, Philippe doubla et quadrupla sa phalange.

Premières conquêtes de Philippe. — Après avoir assuré la tranquillité intérieure de ses États, organisé et discipliné son armée, Philippe, employant tour à tour la ruse et la force, commença à mettre à exécution les vastes projets qu'il méditait. Il soumit les Péoniens, reprit sur les Illyriens les villes qu'ils avaient enlevées à la Macédoine, s'empara d'Amphipolis sur le Strymon, de Pydna, de Potidée, de Crénides, nommée depuis Philippes ; la prise de cette dernière ville, en lui assurant la possession des riches mines d'or situées entre le Nessus et le Strymon, devait lui donner les moyens d'entretenir des intelligences secrètes dans les principales villes de la Grèce et d'acheter les services de leurs citoyens. Il conquit une partie de la Thrace et délivra les Thessaliens des tyrans qui les opprimaient. Enfin, pour défendre les côtes de la Macédoine contre les flottes athéniennes, il créa une marine et soumit les îles d'Imbros et de Lemnos. Après tous ces succès, voulant encore se fortifier par une utile et puissante alliance, il épousa Olympias, fille du roi d'Épire, dont il eut bientôt un fils qui fut Alexandre le Grand (356).

Guerre sacrée. Philippe intervient dans les affaires de la Grèce. — La guerre sacrée, qui avait commencé entre les Phocidiens et les Thébains, et à laquelle presque tous les peuples de la Grèce finirent par prendre part, fournit à Philippe l'occasion qu'il cherchait de s'immiscer dans les affaires de la Grèce. Voici quelle fut la cause de cette guerre. Les Phocidiens, accusés d'avoir labouré un champ consacré à Apollon, furent condamnés par les amphictyons à une amende qu'ils refusèrent de payer. Le conseil amphictyonique leur déclara la guerre. Philomélus, chef des Phocidiens, ayant été vaincu et tué par les Thébains, son frère Onomarque, qui lui succéda dans le commandement, pilla les trésors du temple de Delphes pour subvenir aux frais de la guerre. Après avoir fait des incursions en Béotie et en Locride, Onomarque pénétra dans la Thessalie pour secourir le tyran de Phères : il eut d'abord l'avantage dans deux rencontres avec les Thessaliens et Philippe leur allié ; mais dans un troisième combat il fut défait et tué. Alors Philippe pénétra dans la Phocide, sous prétexte de punir les habitants qui s'étaient rendus coupables de sacrilége en pillant le temple de Delphes, et il essaya de s'emparer du passage des Thermopyles. Il ne fut arrêté dans cette entreprise que par Nausiclès, général athénien, qui conduisait des secours aux Phocidiens (352). Ce fut cette même année que Démosthène, le grand orateur, prononça sa première *Philippique*, dans laquelle il dévoila aux Athéniens les projets ambitieux du roi de Macédoine.

Démosthène. Ses efforts pour s'opposer aux desseins ambitieux de Philippe. — Démosthène, le prince des orateurs grecs, plaida dès l'âge de dix-sept ans contre ses tuteurs qui voulaient le dépouiller de son bien : il gagna sa cause. Mais lorsqu'il voulut parler devant l'assemblée du peuple, l'imperfection de son style, sa voix faible, sa respiration entrecoupée le firent couvrir de huées. Il vécut alors pendant plusieurs années dans une profonde retraite, lisant et méditant sans cesse les grands maîtres et surtout Thucydide : il luttait contre les vices de son organe en s'exerçant à parler avec des cailloux dans la bouche et en déclamant au bruit des vagues de la mer. Quand il eut ainsi à force de constance corrigé ses défauts, il reparut en public et obtint d'abord d'éclatants succès au barreau. Élevé bientôt aux premières charges, il exerça par son génie la plus grande influence dans le gouvernement de la république. Sa pénétration lui avait fait deviner les desseins ambitieux du roi de Macédoine, et dès lors il résolut de le combattre. Toute sa carrière politique n'eut plus qu'un seul objet : guerre à Philippe. Pendant quatorze ans, ce prince ne put faire un pas sans trouver sur son chemin ce terrible adversaire qu'aucune tentative ne réussit à corrompre. Les harangues de Démosthène, connues sous le nom de *Philippiques* et d'*Olynthiennes*, sont les plus admirables monuments de l'éloquence que déploya ce grand orateur pour sauver l'indépendance de la Grèce. Ces nobles efforts du génie devaient échouer d'un côté contre la perfidie et la force du roi de Macédoine, d'un autre côté contre la mollesse et l'incurie du peuple athénien.

Philippe nommé membre du conseil des amphictyons. Ses expéditions contre l'Hellespont et en Scythie. — Après une expédition contre le Péloponèse, dans laquelle Philippe dicta des lois aux Lacédémoniens, et contre l'île d'Eubée, qu'il aurait enlevée aux Athéniens si Phocion, leur plus illustre général, ne l'avait pas défendue, il envahit le territoire d'Olynthe, que les Athéniens secoururent trop tard, malgré les exhortations pressantes de Démosthène, et s'empara de cette ville, qu'il détruisit entièrement. Philippe, ayant mis fin, en envahissant la Locride, à la guerre sacrée, qui durait depuis dix ans, obtint dans le conseil des amphictyons la place que les Phocidiens y avaient occupée (546).

Il fut moins heureux dans une expédition qu'il dirigea contre l'Hellespont. Sa flotte, qui d'abord avait défait celle des Athéniens, commandée par Charès, fut battue à son tour par Phocion, et les Macédoniens furent obligés de lever le siége de Byzance (341). Philippe entra ensuite en Scythie, où il remporta une grande victoire; mais, à son retour, il fut surpris par les Triballes, et ne fut sauvé de la mort que par le courage de son fils Alexandre.

Bataille de Chéronée (338). Anéantissement de l'indépendance de la Grèce. — Une nouvelle guerre sacrée augmenta la puissance du roi de Macédoine. Les Locriens d'Amphisse avaient été déclarés sacriléges pour avoir labouré un champ consacré à Apollon. Philippe, chargé d'exécuter la sentence prononcée contre eux, envahit leur territoire, mit des garnisons dans leurs villes et s'empara d'Élatée. Les Athéniens et les Thébains, effrayés de ce voisinage et enflammés par les discours de Démosthène, envoyèrent contre le roi de Macédoine une armée de trente mille hommes qui s'avança jusqu'à la frontière de Béotie. La bataille se livra auprès de Chéronée (338), et Philippe remporta une victoire complète. Cette victoire anéantissait l'indépendance grecque. Du moins les Grecs n'étaient pas tombés sans gloire; ils avaient montré dans cette fatale journée le courage que leurs ancêtres avaient déployé à Marathon, à Salamine et à Platée.

Philippe nommé généralissime des Grecs contre les Perses. Sa mort. — Philippe usa de sa victoire avec modération. Il offrit la paix aux Athéniens et renvoya sans rançon tous ses prisonniers. Se montrant aussi habile que généreux, et pour faire oublier aux Grecs leur défaite, il résolut de les entraîner à la conquête de l'Asie. Dans une assemblée tenue à Corinthe, il proposa à tous les peuples de la Grèce de réunir leurs forces contre les Perses, et fut nommé par les amphictyons généralissime de l'armée confédérée.

De retour en Macédoine, Philippe répudia Olympias pour épouser Cléopâtre, fille d'Attale; ce qui irrita tellement Alexandre, qu'il se préparait à la révolte. Pausanias, jeune Macédonien de naissance illustre, qui avait inutilement demandé vengeance à Philippe d'un outrage qu'il avait reçu d'Attale, assassina ce prince au milieu de toute sa cour (336). Philippe était dans la quarante-septième année de son âge et la vingt-quatrième de son règne.

Au milieu de sa décadence, la Grèce avait encore produit des hommes célèbres à plus d'un titre. Il suffit de citer, outre Démosthène, dont il a été déjà parlé, les orateurs Hypéride et Eschine, le rival de Démosthène; Phocion, vertueux citoyen, habile général, chef du parti aristocratique à Athènes; Platon, le plus illustre disciple de Socrate, fondateur de l'école connue sous le nom d'Académie, et qui a laissé un grand nombre d'écrits également remarquables par la pureté de la morale et la noblesse du style; Aristote, disciple de Platon, fondateur de l'école du Lycée, regardé comme le plus vaste génie de l'antiquité : il a embrassé toutes les sciences connues de son temps et en a même créé plusieurs. Aristote fut le précepteur d'Alexandre le Grand.

Questionnaire.

Où était située la Macédoine? — Par qui fut fondé le royaume de Macédoine? — Quel âge avait Philippe lorsqu'il devint roi? — Comment se débarrassa-t-il de ses compétiteurs? — Qu'était-ce que la phalange qu'il organisa? — Quelles furent les premières conquêtes de Philippe? — Qui épousa-t-il? — Quel fut son fils? — A quelle occasion Philippe put-il s'immiscer dans les affaires de la Grèce? — Racontez les divers incidents de la guerre sacrée. — Par qui Philippe fut-il arrêté au passage des Thermopyles? — Quel est l'orateur athénien qui combattait les projets ambitieux du roi de Macédoine? — Donnez quelques détails sur Démosthène. — Quels sont les plus beaux monuments de son éloquence? — De quelle ville importante Philippe s'empara-t-il? — Comment termina-t-il la guerre sacrée? — Quels furent les résultats de ses expéditions contre l'Hellespont et en Scythie? — Quel peuple fut déclaré sacrilége? — De quoi fut chargé Philippe? — Que fit-il? — Quels peuples se liguèrent contre lui? — Où se livra la bataille? — Par qui fut-elle gagnée? — Quelles en furent les conséquences? — Comment Philippe usa-t-il de la victoire? — Que proposa-t-il aux peuples de la Grèce? — Quel titre reçut-il? — Par qui fut-il assassiné? — Quel âge avait-il et quelle avait été la durée de son règne? — Quels sont les hommes célèbres que la Grèce produisit à cette époque?

CHAPITRE XXX.

Depuis le commencement du règne d'Alexandre le Grand jusqu'à la ligue achéenne (336-251).

Alexandre succède à Philippe. Victoire sur les Grecs. Destruction de Thèbes. — Expédition contre les Perses. Passage du Granique. — Bataille d'Issus. Siége de Tyr. Fondation d'Alexandrie. — Bataille d'Arbelles. — Expédition dans l'Inde. Mort d'Alexandre. — Étendue de son empire. Premier partage des provinces entre ses généraux. Formation de quatre grands royaumes. — Soulèvement de la Grèce. Victoire d'Antipater. Mort de l'orateur Démosthène. — Polysperchon. Mort de Phocion. Gouvernement de Démétrius de Phalère. — Cassandre. Démétrius Poliorcète, chef de la confédération grecque. — La Macédoine possédée tour à tour par divers maîtres. Les Gaulois en Grèce. — Antigone Gonatas et les Étoliens.

Alexandre succède à Philippe. Victoire sur les Grecs. Destruction de Thèbes. — Après la mort de Philippe, Alexandre, alors âgé de vingt ans, monta sur le trône de Macédoine (336). Élevé par Aristote, doué de toutes les qualités qui promettent un héros et un grand roi, le jeune prince dut montrer, dès son avénement, ce qu'il était capable de faire. Les peuples voisins de la Macédoine s'étaient révoltés ; la Grèce s'agitait aussi : les Thébains et les Athéniens avaient formé une ligue pour se soustraire au joug de la Macédoine. En deux mois, Alexandre soumit complétement les peuples de la Thrace et les Illyriens. Puis il franchit les Thermopyles et parut devant Thèbes, qu'il prit malgré sa vive résistance et qu'il détruisit de fond en comble, n'épargnant que la maison des descendants de Pindare, par respect pour la mémoire de cet illustre poëte (335).

Après avoir accordé la paix aux supplications des Athéniens, Alexandre se rendit à Corinthe, où, comme son père, il reçut des représentants de la Grèce le titre de généralissime de leurs forces confédérées pour l'expédition contre les Perses. Le fameux philosophe Diogène était alors à Corinthe. Alexandre voulut le voir, et l'ayant trouvé qui se chauffait au soleil, couché au pied d'un mur, il lui demanda ce qu'il pouvait faire pour lui : « Te retirer un peu de mon soleil, » répondit le philosophe. » On dit que le roi s'écria : « Si je n'étais Alexandre, je voudrais être Diogène. »

Expédition contre les Perses. Passage du Granique. — Alexandre, après avoir fait les préparatifs de son expédition contre les Perses, confia le gouvernement de la Macédoine à Antipater, et distribua son patrimoine et ses domaines à ses amis. « Que vous êtes-vous donc réservé ? lui demanda Perdiccas, un de ses officiers. — L'espérance, » répondit Alexandre. Il partit alors à la tête d'une armée de trente mille fantassins, de quatre mille cinq cents cavaliers et d'une flotte de cent soixante vaisseaux. Il traversa l'Hellespont (334), prévenant par la rapidité de sa marche une diversion que Memnon, commandant de la flotte des Perses, projetait d'opérer en envahissant la Macédoine.

Arrivé en Asie sans avoir rencontré d'obstacles, il livra bataille, sur les bords du Granique, aux Perses qui voulaient lui disputer le passage de ce fleuve, et remporta une victoire complète. Sa valeur, qui l'entraîna au milieu de la mêlée, lui aurait été fatale sans le courage de Clitus, qui lui sauva la vie. Après avoir parcouru en vainqueur les côtes de l'Asie Mineure et rétabli la démocratie dans toutes les villes grecques, il pénétra dans la Phrygie et la Cilicie qu'il soumit rapidement (333).

En Phrygie, il y avait dans la ville de Gordium un char dont le joug était lié au timon par un nœud si artistement fait qu'on ne pouvait en apercevoir les bouts : on le nommait le *nœud gordien*. Un ancien oracle promettait l'empire de l'Asie à celui qui délierait ce nœud. Alexandre, après quelques efforts inutiles pour le délier, le coupa avec son épée, accomplissant ainsi ou éludant l'oracle.

A Tarse, dans la Cilicie, Alexandre, s'étant imprudemment baigné dans les eaux froides du Cydnus, fut saisi d'une fièvre violente qui mit sa vie en danger. Philippe d'Acarnanie fut le seul des médecins du roi qui osa lui proposer un breuvage qu'il lui persuada de prendre avec confiance, en l'assurant qu'il serait bientôt guéri. Dans ce moment Alexandre reçut une lettre de Parménion qui l'avertissait de se tenir en garde contre le médecin Philippe, séduit par les présents et les promesses de Darius. Alexandre, présentant d'une main cette lettre à Philippe, et prenant de l'autre la coupe qui contenait le breuvage, la vida d'un trait, sans laisser paraître le moindre soupçon. Magnanime confiance bien digne d'admiration!

Bataille d'Issus. Siége de Tyr. Fondation d'Alexandrie. — Cependant Darius s'avançait avec une armée de cinq cent mille hommes et s'engageait témérairement dans les défilés du mont Taurus. Il fut atteint à Issus par Alexandre, qui remporta une victoire complète. La mère, la femme et les filles de Darius tombèrent au pouvoir du vainqueur, qui les traita non-seulement avec humanité, mais encore avec le plus grand respect. Laissant fuir Darius sans le poursuivre, il résolut de s'emparer d'abord des provinces maritimes. Il porta ses armes dans la Syrie et s'empara de la ville de Damas, qui renfermait les trésors de Darius; ensuite dans la Phénicie, où il prit Tyr, après un siége de sept mois; puis dans la Palestine, où il voulait punir les Juifs, qui étaient restés fidèles au roi de Perse. Mais le grand pontife Jaddus alla au-devant du conquérant et l'adoucit en lui montrant les prophéties qui annonçaient que l'empire des Perses serait un jour détruit par un roi des Grecs. Alexandre passa alors en Égypte, qui le reçut comme un libérateur, et où il fonda la ville d'Alexandrie, destinée à devenir l'entrepôt du commerce du monde (332).

Bataille d'Arbelles (331).— Après avoir consulté l'oracle d'Ammon, qui le déclara fils de Jupiter, Alexandre quitta l'Égypte et reprit le chemin de l'Asie pour attaquer Darius au centre de ses États. Il franchit l'Euphrate et le Tigre et rencontra dans les plaines d'Arbelles l'armée innombrable des Perses. Ce nombre d'hommes n'était point fait pour effrayer Alexandre. La nuit qui précéda la bataille, il dormit d'un si profond sommeil que le lendemain matin il fallut le réveiller. L'armée de Darius, après quelque résistance, fut complétement mise en déroute, et Alexandre, par cette victoire, porta le dernier coup à la monarchie persane. Il s'empara de Babylone, de Suse, de Persépolis, d'Ecbatane, et se mit à la poursuite de Darius, qui fut tué dans sa fuite par le satrape Bessus (330).

Meurtre de Clitus et de Callisthène. — Pour se concilier l'affection des Perses, Alexandre adopta leurs vêtements et leurs usages. Il réprima les complots tramés contre lui dans son armée, fit mettre à mort le traître Bessus, qui lui fut livré par le satrape Spitamène, soumit les Sogdiens, remporta une grande victoire sur les Scythes et épousa Roxane, fille d'un seigneur perse (328). Dans l'ivresse d'un festin, il tua de sa propre main Clitus, son frère de lait, qui lui avait sauvé la vie au Granique; lorsqu'il reconnut son crime, il éprouva un si grand remords, qu'il voulait se laisser mourir. Un autre meurtre ternit sa gloire : ce fut celui du philosophe Callisthène, qu'il fit périr comme coupable de conspiration, mais dont le véritable crime était une liberté de langage qui avait blessé l'orgueil du roi.

Expédition dans l'Inde. Mort d'Alexandre. — Alexandre pénétra ensuite dans l'Inde (327), où il fut reçu comme un allié par Taxile et comme un ennemi par Porus, qu'il vainquit sur les bords de l'Hydaspe et qu'il traita généreusement. Il voulait porter ses armes jusqu'au Gange; mais les Macédoniens, effrayés de ses vastes projets, dont l'exécution devait leur coûter tant de fatigues nouvelles, refusèrent de le suivre.

Obligé de s'arrêter sur les bords de l'Hyphase, où il éleva douze autels pour marquer jusqu'où il avait porté ses conquêtes, Alexandre, retournant vers l'Hydaspe, descendit cette rivière jusqu'à l'Indus, et ce dernier jusqu'à l'océan Indien. Il envoya sa flotte, sous les ordres de Néarque, visiter les côtes de son empire, depuis l'embouchure de l'Indus jusqu'à celle du Tigre, et lui-même revint par terre à Babylone. Il ajouta de nouveaux embellissements à cette ville, dont il voulait faire la capitale du monde, réprima vigoureusement toutes les tentatives de révolte, et épousa Statira, fille de Darius. Il travailla dès lors à consolider son empire et à établir une fusion entre les Perses et les Macédoniens. Mais au milieu des grands desseins qu'il méditait, il mourut, âgé de près de trente-trois ans, soit par l'effet du poison, soit des suites de ses fatigues et de ses excès (323). Les Perses, et tous les peuples qu'il avait vaincus, pleurèrent sa mort autant que les Macédoniens eux-mêmes.

Étendue de l'empire d'Alexandre. Premier partage des provinces entre ses généraux. Formation de quatre grands royaumes. — L'empire fondé par Alexandre s'étendait depuis la mer Adriatique jusqu'à l'Hyphase, et depuis le Danube jusqu'à la mer Érythrée. Tous les pays compris dans ces limites avaient été partagés en trente-quatre grandes provinces, dont les principales étaient la Macédoine, avec la Thrace et la Thessalie; la Phrygie; la Lydie, avec l'Ionie; la Cappadoce et le Pont; la Syrie; la Babylonie, avec l'Assyrie; la Perse et la Médie; l'Égypte. Cet empire, le plus vaste qu'on eût encore vu, ne survécut pas à son fondateur. Alexandre ne laissait que des enfants en bas âge et un frère imbécile. Il n'avait point désigné de successeur, et, à ses derniers moments, comme on lui demandait à qui il laissait l'empire, il avait répondu cette seule parole : « Au plus digne. » Plein des tristes images de la confusion qui devait suivre sa mort, il prédit que ses amis lui feraient de sanglantes funérailles. En effet, durant les vingt-deux années qui s'écoulèrent depuis la mort du conquérant jusqu'à la bataille d'Ipsus, la discorde ne cessa de régner non-seulement entre ses capitaines, mais dans sa famille, qui fut entièrement exterminée, victime des haines et des rivalités les plus violentes.

Cependant les généraux d'Alexandre s'étaient empressés de se partager le gouvernement des provinces de son empire. L'Égypte échut à Ptolémée, la Syrie à Laomédon, la Cilicie à Philotas; la Paphlagonie et la Cappadoce à Eumène, la Lycie et la grande Phrygie à Antigone, la Thrace à Lysimaque. Antipater et Cratère furent chargés de la direction des affaires d'Europe, et on laissa les provinces d'Asie à ceux qu'Alexandre y avait déjà établis. Mais l'union ne pouvait être de longue durée entre tous ces rivaux avides de conquêtes : l'ambition leur mit les armes à la main ; les plus faibles succombèrent aux attaques des plus forts, et enfin ils furent réduits au nombre de quatre qui procédèrent à un nouveau partage, après la bataille d'Ipsus livrée, l'an 301, entre Démétrius et Antigone d'une part, Lysimaque et Séleucus de l'autre : Ptolémée et Cassandre avaient fait alliance avec ces deux derniers. Antigone fut vaincu et tué ; Démétrius se sauva à Éphèse, d'où il passa bientôt après dans la Grèce.

Dès lors la monarchie d'Alexandre fut partagée en quatre grands royaumes : Macédoine, Thrace, Égypte, Syrie. Cassandre eut la Macédoine, Lysimaque la Thrace et l'Asie Mineure ; l'Égypte appartint à Ptolémée, qui fonda la dynastie des Lagides, et la Syrie à Séleucus, qui fonda la dynastie des Séleucides. Le royaume de Thrace ne survécut pas même à son fondateur : Lysimaque fut vaincu et tué, en 281, à Curopedium, en Phrygie, par Séleucus, qui s'empara de ses États et les réunit au royaume de Syrie.

Soulèvement de la Grèce. Victoire d'Antipater. Mort de l'orateur Démosthène. — A la nouvelle de la mort d'Alexandre, les Athéniens et les Étoliens prirent les armes. Dix-neuf peuples de la Thessalie, de la Grèce centrale et du Péloponèse se joignirent à eux. Sept peuples seulement restèrent fidèles aux Macédoniens ; les Lacédémoniens et les Arcadiens ne se prononcèrent ni pour un parti ni pour l'autre.

Antipater, à qui avait été d'abord adjugé le gouvernement de la Macédoine et de la Grèce, marcha contre les confédérés, et fut vaincu par Léosthène, leur général, dans un premier combat livré auprès de Lamia, en Thessalie (323). Peu après, il remporta une victoire complète auprès de Cranon (322), s'empara des villes qui étaient entrées dans la ligue et y mit des garnisons. Il en établit une à Athènes et donna le gouvernement de cette ville à Phocion, chef du parti aristocratique. Antipater fit poursuivre l'orateur Démosthène, que les Athéniens abandonnèrent lâchement et qui, pour ne pas tomber entre les mains des Macédoniens, s'empoisonna dans l'île de Calaurie, au pied de l'autel de Neptune.

Polysperchon. Mort de Phocion. Gouvernement de Démétrius de Phalère. — Antipater, atteint d'une maladie mortelle, ne laissa pas le gouvernement de la Macédoine à Cassandre, son fils, encore trop jeune pour supporter le fardeau des affaires; mais il le confia à Polysperchon, son ami, qui plus tard devait le remettre à Cassandre.

Polysperchon, voulant conserver pour lui-même le pouvoir, chassa (320) des villes de la Grèce tous les gouverneurs qu'Antipater y avait établis, et qui étaient dévoués à Cassandre son fils, rappela les exilés et rétablit l'ancienne forme du gouvernement. Alexandre, fils de Polysperchon, s'empara d'Athènes et favorisa l'insurrection de la faction démocratique, qui fit périr Phocion, alors âgé de plus de quatre-vingts ans. Condamné à boire la ciguë, Phocion conserva jusqu'à ses derniers moments la même sérénité d'âme. Un de ses amis lui ayant demandé s'il n'avait rien à faire dire à son fils : « Dites-lui, répondit le vertueux citoyen, de ne conserver aucun ressentiment de l'injustice des Athéniens. » Bientôt après, Cassandre ayant repris Athènes (318), en donna le gouvernement à Démétrius de Phalère, qui avait une grande renommée comme orateur et comme homme d'État. Démétrius de Phalère gouverna avec sagesse et modération pendant dix ans, et les Athéniens, dans leur reconnaissance portée jusqu'à l'adulation, lui élevèrent trois cents statues. Cassandre rétablit aussi son autorité dans le Péloponèse, que Polysperchon avait cherché à lui enlever par les mêmes moyens.

Cassandre. Démétrius Poliorcète, chef de la confédération grecque. — Après avoir affermi sa domination dans la Macédoine (316) en faisant périr Olympias, mère d'Alexandre, et en épousant Thessalonice, sœur de ce prince, Cassandre, attaqué par les lieutenants d'Antigone, perdit le Péloponèse et la Grèce centrale, à l'exception d'Athènes. Quelques années après (307), cette ville elle-même fut obligée de se rendre à Démétrius Poliorcète, fils d'Antigone, qui était arrivé sur les côtes de l'Attique avec une flotte de cent cinquante vaisseaux. Démétrius détruisit le fort de Munychie, chassa la garnison macédonienne et rétablit à Athènes le gouvernement démocratique.

Cassandre profita de l'absence de Démétrius, que son père avait rappelé en Asie, pour reconquérir une partie de ce qu'il avait perdu en Grèce. Il faisait le siége d'Athènes, lorsque Démétrius, étant revenu dans l'Attique (303), le força d'abandonner son entreprise et le battit auprès des Thermopyles. Démétrius se rendit ensuite dans le Péloponèse, qu'il enleva à Cassandre, et fut proclamé par les députés de tous les peuples, rassemblés à l'isthme de Corinthe, chef de la confédération grecque et commandant d'une armée destinée à conquérir la Macédoine et la Thrace. Au moment où il allait entreprendre cette conquête, il fut rappelé de nouveau en Asie, où son père Antigone venait de prendre le titre de roi. C'est alors que Ptolémée, Lysimaque et Séleucus se réunirent contre Antigone et lui livrèrent à Ipsus, en Phrygie, la bataille dans laquelle il perdit la couronne et la vie (301).

La Macédoine possédée tour à tour par divers maîtres. Les Gaulois en Grèce. — Cassandre était mort (298) laissant deux fils, Antipater et Alexandre, qui se disputèrent la couronne. Alexandre avait appelé à son secours Pyrrhus, roi d'Epire, et Démétrius Poliorcète, qui était retourné en Grèce après la mort de son père Antigone. Pyrrhus, arrivé le premier, détacha de la Macédoine plusieurs provinces qu'il réunit à son empire, et se retira après avoir partagé le reste entre les deux frères. Alexandre, qui redoutait un protecteur comme Démétrius, le remercia de son secours lorsqu'il arriva et lui tendit des embûches; mais il périt lui-même assassiné, et Démétrius fut proclamé roi par les Macédoniens (294). Antipater s'enfuit en Thrace et le laissa paisible possesseur du trône.

Démétrius, maître de la Macédoine, de la Thessalie et de la Grèce, mais dont l'ambition n'était pas encore satisfaite, fit de grands préparatifs pour reconquérir l'empire de son père en Asie; avant qu'il pût exécuter cette entreprise, la Grèce fut soulevée contre lui par Ptolémée, et la Macédoine envahie par Lysimaque et Pyrrhus. Abandonné par son armée, qui donna la couronne à Pyrrhus, Démétrius se réfugia d'abord dans le Péloponèse, et passa ensuite en Asie, à la tête de douze mille hommes, pour essayer d'y faire quelques conquêtes. Il fut fait prisonnier par Séleucus, et mourut deux ans après, sans avoir recouvré sa liberté (286).

Pyrrhus ne conserva pas longtemps la Macédoine; elle lui fut enlevée par Lysimaque, à qui Séleucus l'enleva à son tour quatre ans après. Séleucus lui-même fut assassiné par Ptolémée Céraunus, qui un an après perdit la vie dans une bataille livrée aux Gaulois (279). Ces peuples barbares, partis de l'extrémité occidentale de l'Europe, avaient suivi le cours du Danube, et ils envahirent à la fois la Thrace, l'Illyrie, la Thessalie et la Macédoine, qu'ils ravagèrent cruellement. Ils furent arrêtés aux Thermopyles par une armée grecque composée des troupes de six peuples confédérés; mais ils pénétrèrent en Phocide par le sentier que l'armée de Xerxès avait suivi, et marchèrent vers le temple de Delphes pour en piller les trésors (278). Au milieu de l'épouvante où les jeta un violent orage accompagné de tremblement de terre, ils furent attaqués par les Grecs, qui en firent un grand carnage; ceux qui échappèrent à l'épée des vainqueurs périrent de froid et de faim.

Antigone Gonatas et les Étoliens. — Antigone Gonatas, fils de Démétrius Poliorcète, que les Macédoniens avaient placé sur le trône (277) au milieu des troubles qui agitaient le royaume, sut faire respecter son autorité et affermit sa puissance en repoussant victorieusement une nouvelle invasion des Gaulois. Comme il paraissait être un ennemi redoutable pour la Grèce, les Athéniens et les Lacédémoniens formèrent contre lui une ligue dans laquelle ils firent entrer Ptolémée Philadelphe, roi d'Égypte. Antigone mit le siége devant Athènes et s'en empara, malgré les efforts d'une flotte égyptienne et d'une armée lacédémonienne qui étaient venues au secours de cette ville et qui se retirèrent sans avoir rien fait pour la défendre. Il soumit ensuite la Locride, la Phocide, et s'empara de la citadelle de Corinthe (251).

Pendant qu'Antigone rangeait ainsi sous sa domination une grande partie de la Grèce centrale et du Péloponèse, les Étoliens, ses alliés, essayaient de s'emparer du reste. Après avoir soumis l'Acarnanie, ils ravageaient la Laconie et tentaient de se rendre maîtres de Sicyone, lorsqu'un illustre citoyen de cette ville entreprit de délivrer sa patrie et la Grèce des tyrans qui les opprimaient : ce citoyen fut Aratus.

Questionnaire.

Quel fut le successeur de Philippe? — Quels peuples se liguèrent contre Alexandre? — Comment traita-t-il la ville de Thèbes? — Quel titre reçut-il des représentants de la Grèce? — Racontez son entrevue avec Diogène. — A qui Alexandre confia-t-il le gouvernement de la Macédoine? — Quelle bataille gagna-t-il contre les Perses? — Comment traita-t-il la famille de Darius? — Quelles conquêtes fit-il ensuite? — Qu'était-ce que le nœud gordien? — Racontez la maladie d'Alexandre à Tarse. — Racontez ses expéditions en Syrie, en Phénicie, en Palestine et en Égypte. — Quelle ville fonda-t-il dans cette dernière contrée? — Racontez la bataille d'Arbelles. — Quel fut le sort de Darius? — Racontez le meurtre de Clitus et celui de Callisthène. — Quelle lointaine expédition Alexandre entreprit-il? — Pourquoi fut-il obligé de s'arrêter? — De quels soins s'occupa-t-il lorsqu'il fut revenu à Babylone? — A quel âge mourut-il? — Quels furent ses pressentiments à ses derniers moments? — Qui laissait-il pour successeur? — Quel fut le sort de sa famille? — Dites quels furent les partages successifs que subit son empire. — Que firent les Grecs après la mort d'Alexandre? — Par qui ces mouvements furent-ils comprimés? — Comment périrent Démosthène et Phocion? — Racontez les divers événements qui se passèrent dans la Macédoine et en Grèce jusqu'à l'invasion des Gaulois. — Par qui ces peuples furent-ils exterminés? — Que fit Antigone lorsqu'il eut consolidé sa puissance dans la Macédoine? — Qui délivra Sicyone et la Grèce?

CHAPITRE XXXI.

Depuis la ligue achéenne jusqu'à la guerre des deux ligues (251-221).

Ligue achéenne. — Aratus. Affranchissement de Sicyone. — Aratus élu stratége de l'armée confédérée. Alliance des Achéens avec Ptolémée.— Démétrius, roi de Macédoine. Antigone Doson usurpe le trône. — Situation de Sparte. Réforme tentée par Agis. — Cléomène. Ses victoires. Réforme accomplie à Sparte. — Alliance des Achéens avec Antigone. Bataille de Sellasie.

Ligue achéenne. — Il existait depuis longtemps en Achaïe une confédération ou ligue formée de douze villes, qui étaient réunies par les mêmes intérêts et dont les affaires se décidaient dans un conseil dont le président était choisi successivement dans chacune d'elles. Cette espèce de république n'était considérable ni par le nombre de ses richesses ni par l'étendue de sa domination, mais par une grande réputation de probité, de justice et d'amour de la liberté. Elle conserva son indépendance jusqu'aux temps de Philippe et d'Alexandre; mais depuis elle fut soumise aux Macédoniens et changea de maîtres comme eux. Antigone Gonatas, qui avait peine à se soutenir sur le trône de Macédoine, laissa les villes de la confédération achéenne tomber sous le joug de divers tyrans.

Aratus. Affranchissement de Sicyone. — Aratus, de Sicyone, exilé depuis treize ans à Argos, résolut d'affranchir sa patrie opprimée alors par le tyran Nicoclès. Étant encore enfant, il avait vu son père Clinias, un des meilleurs et des plus illustres citoyens de Sicyone, mis à mort par le tyran de cette ville, et lui-même avait été sauvé avec peine et conduit à Argos chez les amis et les hôtes de son père. Aratus, ayant associé à son entreprise quelques bannis et un certain nombre de soldats qu'il avait pris à sa solde, parvint à s'introduire avec eux dans les murs de Sicyone pendant la nuit; il marcha sans délai au palais du tyran, et ayant fait prisonniers tous les gardes, sans en tuer un seul, il envoya presser tous ses amis de sortir de leurs maisons et de venir le joindre. Ils accoururent de tous côtés, comme le jour commençait à paraître, et bientôt le théâtre fut rempli d'une multitude considérable qu'un bruit vague avait attirée et qui ne savait encore rien de certain sur ce qui s'était passé : mais un héraut, s'avançant au milieu de la foule, cria qu'Aratus, fils de Clinias, appelait les citoyens à la liberté. Ne doutant plus alors que l'événement qu'ils attendaient depuis si longtemps ne fût arrivé, ils coururent tous au palais du tyran et y mirent le feu. Nicoclès se sauva par des souterrains et sortit de la ville (251).

Aratus élu stratége de l'armée confédérée. Alliance des Achéens avec Ptolémée. — Aratus, après avoir délivré sa patrie, voulant assurer son indépendance menacée d'un côté par les Étoliens, de l'autre par Antigone, la fit entrer dans la ligue achéenne, et, quoiqu'il ne fût âgé que de vingt ans, il fut nommé stratége ou général en chef de l'armée confédérée. Il marcha au secours des

Béotiens, qui seuls de tous les peuples de la Grèce centrale étaient encore libres, et que les Etoliens venaient d'attaquer; mais il arriva trop tard. Les Béotiens avaient été vaincus à Chéronée et avaient abandonné la ligue achéenne pour s'allier aux Etoliens.

Huit ans après, Aratus, élu stratége pour la seconde fois (243), enleva par surprise la citadelle de Corinthe aux Macédoniens et y mit une garnison achéenne. En même temps il rendit la liberté aux Corinthiens, qui entrèrent dans la ligue. Les villes de Mégare, de Trézène, d'Epidaure, y entrèrent aussi après avoir abandonné le parti d'Antigone. Pour assurer à la confédération un protecteur puissant, mais que son éloignement empêchait d'être redoutable pour elle, il fit nommer par les Achéens le roi Ptolémée généralissime de leurs troupes de terre et de mer. Poursuivant avec persévérance son projet de chasser les Macédoniens du Péloponèse et de délivrer toutes les villes de leurs tyrans, il essaya à diverses reprises d'affranchir Argos; mais le tyran qui gouvernait cette ville, soutenu par les Macédoniens, fit échouer toutes ses tentatives. De son côté, Antigone, pour se débarrasser d'un ennemi aussi redoutable, tenta de le faire assassiner; mais Aratus fut préservé de la mort par l'amour de ses concitoyens, qui veillaient sur lui.

Démétrius, roi de Macédoine. Antigone Doson usurpe le trône. — Antigone Gonatas étant mort (242), son fils Démétrius II lui succéda sur le trône de Macédoine. Les Etoliens ayant voulu enlever à Pyrrhus, roi d'Epire, qui était encore jeune, une partie de l'Acarnanie, qui lui était soumise, Démétrius, qui avait épousé la sœur de ce prince, marcha contre les Étoliens, les vainquit et leur enleva la Béotie. Aratus profita de cette circonstance pour s'allier avec les Etoliens, et il fit avec eux une ligue offensive et défensive. Il essaya ensuite de s'emparer d'Athènes; mais il fut vaincu par Bithis, lieutenant de Démétrius.

Démétrius mourut (232) en laissant pour successeur au trône de Macédoine son fils Philippe III, encore enfant. Antigone, surnommé Doson, oncle et tuteur du jeune prince, usurpa la couronne, combattit les peuples qui d'alliés étaient devenus ennemis des Macédoniens, et soumit les Thessaliens, qui tentaient de se rendre indépendants; il apaisa les troubles de la Macédoine et conserva la Phocide et la Béotie. Mais pendant ce temps, Aratus s'empara d'Athènes, d'où il chassa la garnison macédonienne, acheva de délivrer de leurs tyrans les villes du Péloponèse, les fit entrer dans la ligue achéenne et renouvela l'alliance des Achéens avec les Etoliens.

Situation de Sparte. Réforme tentée par Agis. — Pendant qu'Aratus exécutait ainsi son projet de délivrer la Grèce, Sparte était en proie à des troubles intérieurs qui ne lui permettaient pas d'exercer au dehors son influence. Depuis la prise d'Athènes par Lysandre, la monnaie d'or et d'argent, que Lycurgue avait bannie de sa république, s'y était introduite. Les richesses et le luxe avaient fait des progrès rapides, et les anciennes mœurs avaient complétement disparu. La loi qui défendait à un citoyen de disposer de son héritage ayant été abolie, toutes les propriétés s'étaient concentrées dans les mains d'un petit nombre de citoyens puissants.

Il ne restait dans la ville qu'environ sept cents Spartiates, et, sur ce nombre, on en comptait à peine cent qui eussent conservé leur héritage. Le reste de la population se composait d'une foule misérable qu'aucun lien n'attachait à sa patrie et qui n'attendait que l'occasion de se faire par la violence une condition meilleure. Lorsque Sparte avait à soutenir une guerre, ce n'était plus sur ses citoyens qu'elle devait compter; elle était réduite à armer les Laconiens, les étrangers, les esclaves et les mercenaires qu'elle prenait à sa solde.

Agis, étant monté sur le trône (244), entreprit de rétablir les institutions de Lycurgue, qui avaient fait pendant plusieurs siècles la gloire et la force de Sparte. Les jeunes gens se montrèrent disposés à seconder ses projets de réforme; mais il rencontra une grande opposition dans la plupart des hommes faits, qui ne pouvaient se résoudre à renoncer à leurs habitudes de luxe et de mollesse, et dans les femmes, qui, possédant la plus grande partie des richesses, craignaient en les perdant de perdre aussi les honneurs et la puissance que ces richesses leur assuraient.

Ayant réussi à faire nommer éphore Lysandre, qui favorisait ses projets, Agis proposa (239) au sénat un décret portant que toutes les dettes seraient abolies; qu'on procéderait à un nouveau partage des terres; enfin, que tous les citoyens seraient soumis à un régime uniforme et à la même discipline que leurs ancêtres. Agésilas, oncle d'Agis, qui était écrasé de dettes, appuya la mesure qui les abolissait et en fit hâter l'exécution. Mais comme il possédait des domaines considérables, il fit retarder le partage des terres jusqu'au moment où Agis, à la tête des troupes lacédémoniennes, marcha au secours d'Aratus attaqué par les Etoliens.

Cléomène. Ses victoires. Réforme accomplie à Sparte. — A son retour, Agis trouva un grand changement à Sparte. Le peuple, irrité de la tyrannie d'Agésilas, rappela le roi Léonidas, que Cléombrote, son gendre, avait fait bannir peu de temps auparavant. Léonidas se mit à la tête des ennemis de la réforme, força Cléombrote à s'exiler, traduisit Agis devant un tribunal qui avait prononcé sa condamnation avant de l'entendre, et le fit mettre à mort dans sa prison avec sa mère Agésistrate et son aïeule Archidamie. Léonidas, seul maître du trône, ne songea plus qu'à satisfaire sa passion pour les richesses et les plaisirs. Il mourut bientôt après, laissant la couronne à son fils Cléomène (235).

Cléomène, qui avait reçu les leçons du philosophe Sphérus, l'un des principaux disciples de Zénon, fondateur de la secte stoïcienne, conçut une grande admiration pour Agis et prit la résolution d'accomplir la réforme que ce prince avait tentée. Prévoyant qu'il éprouverait de l'opposition de la part des éphores, qui exerçaient véritablement le pouvoir souverain, tandis que les rois n'avaient conservé qu'un vain titre, il chercha l'occasion de faire la guerre, sachant bien que la victoire lui concilierait la faveur du peuple et lui donnerait l'autorité nécessaire pour l'exécution de ses desseins. L'occasion qu'il désirait ne se fit pas longtemps attendre.

Tous les peuples du Péloponèse étaient entrés dans la ligue achéenne, à l'exception des Eléens, des Lacédémoniens et des Arcadiens, leurs alliés. Aratus, méprisant Cléomène comme un jeune homme sans expérience, attaqua les Arcadiens (225). Cléomène marcha à leur secours avec un corps d'environ cinq mille hommes et présenta la bataille à Aratus, dont l'armée était forte de vingt mille fantassins et de mille cavaliers; malgré la supériorité de ses forces, Aratus refusa le combat. Cléomène le vainquit dans une autre rencontre, et, ayant remporté sur les Achéens une seconde victoire auprès de Mégalopolis, il acquit la réputation de grand capitaine et put compter sur le dévouement de ses soldats.

De retour à Sparte (224), Cléomène fit mettre à mort quatre éphores et plusieurs de leurs partisans et bannit quatre-vingts citoyens dont il redoutait l'opposition. Ensuite il se présenta devant le peuple, et crut avoir justifié sa conduite en exposant les motifs qui le faisaient agir. Il fut le premier à mettre ses biens en commun. Son exemple fut suivi d'abord par ses amis, peu après par tout le monde, et le territoire fut partagé par portions égales entre tous les citoyens. Cléomène remit en vigueur les règlements de Lycurgue pour l'éducation de la jeunesse et rétablit les repas publics. Enfin, comme l'ancienne constitution avait établi deux rois, il partagea le trône avec Euclidas, **son frère.**

Alliance des Achéens avec Antigone. Bataille de Sellasie. — Après avoir ainsi réglé le gouvernement de Sparte, Cléomène recommença la guerre en ravageant le territoire de Mégalopolis. Il enleva plusieurs villes aux Achéens, dévasta les terres de leurs alliés, et, les ayant forcés d'en venir aux mains, il remporta sur eux une grande victoire. Les Achéens, découragés et craignant de voir Sparte se fortifier encore par une alliance avec les Étoliens, demandèrent la paix. Cléomène promit de leur rendre les places qu'il leur avait enlevées et les prisonniers qu'il leur avait faits, à condition d'être nommé général des troupes de la confédération.

Les Achéens acceptèrent cette proposition, et le traité était sur le point de se faire, lorsqu'un accident imprévu en empêcha la conclusion. Aratus, poussé par une basse jalousie, empêcha la reprise des négociations : il ne pouvait supporter la pensée qu'un jeune homme lui enlevât ce commandement dont il était en possession depuis trente-trois ans. Pour prévenir ce qu'il regardait comme un malheur et une honte pour lui, il résolut d'appeler à son secours Antigone, au risque de le rendre ainsi maître de la Grèce.

Après s'être assurés de l'alliance du roi de Macédoine, les Achéens essayèrent de recommencer la guerre avec leurs propres forces; mais Cléomène leur ayant enlevé plusieurs villes, entre autres Corinthe et Argos, Antigone fut appelé, et il fut résolu qu'on lui livrerait la citadelle de Corinthe. Maître de la citadelle, Antigone s'empara de la ville même, que Cléomène fut obligé d'abandonner pour aller réprimer la révolte d'Argos.

Cléomène surprit Mégalopolis, dont les habitants se réfugièrent à Messène; il leur proposa de leur rendre leur ville, s'ils voulaient abandonner la ligue achéenne pour s'allier à Sparte, et, sur leur refus, il la détruisit entièrement. L'été suivant, Antigone marcha vers la Laconie, à la tête de vingt-huit mille fantassins et de douze cents chevaux. Cléomène, qui n'avait que vingt mille hommes, s'était retranché dans une position très-forte, auprès de la ville de Sellasie, par où l'ennemi devait nécessairement passer.

Les deux armées, étant restées quelques jours en présence, en vinrent aux mains (222), et grâce à une attaque habilement dirigée par Philopœmen, jeune Mégalopolitain qui servait dans la cavalerie d'Antigone, ce prince remporta une victoire complète. L'armée lacédémonienne fut presque entièrement détruite, et il ne resta autour de Cléomène que quelques cavaliers avec lesquels il se retira à Sparte. Il n'y demeura que peu de moments, et s'embarqua avec plusieurs de ses amis pour aller chercher un asile en Egypte, où le roi Ptolémée l'accueillit avec la plus grande distinction.

Antigone, maître de Lacédémone, déclara qu'il voulait traiter cette ville non pas en vainqueur, mais en ami; cependant il abolit les institutions de Lycurgue, que Cléomène avait rétablies, et la corruption ne tarda pas à s'introduire de nouveau parmi les Lacédémoniens. Antigone n'était à Sparte que depuis trois jours, lorsqu'il fut obligé d'aller défendre la Macédoine contre les incursions des peuples voisins qui la ravageaient; il remporta plusieurs victoires, et mourut un an après, laissant pour successeur Philippe III, fils de Démétrius, alors âgé de quatorze ans (221).

Questionnaire.

Donnez quelques détails sur la ligue achéenne.— Comment étaient alors gouvernées la plupart des villes de la Grèce? — Racontez comment Aratus délivra Sicyone de la tyrannie de Nicoclès. — Que fit-il pour assurer l'indépendance de Sicyone? — Quel titre obtint-il? — Quelles furent ses premières actions?—Quel protecteur assura-t-il à la confédération? — Quel fut le successeur d'Antigone Gonatas? — Que fit Démétrius?—Qui laissa-t-il pour successeur?—Qui usurpa la couronne? — Que fit Antigone? — Que fit Aratus? — Quelle était alors la situation de Sparte? — Qui entreprit de rétablir les institutions de Lycurgue? — Quel décret fut proposé par Agis?—Quelle fut la conduite d'Agésilas?—Que se passa-t-il ensuite à Sparte? — Quelle fut la conduite de Léonidas? — Quelle résolution prit Cléomène? — Racontez ses succès. — De retour à Sparte que fit-il? — Quels furent ses nouveaux succès? — A quelle condition accordait-il la paix aux Achéens? — Quelle fut en cette occasion la conduite d'Aratus? — Que firent les Achéens? — De quelle ville s'empara Antigone? — Quelle ville détruisit Cléomène? — Quelles étaient les forces des deux armées? — Où se livra la bataille? — Par qui fut-elle gagnée? — Quel fut le sort de l'armée lacédémonienne? — Que devint Cléomène après la bataille? — Comment Antigone traita-t-il Sparte? — Pourquoi fut-il obligé de retourner en Macédoine? — Combien de temps vécut-il encore?—Quel fut son successeur? — Quel était l'âge de Philippe?

CHAPITRE XXXII.

Depuis la guerre des deux ligues jusqu'à la réduction de la Grèce en province romaine (221-146).

Guerre des deux ligues. — Les Romains en Illyrie. — Première guerre de Philippe avec les Romains. — Seconde guerre de Philippe avec les Romains. Bataille de Cynocéphales. Flaminius proclame l'indépendance de la Grèce. — Guerre des Achéens dans le Péloponèse. Révolte des Étoliens. Mort et funérailles de Philopœmen. — Les Romains déclarent la guerre à Persée. Bataille de Pydna. La Macédoine réduite en province romaine. — Défaite des Achéens. Prise et incendie de Corinthe. La Grèce entière réduite en province romaine.

Guerre des deux ligues. — La Macédoine, à l'avénement de Philippe III, avait sous sa domination vingt-trois des vingt-huit États de la Grèce. La Messénie, l'Élide, l'Attique, l'Étolie et l'Acarnanie avaient seules conservé leur indépendance.

Les Étoliens voulurent profiter de la jeunesse de Philippe pour détruire la ligue achéenne et étendre dans le Péloponèse leur domination, qui pesait déjà sur l'Élide et la Messénie. Les Messéniens, fatigués de la tyrannie des Étoliens, obtinrent de Philippe d'être admis dans la ligue achéenne. De leur côté, les Étoliens en détachèrent les Lacédémoniens, qui firent secrètement avec eux un traité d'alliance. Bientôt les Étoliens entrèrent dans le Péloponèse, le ravagèrent, et remportèrent auprès de Caphyes une grande victoire sur les Achéens, commandés par Aratus (220). A la prière des Achéens, Philippe se rendit dans le Péloponèse et réunit à Corinthe les députés des divers États qui faisaient partie de la ligue achéenne. Dans cette assemblée on décida de faire la guerre aux Étoliens.

Les Éléens, les Ambraciens et les Spartiates embrassèrent ouvertement le parti des Étoliens. En ce moment, Philippe avait à repousser les incursions des Dardaniens dans la Macédoine et à déjouer les complots de quelques-uns de ses ministres qui voulaient attenter à sa vie. Cependant il poussa avec vigueur la guerre contre les Étoliens et les contraignit, ainsi que les Éléens et les Spartiates, à demander la paix. Il la leur accorda; mais il conserva les places qu'il avait conquises dans l'Élide, dans l'Étolie, sur les frontières de l'Épire et dans la Thessalie. Ainsi finit cette guerre, qui avait duré trois ans, et qu'on appelle la guerre des deux ligues (217).

Les Romains en Illyrie. — Philippe III, vainqueur des Étoliens, allait se trouver en présence d'ennemis bien plus redoutables pour lui et pour la Grèce entière : ces ennemis étaient les Romains.

Plusieurs années auparavant, les Acarnaniens, attaqués par les Étoliens, avaient imploré la protection de Rome. Les Étoliens repoussèrent la médiation des Romains, outragèrent leurs ambassadeurs et continuèrent leurs ravages dans l'Acarnanie et l'Épire. Les Romains dissimulèrent leur ressentiment, et attendirent une occasion favorable pour venger cette insulte. En effet, quelques années après, ayant déclaré la guerre à Teuta, reine d'Illyrie, qui avait fait mettre à mort un de leurs ambassadeurs, ils s'emparèrent de plusieurs villes de cette contrée, où ils s'établirent.

Cet établissement formé dans le voisinage de la Grèce par un peuple dont la puissance était redoutable, et dont l'ambition n'avait point de bornes, inspira de vives inquiétudes à Philippe et à ses alliés. Aussi, dans l'assemblée qui se réunit à Naupacte à la fin de la guerre des deux ligues, on décida de détruire la puissance des Romains, ou du moins de les chasser de l'Illyrie (216). Pour y parvenir, on conclut avec Annibal et les Carthaginois un traité d'alliance offensive et défensive.

Première guerre de Philippe avec les Romains. — Philippe, qui avait équipé une flotte de cent galères, s'empara de la ville maritime d'Orique et assiégea Apollonie (214). Il fut vaincu à l'embouchure de l'Aoüs par le préteur Valérius Lévinus, qui l'attaqua avec une flotte supérieure et le força de brûler ses vaisseaux pour ne pas les laisser tomber au pouvoir des Romains. En même temps, au lieu de mettre tous ses soins à s'attacher les peuples de la Grèce, dont le secours lui était si nécessaire, il se les aliénait par une conduite imprudente et criminelle. Ainsi il ravagea le territoire des Messéniens, pour les punir de l'avoir empêché de s'emparer de la forteresse d'Ithôme; il fit empoisonner Aratus, le fondateur de la ligue achéenne, et tenta de faire assassiner Philopœmen, qui en était devenu le chef, et qui s'illustra tout d'abord par une victoire remportée, à Mantinée, sur Machanidas, tyran de Sparte. Philippe, ne se sentant pas en état de continuer la guerre, se hâta de faire la paix avec Rome (205). Par le traité, les Romains conservèrent la possession de certaines villes d'Illyrie, furent déclarés protecteurs de plusieurs autres, et Philippe reconnut l'indépendance des Étoliens, des Spartiates, des Éléens, des Messéniens et des Athéniens.

Seconde guerre de Philippe avec les Romains. Bataille de Cynocéphales. Flaminius proclame l'indépendance de la Grèce. — Philippe III, qui savait que les Romains ne lui avaient accordé la paix que pour se préparer à l'asservir, essaya de se mettre à l'abri de leurs attaques. Il fit la guerre à Attale, roi de Pergame, qui leur avait fourni des secours, et aux Rhodiens, dont la marine pouvait être si utile à ses ennemis; mais il perdit une bataille navale qu'il leur livra auprès de l'île de Chio. Ensuite il ravagea le territoire des peuples de la Grèce qui étaient alliés de Rome; enfin il envoya à Annibal des secours en hommes et en argent.

Pour punir Philippe de la violation du traité (200), les Romains envoyèrent en Grèce une armée commandée par Flaminius. Aussitôt les Athéniens, les Illyriens et les Lacédémoniens se déclarèrent pour les Romains. Les intrigues et l'or détachèrent successivement de Philippe l'Épire, la Thessalie, la Phocide, la ligue achéenne et la Béotie. Le roi de Macédoine, réduit à ses propres forces, fut complétement défait à la bataille de Cynocéphales et dut accepter la paix aux conditions les plus dures (196).

Peu après, Flaminius proclama, au milieu de l'assemblée des Grecs réunis à Corinthe pour la célébration des Jeux Isthmiques, que le peuple romain rétablissait tous les peuples de la Grèce dans la jouissance de leur liberté et de leurs lois et affranchissait de tout tribut ceux qui jusqu'alors en avaient payé aux Macédoniens. Les Grecs accueillirent cette proclamation avec les plus grands transports de joie, et dans leur enthousiasme ils décernèrent à Flaminius le nom de sauveur de la Grèce. Ils ne comprenaient pas que les Romains se montraient plus habiles que généreux. En effet, les peuples de la Grèce, qui jusqu'alors soumis ou alliés au roi de Macédoine avaient formé une confédération redoutable, se trouvant indépendants, aucun d'eux n'était assez puissant pour opposer à Rome une résistance sérieuse.

Guerre des Achéens dans le Péloponèse. Révolte des Étoliens. Mort et funérailles de Philopœmen. — La Grèce ne jouit pas longtemps de la paix. La ligue achéenne, dont Philopœmen était le chef, et le tyran Nabis, qui gouvernait Sparte, se disputèrent, les armes à la main, le Péloponèse. Aucun des deux partis ne réussit à étendre sa domination sur toute la péninsule, et cette guerre ne fit que les affaiblir l'un et l'autre. D'un autre côté, les Étoliens essayèrent de rétablir leur puissance en attaquant la Thessalie, l'île d'Eubée et le Péloponèse. Ayant échoué dans leurs tentatives, ils appelèrent à leur secours Antiochus, roi de Syrie (192). Antiochus, à qui les Éléens et les Béotiens s'étaient aussi réunis, conquit la Thessalie et l'île d'Eubée; mais bientôt, chassé de la Thessalie et vaincu aux Thermopyles par les Romains, il fut obligé de repasser en Asie. Privés du secours de cet allié, les Étoliens n'obtinrent la paix qu'à la condition de livrer leurs armes et leurs chevaux et de payer une contribution considérable.

Pendant que les Romains faisaient la guerre à

Antiochus, Philopœmen, voyant bien de quels dangers la Grèce était menacée, avait réussi à faire entrer dans la ligue achéenne tous les peuples du Péloponèse, qui ne formaient ainsi qu'une république ayant les mêmes lois et les mêmes magistrats. Pour détruire cette puissance, dont l'affermissement aurait opposé un obstacle insurmontable à leur projet d'asservir la Grèce, les Romains, par leurs intrigues, détachèrent Sparte et plusieurs autres villes de la ligue achéenne. Les Messéniens, à l'instigation de Dinocrate, leur chef, se séparèrent aussi de la ligue. Philopœmen, alors âgé de soixante-dix ans, était retenu par la fièvre à Argos. A la nouvelle de la défection de Messène, il monte à cheval, arrive le même jour à Mégalopolis, y rassemble une petite troupe de cavalerie, et court au-devant des Messéniens. Surpris par des forces supérieures, il est fait prisonnier en protégeant la retraite de ses cavaliers, et conduit à Messène, où il est enfermé dans un cachot et forcé de boire la ciguë. Lycortas, élu stratége des Achéens, marcha contre les Messéniens, et, en ravageant leur territoire, les obligea de demander la paix et de lui livrer ceux qui avaient ordonné la mort de Philopœmen : ensuite il fit faire de magnifiques funérailles à cet illustre citoyen. L'armée entière reconduisit de Messène à Mégalopolis l'urne qui renfermait les cendres de Philopœmen. Cette urne était portée par le fils du stratége, Polybe, l'historien ; elle était entourée des personnages les plus considérables de la nation. Sur toute la route, les populations accouraient en foule pour se joindre au cortége ; la Grèce comprenait qu'elle venait de perdre le dernier de ses grands hommes.

Persée. Les Romains lui déclarent la guerre. Bataille de Pydna. La Macédoine réduite en province romaine. — Philippe, voulant se relever de l'abaissement où l'avaient réduit les Romains, rassemblait des armes, des soldats, de l'argent, et s'assurait l'alliance des Thraces et des Bastarnes, peuples belliqueux qui pouvaient mettre à sa solde de nombreux combattants (178). Il mourut au milieu de ces préparatifs, laissant la couronne à son fils Persée.

Persée, héritier des desseins de son père, employa les six premières années de son règne à se préparer à la guerre. Il envoya des ambassadeurs aux Carthaginois, pour demander leur alliance, et aux divers peuples de la Grèce, pour leur faire sentir la nécessité de se réunir contre l'ennemi commun. Les Romains lui ayant déclaré la guerre (171), il défit leur armée, commandée par Licinius, et fut vaincu dans un second combat. Après s'être défendu pendant trois ans dans les défilés de la Macédoine, il fut surpris et mis en fuite par le consul Marcius, et l'année suivante vaincu par Paul Émile à la bataille de Pydna (168). On le conduisit à Rome, où il entra attaché au char de triomphe de son vainqueur; ensuite on le jeta dans un cachot, où ses geôliers le firent, dit-on, mourir d'insomnie. Des deux fils de ce malheureux prince, l'aîné, Philippe, mourut à Albe, à l'âge de dix-huit ans, deux ans après son père; le second, Alexandre, gagna d'abord sa vie en exerçant le métier de tourneur; puis ayant appris la langue latine et s'étant rendu habile dans la calligraphie, il obtint l'emploi de scribe des magistrats de la ville d'Albe.

La Macédoine et l'Illyrie furent d'abord divisées en plusieurs districts, et défense fut faite aux habitants de chacun d'eux d'en sortir ou de communiquer avec les habitants d'un autre; pour les empêcher de se soulever, on envoya en Italie tous les hommes qui auraient pu être choisis pour chefs d'une révolte. Quelques années après (149), Andriscus, qui se disait fils de Persée, s'enfuit de Rome et se rendit en Macédoine, où il réunit bientôt un grand nombre de partisans et se fit proclamer roi. Son règne ne fut pas long. Il fut vaincu par le préteur Cécilius Métellus, qui réduisit la Macédoine en province romaine (146).

Défaite des Achéens. Prise et incendie de Corinthe. La Grèce entière réduite en province romaine. — Les Achéens ayant refusé de recevoir les ambassadeurs que les Romains leur avaient envoyés pour terminer les différends qui s'étaient élevés entre eux et Sparte, les Romains leur déclarèrent la guerre. Le préteur Métellus vainquit les Achéens en Locride, et le consul Mummius anéantit à Leucopétra, près de l'isthme de Corinthe, la dernière armée de la ligue achéenne. Mummius prit et brûla Corinthe ; Thèbes et Chalcis furent démantelées, et la Grèce entière fut réduite en province romaine sous le nom de *province d'Achaïe* (146).

Les colonies grecques d'Europe et d'Asie devaient subir le même sort que la Grèce et passer successivement sous la domination de Rome. Parmi ces colonies, les plus importantes, soit par leur industrie et leur commerce, soit par leur puissance maritime et leurs richesses, étaient Smyrne, Milet, Ephèse, Phocée, dans l'Asie Mineure; Tarente, Crotone, Sybaris, en Italie; Syracuse, Agrigente, Messine, en Sicile; Marseille, dans la Gaule.

Du vaste empire d'Alexandre, démembré après la mort de ce conquérant, restaient encore deux puissants royaumes, ceux d'Égypte et de Syrie, et plusieurs petits États, ceux de Pergame, de Pont, de Bithynie, de Cilicie et de Paphlagonie. Ces deux royaumes et ces États, après des vicissitudes diverses, furent à leur tour réduits en provinces romaines. La Judée suivit le sort de la Syrie (64), à laquelle elle avait été soumise en dernier lieu: c'est dans cette humble partie de l'empire romain que devait bientôt naître le divin Sauveur promis au monde.

Questionnaire.

Sur combien d'États de la Grèce la Macédoine étendait-elle sa domination quand Philippe monta sur le trône? — Quels étaient les États indépendants? — Racontez les divers événements de la guerre dite des deux ligues. — Quels nouveaux ennemis Philippe eut-il à combattre? — A quelle occasion les Romains s'étaient-ils établis en Illyrie? — Quels furent les préparatifs de Philippe? — En quel lieu et par qui fut-il vaincu? — Quelle fut la conduite de ce prince à l'égard des peuples de la Grèce? — Quels avantages le traité de paix assura-t-il aux Romains? — Que firent les Romains pour punir Philippe d'avoir violé le traité? — Où ce prince fut-il vaincu? — Que proclama Flaminius à l'assemblée réunie à Corinthe? — Quels événements troublèrent ensuite la paix de la

Grèce? — Racontez la mort et les funérailles de Philopœmen. — A qui Philippe laissa-t-il la couronne? — Persée adopta-t-il les projets de son père? — Sur qui remporta-t-il la victoire? — Fut-il aussi heureux dans un second combat? — Quel sort éprouva-t-il après sa défaite? — Quel fut le sort de ses deux fils? — Comment les Romains traitèrent-ils la Macédoine et l'Illyrie? — A qui confièrent-ils l'administration des républiques grecques? — Que fit Andriscus? — Où et par qui fut-il vaincu? — Que devint la Macédoine? — Quel fut le sujet de la guerre entre les Romains et les Achéens? — Où et par qui les Achéens furent-ils vaincus? — Comment Mummius traita-t-il Corinthe? — Que devint la Grèce entière? — Quel fut le sort des colonies grecques et des royaumes formés du démembrement de l'empire d'Alexandre?

CHAPITRE XXXIII.

Des lettres, des sciences et des beaux-arts en Grèce.

Lettres. — Poésie. — Histoire. — Éloquence. — Philosophie. — Sciences. — Beaux-arts. — Architecture. — Sculpture. — Peinture.

Lettres, sciences et beaux-arts en Grèce. — Les lettres, les sciences et les beaux-arts furent cultivés en Grèce avec un égal succès, et les noms des écrivains ou des artistes qui ont immortalisé cette contrée réveillent encore chez tous les peuples les plus grands souvenirs. Les colonies égyptiennes qui abordèrent en Grèce à diverses époques y apportèrent les éléments des arts avec ceux de la civilisation. Ces germes se développèrent rapidement sous l'influence d'un beau ciel, au milieu d'une population active, intelligente, qui se passionnait pour tout ce qui présentait quelque caractère de grandeur et de beauté. Aussi les Grecs ne tardèrent-ils pas à surpasser les Égyptiens leurs maîtres, et devinrent-ils à leur tour les maîtres de toutes les autres nations, auxquelles ils ont laissé, dans tous les genres, des modèles dont la perfection n'a pu être égalée.

Lettres. — Les monuments littéraires de la Grèce, placés à juste titre au rang des chefs-d'œuvre de l'esprit humain, ont toujours été et sont encore étudiés et admirés chez tous les peuples.

Poésie. — Les premiers poëtes étaient en même temps musiciens, et chantaient leurs vers en s'accompagnant de la lyre. Il n'est rien parvenu jusqu'à nous des poésies de *Linus*, de *Musée*, d'*Orphée*. Le plus ancien comme le plus grand des poëtes dont les ouvrages nous sont connus est *Homère* : nous avons déjà parlé de ses deux admirables poëmes, l'*Iliade* et l'*Odyssée*.

Après la mort d'Homère, ses vers furent chantés dans la Grèce par les rapsodes, poëtes et musiciens qui parcouraient les villes et déclamaient, en s'accompagnant de la lyre, des hymnes en l'honneur des dieux ou des chants de guerre en l'honneur des héros. Le génie poétique, éveillé par ces chants dans toutes les parties de la Grèce, enfanta bientôt des chefs-d'œuvre dans tous les genres.

Dans cette foule de poëtes qui se succédèrent sans interruption depuis Homère, nous nommerons *Archiloque*, poëte satirique; *Tyrtée*, qui, dans les combats, enflammait par ses chants guerriers le courage de ses compagnons ; *Pindare*, le plus sublime des poëtes lyriques ; *Ménandre* et *Aristophane*, poëtes comiques ; *Anacréon* et *Théocrite*, dont les poésies légères sont pleines de simplicité et d'élégance.

Mais parmi les poëtes qui ont illustré la Grèce, brillent au premier rang trois grands poëtes tragiques, *Eschyle, Sophocle* et *Euripide*. Eschyle peut être regardé comme le véritable créateur de la tragédie ; la terreur et la pitié se trouvent réunies au même degré dans ses compositions. Sophocle eut Eschyle pour maître et le surpassa ; il est sans contredit le poëte tragique le plus parfait de l'antiquité. Son style est toujours noble, sa versification est riche et harmonieuse. Euripide fut le rival de Sophocle et quelquefois son rival heureux ; comme Sophocle, il se distingue par un style plein de noblesse et d'harmonie, mais il ne sait pas aussi bien que lui disposer le plan de ses compositions.

Histoire. — *Hérodote* fut, chez les Grecs, le père de l'histoire, comme Homère celui de la poésie. Avant lui, les Grecs n'avaient que des recueils d'anciennes traditions, composés sans art. Hérodote, ayant parcouru diverses contrées pour rassembler des matériaux, composa une histoire générale qui commence à Cyrus et finit à la bataille de Mycale. Hérodote lut son ouvrage aux Grecs assemblés pour la célébration des jeux Olympiques, et cette lecture excita les plus vifs transports d'enthousiasme ; les Grecs, dans leur admiration, donnèrent aux neuf livres que renferme l'histoire d'Hérodote le nom des neuf Muses. *Thucydide*, âgé de quinze ans, se trouvait à Olympie lorsqu'Hérodote lut son histoire aux Grecs assemblés; à cette lecture il versa des larmes d'émulation, et dès lors Hérodote augura ce qu'il serait un jour. Thucydide fut banni de sa patrie; et ce fut pendant son exil qu'il écrivit l'histoire de la guerre du Péloponèse, qu'il conduisit seulement jusqu'à la vingt et unième année. *Xénophon*, qui fut tout à la fois général, philosophe et historien, composa l'histoire du grand Cyrus et celle de Cyrus le Jeune, et une histoire de la Grèce qui commence au moment où finit celle de Thucydide et qui se poursuit jusqu'à la bataille de Mantinée. Il commandait dans la mémorable retraite des Dix mille, et il en écrivit l'histoire. La douceur de son style le fit surnommer l'Abeille attique.

Éloquence. — Tous les hommes qui exercèrent une grande influence sur les affaires de la Grèce, et surtout ceux qui gouvernèrent Athènes, étaient de grands orateurs. *Pisistrate*, *Thémistocle*, *Cimon*, *Périclès* et *Alcibiade* acquirent ou conservèrent le pouvoir principalement par leur éloquence. Mais le talent de la parole ne fut pour eux qu'un moyen de se concilier la faveur d'un peuple inconstant et de gouverner leur patrie. Après eux, l'étude et l'enseignement de l'art oratoire devinrent une profession dans laquelle s'illustrèrent plusieurs hommes, qu'on désigne plus particulièrement sous le nom d'orateurs. Parmi les plus célèbres, nous citerons *Lysias*, *Isocrate*, *Eschine*, et surtout *Démosthène*, dont l'éloquence a été rarement égalée et n'a jamais été surpassée.

Philosophie. — On place quelquefois au nombre des philosophes les sept sages de la Grèce. Cependant les hommes à qui l'on a donné ce nom ne professaient pas la philosophie proprement dite. Chacun d'eux avait recueilli quelque vérité morale qu'il exprimait en peu de mots, et dont il faisait la règle de sa conduite. Les sept sages de la Grèce étaient *Périandre, Pittacus, Thalès, Solon, Bias, Cléobule* et *Chilon.*

Bientôt parurent les philosophes, qui s'occupèrent spécialement de l'étude de l'homme et de la nature et fondèrent différentes sectes ou écoles. Parmi les plus célèbres nous nommerons *Pythagore*, qui fonda l'école dite pythagoricienne; *Socrate*, dont nous avons fait connaître la doctrine et la vie; *Anaxagore*, illustre philosophe de l'école ionique, fondée par Thalès; *Platon*, qui établit à Athènes une école célèbre sous le nom d'école académique; *Zénon*, fondateur de l'école stoïcienne; *Aristote*, fondateur de l'école du Lycée, disciple de Platon et précepteur d'Alexandre le Grand.

Sciences. — Les sciences ne jetèrent pas en Grèce le même éclat que les lettres, mais elles ne furent pas moins cultivées avec succès. Les Grecs ont créé les mathématiques, la géométrie, la mécanique, et ouvert la voie à l'histoire naturelle et à la médecine. Les mathématiques étaient considérées comme une partie de la philosophie. Aussi la plupart des mathématiciens de la Grèce furent-ils en même temps des philosophes. Parmi les hommes illustres qui cultivèrent la science ou l'enrichirent de nouvelles découvertes, nous citerons

Thalès, de Milet, qui découvrit les équinoxes et les solstices, remarqua la grande Ourse, observa et prédit de bien près les éclipses, et fit connaître aux Grecs la division de l'année en trois cent soixante-cinq jours; *Anaximandre*, qui inventa les cadrans solaires et les cartes géographiques; *Pythagore*, qui excella dans les sciences mathématiques, l'arithmétique, la géométrie et l'astronomie; *Archytas*, qui inventa la *vis* et la *poulie*; *Philolaüs*, qui découvrit le premier le mouvement diurne de la terre sur son axe, et son mouvement annuel autour du soleil; *Archimède*, inventeur de la *vis* qui porte son nom et d'une sphère qui représente fidèlement les mouvements des corps célestes; *Hippocrate*, surnommé le père de la médecine, parce qu'il fit de la médecine une science d'observation; enfin *Aristote*, génie universel, qui embrassa toutes les sciences connues de son temps et en créa même plusieurs.

Beaux-arts. — C'est surtout dans les beaux-arts, dans l'architecture, la sculpture et la peinture, que les Grecs ont déployé ce sentiment du beau qui distingue particulièrement le génie de ce peuple. Les ruines de leurs temples, les statues, la plupart mutilées, qui subsistent encore, sont les magnifiques témoignages de la perfection à laquelle l'art fut porté en Grèce.

Architecture. — L'architecture, qui avait pris naissance dans les temps les plus reculés, ne produisit d'abord que des œuvres imparfaites. Le goût se développant avec la civilisation, l'art fit de rapides progrès, et bientôt, dans toutes les parties de la Grèce, s'élevèrent des temples et des monuments admirables. Les plus célèbres étaient : dans l'île de Crète, le *Labyrinthe;* dans l'île de Samos, le *temple de Junon;* à Delphes, le *temple d'Apollon;* à Éphèse, le *temple de Diane;* en Elide, le *temple de Jupiter;* à Athènes, le *Parthénon*, consacré à Minerve et construit en marbre blanc; le *temple de Jupiter Olympien*, celui de *Thésée*, le *Panthéon*, consacré à tous les dieux, et l'*Odéon* ou théâtre de musique.

Sculpture. — La sculpture fut associée de bonne heure à l'architecture, et ne fit pas des progrès moins rapides. *Phidias* porta cet art au plus haut point de perfection. Il exécuta à Athènes un grand nombre de chefs-d'œuvre, dont les plus célèbres étaient la statue de Minerve et celle de Jupiter Olympien, toutes deux d'une grandeur colossale en or et en ivoire. Parmi les autres sculpteurs renommés, on doit citer *Polyclète*, dont l'ouvrage le plus remarquable était une statue colossale de Junon Argienne, composée d'or et d'ivoire; *Praxitèle*, qui avait embelli Athènes d'une foule de beaux ouvrages, et dont le chef-d'œuvre était une Vénus qu'on allait admirer à Cnide; *Lysippe*, dont le nombre des statues en bronze s'élevait, dit-on, à six cents, et qui obtint seul, avec Apelle, l'honneur de représenter les traits d'Alexandre le Grand.

Peinture. — La peinture, cultivée plus tard que la sculpture, ne produisit pas des œuvres moins remarquables : car, bien que le temps ait détruit tous les monuments de la peinture grecque, on ne peut douter, d'après le témoignage des anciens écrivains, qu'elle n'ait égalé la sculpture et l'architecture. Les peintres les plus célèbres furent

Zeuxis d'Héraclée, qui peignit Hercule étouffant deux serpents, et dont le chef-d'œuvre était Jupiter assis sur son trône, entouré des dieux; *Parrhasius*, qui excellait surtout dans l'art de rendre sur la toile les passions de l'âme; *Timanthe*, qui atteignit un haut degré de perfection et s'acquit une gloire immortelle en peignant le sacrifice d'Iphigénie; enfin et surtout *Apelle*, le seul peintre à qui Alexandre le Grand permit de le peindre, et dont les chefs-d'œuvre décorèrent les villes de la Grèce, de l'Archipel, de l'Asie et de l'Égypte.

Questionnaire.

Par qui les éléments de la civilisation et des arts furent-ils apportés en Grèce? — Les Grecs restèrent-ils inférieurs aux Égyptiens? — Comment les premiers poëtes chantaient-ils leurs vers? — Quels sont les anciens poëtes les plus célèbres? — Quel est le plus ancien poëte dont nous possédons les ouvrages? — Quels sont les poëmes d'Homère? — Par qui furent chantés les vers d'Homère après sa mort? — Nommez les poëtes les plus illustres qui ont paru après Homère. — Quel fut chez les Grecs le père de l'histoire? — Quel temps embrasse l'histoire d'Hérodote? — Quelle histoire a écrite Thucydide? — Que fut Xénophon? — Quelles histoires a-t-il composées? — Quels furent les premiers orateurs de la Grèce? — Nommez les orateurs les plus remarquables. — Quel est le plus célèbre de tous? — Qui a-t-on placé quelquefois au nombre des philosophes? — Quels sont les noms des sept sages? — Nommez les plus célèbres philosophes. — Nommez les hommes qui se distinguèrent dans les sciences et dites quelles inventions leur sont attribuées. — A quelle époque prit naissance l'architecture? — La Grèce compta-t-elle beaucoup de monuments? — Nommez les plus célèbres et dites où ils étaient placés. — Quels étaient les deux chefs-d'œuvre de Phidias? — Nommez d'autres sculpteurs célèbres. — Dites quels furent les peintres les plus fameux.

CHAPITRE XXXIV.

Des mœurs, des usages et des coutumes des peuples de la Grèce.

État de la population. Citoyens. Esclaves. — Éducation des enfants. — Armée. — Justice. — Fêtes religieuses. — Oracles. — Jeux solennels. — Olympiades.

État de la population. Citoyens. Esclaves. — En Grèce, mais surtout à Sparte et à Athènes, la population comprenait deux parties distinctes, les citoyens et les esclaves. On était citoyen de naissance lorsqu'on était issu d'un père et d'une mère qui l'étaient eux-mêmes. Dans les premiers temps, quand il fallut peupler l'Attique, on donna le titre de citoyens à tous ceux qui venaient s'y établir. Lorsque la population se trouva assez nombreuse, Solon n'accorda ce titre qu'à ceux qui s'y transportaient avec leurs familles ou qui venaient y chercher un asile, après avoir été exilés de leur pays. Le titre de citoyen était aussi la récompense de ceux qui avaient rendu à l'État des services signalés.

On distinguait deux sortes d'esclaves, les uns Grecs d'origine, les autres étrangers. Les premiers étaient ceux que le sort des armes avait fait tomber entre les mains d'un vainqueur; les seconds venaient de la Thrace, de la Phrygie et des pays habités par les barbares. Les esclaves étaient l'objet d'un commerce considérable dans toute la Grèce : ils ne jouissaient d'aucun des droits civils; ils ne pouvaient ni plaider ni même rendre témoignage. On leur défendait de laisser croître leurs cheveux, de faire usage de parfums, de porter des tuniques à deux manches. Ils étaient employés à la culture des terres, aux manufactures, aux mines, aux carrières et à tous les travaux domestiques. Ceux que la faiblesse de leur constitution rendait incapables d'un travail pénible s'adonnaient aux ouvrages d'industrie, aux talents agréables et aux arts.

Éducation des enfants. — Tous ceux qui, parmi les Grecs, méditèrent sur l'art de gouverner les hommes reconnurent que le sort des empires dépend de l'institution de la jeunesse. Aussi tout ce qui tenait à l'éducation des enfants avait excité la sollicitude des législateurs. Lycurgue à Lacédémone, Solon à Athènes, avaient également ordonné que les jeunes gens fussent accoutumés de bonne heure à souffrir le chaud, le froid, la faim et la soif. La chasse était surtout regardée comme l'exercice le plus propre à former le corps à la fatigue. On leur enseignait aussi à nager, à monter à cheval, à lancer le javelot; puis venaient encore la danse, la course à pied, la lutte. C'était dans des lieux convenablement disposés et appelés *gymnases* ou *palestres* que se faisaient ces divers exercices, sous la direction de maîtres habiles, qui préparaient ainsi les jeunes gens à supporter plus tard les fatigues de la guerre.

Armée. — La profession des armes était seule digne des citoyens; l'âge auquel la loi appelait les hommes libres sous les drapeaux variait selon le pays : à Athènes, c'était à dix-huit ans; à Sparte, c'était à trente. L'infanterie faisait la principale force des armées grecques. Les armes étaient offensives ou défensives : parmi les premières on distinguait la lance ou la pique, l'épée, la hache, l'arc et les flèches; parmi les secondes, le bouclier, le casque et la cuirasse. C'était un grand déshonneur pour les Grecs de perdre leur bouclier dans un combat.

Justice. — En Grèce, ou du moins dans l'Attique, le soin de rendre la justice n'était pas confié à des magistrats particuliers; c'était le privilége de chaque citoyen. Outre l'aréopage et le conseil des Cinq-Cents, on comptait à Athènes dix tribunaux particuliers, quatre pour les meurtres et six pour les autres causes, tant criminelles que civiles. Le nombre des juges s'élevait à six mille environ, répartis entre les divers tribunaux; ils recevaient chacun trois oboles (neuf sous) par séance. Tout citoyen âgé de plus de trente ans, d'une vie irréprochable, payant un revenu à l'État, avait les qualités requises pour exercer les fonctions de la justice; le sort décidait tous les ans dans quel tribunal il devait prendre place. Les juges, avant de monter au tribunal, promettaient, sous la foi du serment, de n'accepter aucun présent, d'entendre également les deux parties, de juger suivant les lois et les décrets du sénat et du peuple.

Fêtes religieuses. — Les Grecs, qui avaient reçu des Égyptiens leurs superstitions avec la plupart de leurs croyances religieuses, rendaient un culte public à un grand nombre de divinités, dont les principales étaient Jupiter, Neptune, Bacchus, Junon, Cérès, Minerve. Ils avaient divinisé les astres, le ciel, la terre, les eaux, en un mot, la nature entière, et, comme dit Bossuet, « tout était Dieu, excepté Dieu lui-même. »

Les Grecs avaient institué en l'honneur de leurs principales divinités des fêtes solennelles qu'ils célébraient avec une grande pompe. Alors, tout travail cessait, les tribunaux étaient fermés, et pendant plusieurs jours le peuple tout entier se livrait aux réjouissances. Parmi ces fêtes solennelles, il faut distinguer les Thesmophories, dédiées à Cérès législatrice ; les Dionysiaques, consacrées à Bacchus, et dans lesquelles l'art dramatique prit naissance ; les Eleusinies, qui tiraient leur nom de la ville d'Eleusis, où Cérès avait un temple magnifique ; enfin et surtout les Panathénées, instituées en l'honneur de Minerve, et auxquelles prenaient part tous les peuples de l'Attique. Il y avait dans ces dernières fêtes non-seulement les luttes ordinaires des athlètes, mais encore des combats de poésie et de musique. Ces combats étaient suivis de festins publics et de sacrifices, et tous ceux qui y assistaient tenaient à la main une branche d'olivier, arbre consacré à Minerve, la protectrice d'Athènes.

Oracles. — Les oracles jouissaient en Grèce d'une grande réputation : on les prenait pour la volonté des dieux ; on les consultait non-seulement dans les affaires qui concernaient l'État tout entier, mais encore dans celles de la vie privée. Les oracles les plus célèbres étaient ceux de Delphes et de Dodone; le premier surtout avait une grande renommée, et le temple de Delphes possédait des richesses si considérables, qu'elles tentèrent plus d'une fois la cupidité des conquérants. Dans le sanctuaire se trouvait une statue d'Apollon en or, et c'est là qu'était placé l'oracle dont les réponses firent si souvent le destin des empires. On en dut la découverte au hasard. Des chèvres qui erraient parmi les rochers du mont Parnasse, s'étant approchées d'un soupirail d'où sortaient des exhalaisons malignes, furent, dit-on, tout à coup agitées de mouvements extraordinaires et convulsifs. Le berger et les habitants des lieux voisins, accourus à ce prodige, et respirant la même vapeur, éprouvèrent les mêmes effets et prononcèrent dans leur délire des paroles sans liaison et sans suite. Aussitôt on prit ces paroles pour des prédictions, et la vapeur de l'antre pour un souffle divin qui dévoilait l'avenir. Chaque oracle avait une manière particulière d'annoncer la volonté des dieux. A Delphes, c'était une prêtresse appelée pythie qui remplissait cette fonction au milieu des transports d'une fureur divine.

Jeux solennels. — Il y avait en Grèce des jeux solennels qui avaient été institués par des héros fameux, et qu'on célébrait à des époques déterminées : c'étaient les jeux Olympiques, les Néméens, les Isthmiques et les Pythiques ou Pythiens, où l'on se disputait le prix de la force et de l'adresse. Les jeux Olympiques, qui tenaient le premier rang entre tous, se célébraient de quatre en quatre ans, en l'honneur de Jupiter Olympien, dans le territoire d'Olympie, près de Pise en Élide. Les jeux Néméens avaient lieu tous les deux ans dans les plaines de Némée, ville du Péloponèse, en l'honneur d'Hercule, qui avait tué le lion de la forêt de Némée. Les jeux Isthmiques se célébraient tous les quatre ans à l'isthme de Corinthe, en l'honneur de Neptune, et les jeux Pythiques, aussi tous les quatre ans, à Delphes, en l'honneur d'Apollon, vainqueur du serpent Python.

Dans ces jeux, qui attiraient non-seulement de toute la Grèce, mais encore de tous les pays voisins, une prodigieuse multitude de spectateurs et de combattants, les vainqueurs ne recevaient d'autre récompense qu'une simple couronne d'olivier, de laurier ou d'ache; et cependant les Grecs ne concevaient rien de comparable à la victoire qu'on remportait dans les jeux, et ils ne croyaient pas qu'il fût permis à un mortel de porter plus haut ses désirs. Les plus grands honneurs étaient réservés à ceux surtout qui remportaient la victoire dans les jeux Olympiques. On les reconduisait dans leur patrie sur un char de triomphe, et ils entraient dans leur ville natale par une brèche faite à la muraille. Ils avaient droit aux premières places dans les assemblées publiques, et étaient entretenus aux dépens de l'État.

Le plus fameux athlète de l'antiquité fut Milon de Crotone. Il était d'une force et d'une stature prodigieuses; il fut sept fois vainqueur aux jeux Olympiques. Il pouvait, dit-on, arrêter un char traîné par quatre chevaux, porter un bœuf sur ses épaules et le tuer d'un coup de poing. Dans sa vieillesse, ayant voulu fendre avec ses mains, au milieu d'une forêt, un arbre déjà entr'ouvert, les deux parties du tronc se resserrèrent et le tinrent captif. Il fut, dans cette attitude, dévoré par des loups.

Olympiades. — Les olympiades formaient l'ère chronologique des Grecs, c'est-à-dire la manière dont ils supputaient les années pour marquer la date des événements. Une olympiade est un espace de quatre années qui s'écoulaient entre deux célébrations consécutives des jeux Olympiques. Ainsi un siècle répond à vingt-cinq olympiades. La première olympiade commença l'an 776 avant J. C., année où les jeux Olympiques furent rétablis et où Corœbus fut vainqueur; la dernière, qui fut la 293e, finit à l'an 396 après J. C. On imposa d'abord à l'olympiade le nom du vainqueur aux jeux Olympiques ; mais comme cette seule indication pouvait donner lieu à des erreurs, on y joignit dans la suite une autre indication plus facile à reconnaître : à Athènes, par exemple, on ajoutait au nom du vainqueur celui de l'archonte en fonctions ; à Lacédémone, celui de l'éphore. Dans ce mode de supputation, on emploie deux nombres, l'un pour désigner l'olympiade, l'autre pour indiquer l'année de l'olympiade : ordinairement on écrit le premier en chiffres romains, et le second en chiffres arabes. Ainsi olympiade LXXXXIX, 4, veut dire la 4e année de la 99e olympiade.

Questionnaire.

Comment se divisait la population dans les principaux États de la Grèce? — A qui d'abord fut donné le titre de citoyen? — A qui fut-il conféré plus tard? — Combien distinguait-on de sortes d'esclaves? — Quelles étaient leurs occupations? — Quel était le but qu'on se proposait dans l'éducation des enfants? — Quelles habitudes leur donnait-on? — Quels étaient leurs principaux exercices? — A qui était réservée la profession des armes? — A quel âge les citoyens étaient-ils appelés sous les drapeaux? — Le soin de rendre la justice était-il confié, à Athènes, à des magistrats particuliers? — Combien y avait-il de tribunaux? — Combien de juges? — Quelles conditions devait remplir tout citoyen qui aspirait aux fonctions de juge? — Quel serment faisaient les juges avant de monter au tribunal? — Quelles étaient les principales fêtes religieuses célébrées chez les Grecs? — Dans quelles circonstances consultait-on les oracles en Grèce? — Quels étaient les oracles les plus célèbres? — Quels étaient les principaux jeux solennels? — Quelle était la récompense des vainqueurs? — Quels honneurs leur étaient en outre réservés? — Donnez quelques détails sur le plus fameux athlète de l'antiquité. — Comment les Grecs supputaient-ils les années? — Qu'est-ce qu'une olympiade? — A quelle époque commença la première olympiade, et à quelle année finit la dernière? — Comment désignait-on l'olympiade?

TABLE DES MATIÈRES.

HISTOIRE DES JUIFS.

Chap. I. — Depuis la création du monde jusqu'au gouvernement des juges (4004-1095). 3

Chap. II. — Depuis l'établissement de la royauté jusqu'au gouvernement des souverains pontifes (1095-332). 13

Chap. III. — Depuis la soumission de la Judée aux rois d'Égypte jusqu'à la prise de Jérusalem et à la dispersion des Juifs (320 avant J. C. — 135 après J. C.). 24

HISTOIRE DES ASSYRIENS.

Chap. IV. — Depuis la fondation de l'empire de Ninive jusqu'à sa réunion à celui de Babylone (2640-644). 35

HISTOIRE DES BABYLONIENS.

Chap. V. — Depuis la fondation de l'empire de Babylone jusqu'à sa destruction par Cyrus et sa réunion à l'empire des Perses (2640-538). 45

HISTOIRE DES ÉGYPTIENS.

Chap. VI. — Depuis les premiers rois jusqu'à la fin du règne de Sésostris (2126-1558). 5(?)

Chap. VII. — Depuis le règne de Phéron, fils et successeur de Sésostris, jusqu'à la fin de celui de Psammétichus (1558-617). 64

Chap. VIII. — Depuis le règne de Néchao jusqu'à la réduction de l'Égypte en province romaine (617-30). 73

Chap. IX. — Du gouvernement et de la religion des Égyptiens. 84

Chap. X. — De la législation, des coutumes, des arts et des sciences de l'Égypte. 94

HISTOIRE DES MÈDES ET DES PERSES.

Chap. XI. — Depuis le gouvernement d'Arbacès jusqu'à la fin du règne de Cyrus (759-529). 105

Chap. XII. — Depuis le règne de Cambyse jusqu'au commencement de celui de Darius fils d'Hystaspes (529-522). 115

Chap. XIII. — Depuis l'avénement de Darius, fils d'Hystaspes, jusqu'à la fin de son règne (522-486). 123

Chap. XIV. — Depuis le règne de Xerxès jusqu'à la conquête de la Perse par Alexandre le Grand (486-143). 133

HISTOIRE DES PHÉNICIENS.

Chap. XV. — Principales villes de Phénicie; rois, gouvernement; religion et coutumes; industrie et commerce. 145

HISTOIRE DES CARTHAGINOIS.

Chap. XVI. — Carthage, son gouvernement, ses premières guerres. 154

Chap. XVII. — Depuis le commencement des guerres puniques jusqu'à la destruction de Carthage. 166

HISTOIRE DES GRECS ET DES MACÉDONIENS.

Chap. XVIII. — Depuis l'origine des Grecs jusqu'à Thésée (1856-1260). 179

Chap. XIX. — Depuis la guerre de Thèbes jusqu'à l'établissement des jeux Olympiques (1250-776). 189

Chap. XX. — Depuis la première guerre de Messénie jusqu'à la dispersion des Messéniens (743-544). 200

Chap. XXI. — Depuis l'archontat de Dracon jusqu'à l'établissement de l'ostracisme à Athènes (624-508). 210

Chap. XXII. — Depuis le commencement des guerres médiques jusqu'à la bataille de Marathon (505-490). 220

Chap. XXIII. — Depuis la bataille de Marathon jusqu'à la fin des guerres médiques (490-430). 230

Chap. XXIV. — Depuis la reconstruction d'Athènes jusqu'au commencement de la guerre du Péloponèse (480-436). 242

Chap. XXV. — Depuis le commencement de la guerre du Péloponèse jusqu'à la destruction de Mitylène (436-427). 251

Chap. XXVI. — Depuis la paix de Nicias jusqu'à la fin de la guerre du Péloponèse (426-405). 259

TABLE DES MATIÈRES.

Chap. XXVII. — Depuis le gouvernement des trente tyrans à Athènes jusqu'à l'affranchissement de Thèbes (405-379). ... 268

Chap. XXVIII. — Depuis la délivrance de Thèbes jusqu'à la fin de la guerre sociale (379-356). ... 278

Chap. XXIX. — Depuis le commencement jusqu'à la fin du règne de Philippe, roi de Macédoine (359-336). ... 288

Chap. XXX. — Depuis le commencement du règne d'Alexandre le Grand jusqu'à la ligue achéenne (336-251). ... 296

Chap. XXXI. — Depuis la ligue achéenne jusqu'à la guerre des deux ligues (251-221). ... 310

Chap. XXXII. — Depuis la guerre des deux ligues jusqu'à la réduction de la Grèce en province romaine (221-146). ... 320

Chap. XXXIII. — Des lettres, des sciences et des beaux-arts en Grèce. ... 329

Chap. XXXIV. — Des mœurs, des usages et des coutumes des peuples de la Grèce. ... 337

FIN.

COURS D'ENSEIGNEMENT ÉLÉMENTAIRE

Par G. Belèze, ancien chef d'institution à Paris

L'Histoire Sainte a été approuvée par quarante de NNgrs les archevêques et évêques. La plupart des volumes ont été approuvés par le conseil de l'instruction publique ou recommandés par les conseils académiques.

Chaque volume in-18, de 360 pages, cart. 1 fr. 50 c.

- Livre de Lecture courante, contenant des conseils sur les devoirs des enfants, avec exemples historiques; in-18.
- Exercices de Mémoire et de Style, recueil de morceaux choisis en vers et en prose; in-18.
- Grammaire Française, suivant les principes de l'Académie; in-18.
- Exercices Français, gradués sur la Grammaire; in-18.
- Dictées et Lectures ou Notions élémentaires sur l'industrie, l'agriculture, les arts, etc.; in-18.
- Petit Dictionnaire de la Langue française; in-18.
- Le même, suivi d'un Dictionnaire géographique et historique; in-18, 2 fr.
- Éléments de Littérature, mis à la portée des enfants; in-18.
- La Géographie mise à la portée des enfants; in-18, avec cartes.
- Atlas élémentaire de Géographie moderne (dix cartes); in-4°, 2 f. 50 c.
- L'Histoire Sainte mise à la portée des enfants; in-18, carte.
- L'Histoire de France mise à la portée des enfants; in-18, carte.
- L'Histoire d'Angleterre mise à la portée des enfants; in-18, carte.
- L'Histoire Ancienne mise à la portée des enfants; in-18, carte.
- L'Histoire Romaine mise à la portée des enfants; in-18, carte.
- L'Histoire du Moyen Age mise à la portée des enfants; in-18, carte.
- L'Histoire Moderne mise à la portée des enfants; in-18, carte.
- La Mythologie mise à la portée des enfants; in-18, gravures.
- L'Arithmétique mise à la portée des enfants; in-18, gravures.
- La Physique et la Chimie mises à la portée des enfants; in-18, gravures.
- L'Histoire Naturelle mise à la portée des enfants; in-18, gravures.
- La Cosmographie mise à la portée des enfants; in-18, gravures.

Un abrégé de ce Cours a été publié pour le premier âge

Chaque volume in-18, de 180 pages, cart. 75 c.

- Syllabaire et Premières Lectures; in-18.
- Le Syllabaire, seul, 10 c.
- Tableaux de Lecture; in-fol., 1 fr. 25 c.
- Méthode d'Écriture, in-4°, 75 c.
- Premiers Exercices de Récitation; in-18.
- Petite Grammaire Française, avec exercices; in-18.
- Petite Arithmétique; in-18, gravures.
- Petite Géographie Moderne; in-18, cartes.
- Petit Atlas de Géographie moderne (huit cartes); grand in-18, 50 c.
- Petite Histoire Sainte; in-18, gravures historiques et carte.
- Petite Histoire Ecclésiastique; in-18, carte.
- Petite Histoire de France; in-18, portraits historiques et carte.
- Petite Histoire Ancienne; in-18.
- Petite Histoire Romaine; in-18.
- Petite Histoire du Moyen Age; in-18.
- Petite Histoire Moderne; in-18.

www.ingramcontent.com/pod-product-compliance
Lightning Source LLC
Chambersburg PA
CBHW070842170426
43202CB00012B/1912